中华优秀传统文化在现代管理中的创造性转化与创新性发展工程
“中华优秀传统文化与现代管理融合”丛书

U0784246

心力管理

以软济硬的智慧

刘鹏凯◎著

企业管理出版社
ENTERPRISE MANAGEMENT PUBLISHING HOUSE

图书在版编目（CIP）数据

心力管理 ：以软济硬的智慧 / 刘鹏凯著. -- 北京 ：企业管理出版社，2025. 7. --（“中华优秀传统文化与现代管理融合”丛书）. -- ISBN 978-7-5164-3314-0

Ⅰ. F279.23

中国国家版本馆CIP数据核字第2025SY7345号

书　　名：心力管理：以软济硬的智慧
书　　号：ISBN 978-7-5164-3314-0
作　　者：刘鹏凯
责任编辑：蒋舒娟
特约设计：李晶晶
出版发行：企业管理出版社
经　　销：新华书店
地　　址：北京市海淀区紫竹院南路17号　　邮　　编：100048
网　　址：http://www. emph. cn　　电子信箱：26814134@qq.com
电　　话：编辑部（010）68701661　发行部（010）68417763　68414644
印　　刷：北京联兴盛业印刷股份有限公司
版　　次：2025年7月第1版
印　　次：2025年7月第1次印刷
开　　本：710mm × 1000mm　1/16
印　　张：23.25
字　　数：288千字
定　　价：128.00元

编 委 会

范希春 中国商业文化研究会中华优秀传统文化传承发展分会专家委员会专家

林　嵩 中央财经大学商学院院长、教授

罗　敏 英德华粤艺术学校校长

周卫中 中央财经大学中国企业研究中心主任、商学院教授

周文生 范蠡文化研究（中国）联会秘书长，苏州干部学院特聘教授

郑俊飞 广州穗华口腔医院总裁

郑济洲 福建省委党校科学社会主义与政治学教研部副主任

赵德存 山东鲁泰建材科技集团有限公司党委书记、董事长

胡国栋 东北财经大学工商管理学院教授，中国管理思想研究院院长

胡海波 江西财经大学工商管理学院院长、教授

战　伟 广州叁谷文化传媒有限公司 CEO

钟　尉 江西财经大学工商管理学院讲师、系支部书记

宫玉振 北京大学国家发展研究院发树讲席教授、BiMBA 商学院副院长兼 EMBA 学术主任

姚咏梅 《企业家》杂志社企业文化研究中心主任

莫林虎 中央财经大学文化与传媒学院学术委员会副主任、教授

贾旭东 兰州大学管理学院教授，“中国管理 50 人”成员

贾利军 华东师范大学经济与管理学院教授

晁　罡 华南理工大学工商管理学院教授、CSR 研究中心主任

倪　春 江苏先锋党建研究院院长

徐立国 西安交通大学管理学院副教授

殷　雄 中国广核集团专职董事

凌　琳 广州德生智能信息技术有限公司总经理

郭　毅 华东理工大学商学院教授

郭国庆 中国人民大学商学院教授，中国人民大学中国市场营销研究中心主任

序　一

/

以中华优秀传统文化为源　启中国式现代管理新篇

中华优秀传统文化形成于中华民族漫长的历史发展过程中，不断被创造和丰富，不断推陈出新、与时俱进，成为滋养中国式现代化的不竭营养。它包含的丰富哲学思想、价值观念、艺术情趣和科学智慧，是中华民族的宝贵精神矿藏。党的十八大以来，以习近平同志为核心的党中央高度重视中华优秀传统文化的创造性转化和创新性发展。习近平总书记指出“中华优秀传统文化是中华民族的精神命脉，是涵养社会主义核心价值观的重要源泉，也是我们在世界文化激荡中站稳脚跟的坚实根基”。

管理既是人类的一项基本实践活动，也是一个理论研究领域。随着社会的发展，管理在各个领域变得越来越重要。从个体管理到组织管理，从经济管理到政务管理，从作坊管理到企业管理，管理不断被赋予新的意义和充实新的内容。而在历史进程中，一个国家的文化将不可避免地对管理产生巨大的影响，可以说，每一个重要时期的管理方式无不带有深深的文化印记。随着中国步入新时代，在管理领域实施中华优秀传统文化的创造性转化和创新性发展，已经成为一项应用面广、需求量大、题材丰富、潜力巨大的工作，在一些重要领域可能产生重大的理论突破和丰硕的实践成果。

第一，中华优秀传统文化中蕴含着丰富的管理思想。中华优秀传统文化源远流长、博大精深，在管理方面有着极为丰富的内涵等待提炼和转化。比如，儒家倡导“仁政”思想，强调执政者要以仁爱之心实施管理，尤其要注重道德感化与人文关怀。借助这种理念改善企业管理，将会推进构建和谐的组织人际关系，提升员工的忠诚度，增强其归属感。又如，道家的“无为而治”理念延伸到今天的企业管理之中，就是倡导顺应客观规律，避免过度干预，使组织在一种相对宽松自由的环境中实现自我调节与发展，管理者与员工可各安其位、各司其职，充分发挥个体的创造力。再如，法家的“法治”观念启示企业管理要建立健全规章制度，以严谨的体制机制确保组织运行的有序性与规范性，做到赏罚分明，激励员工积极进取。可以明确，中华优秀传统文化为现代管理提供了多元的探索视角与深厚的理论基石。

第二，现代管理越来越重视文化的功能和作用。现代管理是在人类社会工业化进程中产生并发展的科学工具，对人类经济社会发展起到了至关重要的推进作用。自近代西方工业革命前后，现代管理理念与方法不断创造革新，在推动企业从传统的小作坊模式向大规模、高效率的现代化企业，进而向数字化企业转型的过程中，文化的作用被空前强调，由此衍生的企业使命、愿景、价值观成为企业发展最为强劲的内生动力。以文化引导的科学管理，要求不仅要有合理的组织架构设计、生产流程优化等手段，而且要有周密的人力资源规划、奖惩激励机制等方法，这都极大地增强了员工在企业中的归属感并促进员工发挥能动作用，在创造更多的经济价值的同时体现重要的社会价值。以人为本的现代管理之所以在推动产业升级、促进经济增长、提升国际竞争力等方面须臾不可缺少，是因为其体现出企业的使命不仅是获取利润，更要注重社会责任与可持续发展，在环境保护、社会公平等方面发挥积极影响力，推动人类社会向着更加文明、和谐、包容、可持续的方向迈进。今天，管理又面临数字技术的挑战，更加需要更多元的思想基础和文化资源的支持。

第三，中华优秀传统文化与现代管理结合研究具有极强的必要性。 随着全球经济一体化进程的加速，文化多元化背景下的管理面临着前所未有的挑战与机遇。一方面，现代管理理论多源于西方，在应用于本土企业与组织时，往往会出现“水土不服”的现象，难以充分契合中国员工与生俱来的文化背景与社会心理。中华优秀传统文化所蕴含的价值观、思维方式与行为准则能够为现代管理面对中国员工时提供本土化的解决方案，使其更具适应性与生命力。另一方面，中华优秀传统文化因其指导性、亲和性、教化性而能够在现代企业中找到新的传承与发展路径，其与现代管理的结合能够为经济与社会注入新的活力，从而实现优秀传统文化在企业管理实践中的创造性转化和创新性发展。这种结合不仅有助于提升中国企业与组织的管理水平，增强文化自信，还能够为世界管理理论贡献独特的中国智慧与中国方案，促进不同文化的交流互鉴与共同发展。

近年来，中国企业在钢铁、建材、石化、高铁、电子、航空航天、新能源汽车等领域通过锻长板、补短板、强弱项，大步迈向全球产业链和价值链的中高端，成果显著。中国企业取得的每一个成就、每一项进步，离不开中国特色现代管理思想、理论、知识、方法的应用与创新。中国特色的现代管理既有“洋为中用”的丰富内容，也与中华优秀传统文化的“古为今用”密不可分。

“中华优秀传统文化与现代管理融合”丛书（以下简称“丛书”）正是在这一时代背景下应运而生的，旨在为中华优秀传统文化与现代管理的深度融合探寻路径、总结经验、提供借鉴，为推动中国特色现代管理事业贡献智慧与力量。

“丛书”汇聚了中国传统文化学者和实践专家双方的力量，尝试从现代管理领域常见、常用的知识、概念角度细分开来，在每个现代管理细分领域，回望追溯中华优秀传统文化中的对应领域，重在通过有强大生命力的思想和智慧精华，以“古今融会贯通”的方式，进行深入研究、探索，以期推出对我国现代管理有更强滋养力和更高使用价值的系列成果。

文化学者的治学之道，往往是深入研究经典文献，挖掘其中蕴含的智慧，并对其进行系统性的整理与理论升华。据此形成的中华优秀传统文化为现代管理提供了深厚的文化底蕴与理论支撑。研究者从浩瀚典籍中梳理出优秀传统文化在不同历史时期的管理实践案例，分析其成功经验与失败教训，为现代管理提供了宝贵的历史借鉴。

实践专家则将传统文化理念应用于实际管理工作中，通过在企业或组织内部开展文化建设、管理模式创新等实践活动，检验传统文化在现代管理中的可行性与有效性，并根据实践反馈不断调整与完善应用方法。他们从企业或组织运营的微观层面出发，为传统文化与现代管理的结合提供了丰富的实践经验与现实案例，使传统文化在现代管理中的应用更具操作性与针对性。

“丛书”涵盖了从传统文化与现代管理理论研究到不同行业、不同领域应用实践案例分析等多方面内容，形成了一套较为完整的知识体系。“丛书”不仅是研究成果的结晶，更可看作传播中华优秀传统文化与现代管理理念的重要尝试。还可以将“丛书”看作一座丰富的知识宝库，它全方位、多层次地为广大读者提供了中华优秀传统文化在现代管理中应用与发展的工具包。

可以毫不夸张地说，每一本图书都凝聚着作者的智慧与心血，或是对某一传统管理思想在现代管理语境下的创新性解读，或是对某一行业或领域运用优秀传统文化提升管理效能的深度探索，或是对传统文化与现代管理融合实践中成功案例与经验教训的详细总结。“丛书”通过文字的力量，将传统文化的魅力与现代管理的智慧传递给广大读者。

在未来的发展征程中，我们将持续深入推进中华优秀传统文化在现代管理中的创造性转化和创新性发展工作。我们坚信，在全社会的共同努力下，中华优秀传统文化必将在现代管理的广阔舞台上绽放出更加绚丽多彩的光芒。在中华优秀传统文化与现代管理融合发展的道路上砥砺前行，为实现中华民族伟大复兴的中国梦做出更大的贡献！

是为序。

朱宏任

中国企业联合会、中国企业家协会

党委书记、常务副会长兼秘书长

序　二

/

文化传承　任重道远

财政部国资预算项目“中华优秀传统文化在现代管理中的创造性转化与创新性发展工程”系列成果——“中华优秀传统文化与现代管理融合”丛书和读者见面了。

一

这是一组可贵的成果，也是一组不够完美的成果。

说她可贵，因为这是大力弘扬中华优秀传统文化（以下简称优秀文化）、提升文化自信、“振民育德”的工作成果。

说她可贵，因为这套丛书汇集了国内该领域一批优秀专家学者的优秀研究成果和一批真心践行优秀文化的企业和社会机构的卓有成效的经验。

说她可贵，因为这套成果是近年来传统文化与现代管理有效融合的规模最大的成果之一。

说她可贵，还因为这个项目得到了财政部、国务院国资委、中国企业联合会等部门的宝贵指导和支持，得到了许多专家学者、企业家等朋友的无私帮助。

说她不够完美，因为学习践行传承发展优秀文化永无止境、永远在进步完善的路上，正如王阳明所讲“善无尽”“未有止”。

说她不够完美，因为优秀文化在现代管理的创造性转化与创新性发展中，还需要更多的研究专家、社会力量投入其中。

说她不够完美，还因为在践行优秀文化过程中，很多单位尚处于摸索阶段，且需要更多真心践行优秀文化的个人和组织。

当然，项目结项时间紧、任务重，也是一个逆向推动的因素。

二

2022年，在征求多位管理专家和管理者意见的基础上，我们根据有关文件精神和要求，成立专门领导小组，认真准备，申报国资预算项目“中华优秀传统文化在现代管理中的创造性转化与创新性发展工程”。经过严格的评审筛选，我们荣幸地获准承担该项目的总运作任务。之后，我们就紧锣密鼓地开始了调研工作，走访研究机构和专家，考察践行优秀文化的企业和社会机构，寻找适合承担子项目的专家学者和实践单位。

最初我们的计划是，该项目分成“管理自己”“管理他人”“管理事务”“实践案例”几部分，共由60多个子项目组成；且主要由专家学者的研究成果专著组成，再加上几个实践案例。但是，在调研的初期，我们发现一些新情况，于是基于客观现实，适时做出了调整。

第一，我们知道做好该项目的工作难度，因为我们预想，在优秀文化和现代管理两个领域都有较深造诣并能融会贯通的专家学者不够多。在调研过程中，我们很快发现，实际上这样的专家学者比我们预想的更少。与此同时，我们在广东等地考察调研过程中，发现有一批真心践行优秀文化的企业和社会机构。经过慎重研究，我们决定适当提高践行案例比重，研究专著占比适当降低，但绝对数不一定减少，必要时可加大自有资金投入，支持更多优秀项目。

第二，对于子项目的具体设置，我们不执着于最初的设想，固定甚至限制在一些话题里，而是根据实际“供给方”和“需求方”情况，实事求是地做必要的调整，旨在吸引更多优秀专家、践行者参与项目，支持更多优秀文化与现代管理融合的优秀成果研发和实践案例创作的出版宣传，以利于文化传承发展。

第三，开始阶段，我们主要以推荐的方式选择承担子项目的专家、企业和社会机构。运作一段时间后，考虑到这个项目的重要性和影响力，我们觉得应该面向全社会吸纳优秀专家和机构参与这个项目。在请示有关方面同意后，我们于2023年9月开始公开征集研究人员、研究成果和实践案例，并得到了广泛响应，许多人主动申请参与承担子项目。

三

这个项目从开始就注重社会效益，我们按照有关文件精神，对子项目研发创作提出了不同于一般研究课题的建议，形成了这个项目自身的特点。

（一）重视情怀与担当

我们很重视参与项目的专家和机构在弘扬优秀文化方面的情怀和担当，比如，要求子项目承担人“发心要正，导人向善”“充分体现优秀文化‘优秀’二字内涵，对传统文化去粗取精、去伪存真”等。这一点与通常的课题项目有明显不同。

（二）子项目内容覆盖面广

一是众多专家学者从不同角度将优秀文化与现代管理有机融合。二是在确保质量的前提下，充分考虑到子项目的代表性和示范效果，聚合了企业、学校、社区、医院、培训机构及有地方政府背景的机构；其他还有民间传统智慧等内容。

（三）研究范式和叙述方式的创新

我们提倡“选择现代管理的一个领域，把与此密切相关的优秀文化高度融合、打成一片，再以现代人喜闻乐见的形式，与选择的现代管理领域实现融会贯通”，在传统文化方面不局限于某人、某家某派、某经典，以避免顾此失彼、支离散乱。尽管在研究范式创新方面的实际效果还不够理想，有的专家甚至不习惯突破既有的研究范式和纯学术叙述方式，但还是有很多子项目在一定程度上实现了研究范式和叙述方式的创新。另外，在创作形式上，我们尽量发挥创作者的才华智慧，不做形式上的硬性要求，不因形式伤害内容。

（四）强调本体意识

“本体观”是中华优秀传统文化的重要标志，相当于王阳明强调的“宗旨”和“头脑”。两千多年来，特别是近现代以来，很多学者在认知优秀文化方面往往失其本体，多在细枝末节上下功夫；于是，著述虽多，有的却如王阳明讲的“不明其本，而徒事其末”。这次很多子项目内容在优秀文化端本清源和体用一源方面有了宝贵的探索。

（五）实践丰富，案例创新

案例部分加强了践行优秀文化带来的生动事例和感人故事，给人以触动和启示。比如，有的地方践行优秀文化后，离婚率、刑事案件大幅度下降；有家房地产开发商，在企业最困难的时候，仍将大部分现金支付给建筑商，说“他们更难”；有的企业上新项目时，首先问的是“这个项目有没有公害？”“符不符合国家发展大势？”“能不能切实帮到一批人？”；有家民营职业学校，以前不少学生素质不高，后来他们以优秀文化教化学生，收到良好效果，学生素质明显提高，有的家长流着眼泪跟校长道谢：“感谢学校救了我们全家！”；等等。

四

调研考察过程也是我们学习总结反省的过程。通过调研，我们学到了许多书本中学不到的东西，收获了满满的启发和感动。同时，我们发现，在学习阐释践行优秀文化上，有些基本问题还需要进一步厘清和重视。试举几点：

（一）“小学”与“大学”

这里的“小学”指的是传统意义上的文字学、音韵学、训诂学等，而“大学”是指“大学之道在明明德”的大学。现在，不少学者特别是文史哲背景的学者，在“小学”范畴苦苦用功，做出了很多学术成果，还需要在“大学”修身悟本上下功夫。陆九渊说：“读书固不可不晓文义，然只以晓文义为是，只是儿童之学，须看意旨所在。”又说“血脉不明，沉溺章句何益？”

（二）王道与霸道

霸道更契合现代竞争理念，所以更为今人所看重。商学领域的很多人都偏爱霸道，认为王道是慢功夫、不现实，霸道更功利、见效快。孟子说：“仲尼之徒无道桓、文之事者。”（桓、文指的是齐桓公和晋文公，春秋著名两霸）王阳明更说这是“孔门家法”。对于王道和霸道，王阳明在其“拔本塞源论”中有专门论述：“三代之衰，王道熄而霸术焻……霸者之徒，窃取先王之近似者，假之于外，以内济其私己之欲，天下靡然而宗之，圣人之道遂以芜塞。相仿相效，日求所以富强之说，倾诈之谋，攻伐之计……既其久也，斗争劫夺，不胜其祸……而霸术亦有所不能行矣。”

其实，霸道思想在工业化以来的西方思想家和学者论著中体现得很多。虽然工业化确实给人类带来了福祉，但是也带来了许多不良后果。联合国《未来契约》（2024年）中指出“我们面临日益严峻、关乎存亡的灾难性风险”。

（三）小人儒与君子儒

在“小人儒与君子儒”方面，其实还是一个是否明白优秀文化的本体问题。陆九渊说：“古之所谓小人儒者，亦不过依据末节细行以自律”，而君子儒简单来说是“修身上达”。现在很多真心践行优秀文化的个人和单位做得很好，但也有些人和机构，日常所做不少都还停留在小人儒层面。这些当然非常重要，因为我们在这方面严重缺课，需要好好补课，但是不能局限于或满足于小人儒，要时刻也不能忘了行“君子儒”。不可把小人儒当作优秀文化的究竟内涵，这样会误己误人。

（四）以财发身与以身发财

《大学》讲：“仁者以财发身，不仁者以身发财。”以财发身的目的是修身做人，以身发财的目的是逐利。我们看到有的身家亿万的人活得很辛苦、焦虑不安，这在一定意义上讲就是以身发财。我们在调查过程中也发现有的企业家通过学习践行优秀文化，从办企业“焦虑多”“压力大”到办企业“有欢喜心”。王阳明说：“常快活便是功夫。”“有欢喜心”的企业往往员工满足感、幸福感更强，事业也更顺利，因为他们不再贪婪自私甚至损人利己，而是充满善念和爱心，更符合天理，所谓“得道者多助”。

（五）喻义与喻利

子曰：“君子喻于义，小人喻于利。”义利关系在传统文化中是一个很重要的话题，也是优秀文化与现代管理融合绕不开的话题。前面讲到的那家开发商，在企业困难的时候，仍坚持把大部分现金支付给建筑商，他们收获的是“做好事，好事来”。相反，在文化传承中，有的机构打着“文化搭台经济唱戏”的幌子，利用人们学习优秀文化的热情，搞媚俗的文化活动赚钱，歪曲了优秀文化的内涵和价值，影响很坏。我们发现，在义利观方面，一是很多情况下把义和利当作对立的两个方面；二是对义利观的认知似乎每况愈下，特别是在西方近代资本主义精神和人性恶假设背景下，对人性恶的利用和鼓励（所谓“私恶即公利”），出现了太多的重利轻义、危害社会的行为，以致产生了联合国《未来契约》中“可持续发展目标的实现岌岌可危”的情况。人类只有树立正确的义利观，才能共同构建人类命运共同体。

（六）笃行与空谈

党的十八大以来，党中央坚持把文化建设摆在治国理政突出位置，全国上下掀起了弘扬中华优秀传统文化的热潮，文化建设在正本清源、守正创新中取得了历史性成就。在大好形势下，有一些个人和机构在真心学习践行优秀文化方面存在不足，他们往往只停留在口头说教、走过场、做表面文章，缺乏真心真实笃行。他们这么做，是对群众学习传承优秀文化的误导，影响不好。

五

文化关乎国本、国运，是一个国家、一个民族发展中最基本、最深沉、最持久的力量。

中华文明源远流长，中华文化博大精深。弘扬中华优秀传统文化任重道远。

“中华优秀传统文化与现代管理融合”丛书的出版，不仅凝聚了子项目承担者的优秀研究成果和实践经验，同事们也付出了很大努力。我们在项目组织运作和编辑出版工作中，仍会存在这样那样的缺点和不足。成绩是我们进一步做好工作的动力，不足是我们今后努力的潜力。真诚期待广大专家学者、企业家、管理者、读者，对我们的工作提出批评指正，帮助我们改进、成长。

企业管理出版社国资预算项目领导小组

前　言

/

心力管理：中华优秀传统文化的实践结晶

20 世纪 80 年代，我曾经在黄桥镇工业公司工作数年，有机会接触到企业和企业管理。那时，我便发现，同样的资源，有的企业做得风生水起，效益显著，而有的企业入不敷出，越忙越差。直到 1991 年 10 月，我“下海”到企业，有机会在白纸上依葫芦画瓢时，碰了很多壁，走了一些弯路，才渐渐明白，管事先管人，管人要管心。管理的那些事知易行难，正确的管理思想只有被广大员工掌握才能真正发挥作用。

在这个过程中，我陆续接触到一些关于企业文化的理论，从《日本企业管理艺术》等著作中知道，文化制约并影响着企业管理的实践模式，一种文化模式，在成为民族心理的价值认同系统之后，都会在社会实践中起到指导、规范和“路径依赖”的作用。就像现代管理之父德鲁克所说，管理受到文化的影响。因此，管理不只是一门学问，还应是一种文化，管理具有社会职能，并根植于文化、价值传统、习惯和信念之中。

那么，影响中国企业管理的“文化根基”是什么？中国的企业管理者，怎样从文化角度来选择合适的管理方法？我在实践中慢慢体悟。

办企业就是要赢利，这是天经地义、无可厚非的。然而，“君子爱财，取之有道”“人无良心一世穷”。我想到了小时候经历的一件事情。刚上初中一年级时，父亲配了一个手电筒给我走夜路用，当电池用到手电筒只能发出微光时，我还是舍不得换新电池，便将其中一节旧电池保留，只换一节新电池使用，但用不了多久，电池就没电了。后来学了物理学才明白，那舍不得抛弃的旧电池已成了电阻，白白浪费了新电池的电量。用管理的视角，这种情境可以理解为“心电池”，“将心比心，以心换心”，让“心电池”没有电阻，成了我在实践中打磨“心力管理”的种子，开始萌芽。

善思生善果，恶思生恶果。用“心视”的方法透视经营，透视人生，不断拷问自己，在“以人为本”的管理基础上，将“赚钱”转变为“修心力”的管理进步，用“心动”形成“心力”的智慧，赢得“人心”，自然可以四两拨千斤。一个企业有了“心力”，就会“人心齐，泰山移”，就会众志成城，天大的事都会有员工一起来扛，没有走不过去的火焰山，企业的发展有了原动力，这就是众心合力。

后来陆续学习一些理论知识才知道，我在实践中探索的这些管理方法，其实也暗合了中华优秀传统文化的一些特点。

儒家思想体系中，孔子以“仁”为思想核心，主张“仁者安仁”，认为“仁者”应该以内心情感的真诚安适作为从事实践活动的内在标准。孟子以情释性，将恻隐之心、羞恶之心、辞让之心、是非之心视为“人性四端”，强调“乃若其情，则可以为善矣”，肯定“理义之悦我心”。荀子以性释情，认为“情然而心为之择谓之虑，心虑而能为之动谓之伪”“性之好恶喜怒哀乐谓之情”，强调“礼义文理之所以养情也”。

后世的王阳明则主张，“七情顺其自然之流行，皆是良知之用”。基于此，著名学者成中英先生认为，东方管理是人性管理，即通过人自省以及人与人之间的关系进行的管理，倡导以人为中心，探究一个人如何同他自己，如何同他周围的人、环境、整个世界发生关系。因此，企业领导者将精力放在处理人与人之间的关系上，了解人与人之间的关系，是大多数管理问题得以解决的关键。

总的来看，中国传统文化以人性向善为主调，对管理的影响可以从三个方面来解释：一是在管理理念方面主张“仁政”与“礼治”；二是在管理目标上，力图达到协调、德教；三是在管理形式上主张管理者积极修身，提高个体的道德修养，令人心悦诚服。沿着这样的路径，我慢慢找到了与“心”相关的内容——顺应中国传统文化，将管理的本源放在“治心”层面上，因为对“人心”的观察与治理，是中国传统管理的特色。“治心”，往往表现为某种灵活性和非规范性、非程序性。同时，“人心”的问题，不只是管理心理的问题，更是管理机制与管理模式的问题。也就是说，适合中国的管理，必定是对“中国人”的管理，而对中国人的管理，最根本的是对中国人的“心”的管理。

基于这样的理解，我在管理实践中从最基本的概念入手，做到有心、用心、以心传心——让员工先从充分理解管理开始，从管理的基本概念出发，从最简单的执行入手；让员工先认知管理，再认识管理，再认同管理。首先，开展“知心”工程：从沟通开始，引导每一个员工在企业这个大家庭中充分发挥作用。其次，开展“聚心”工程：凝聚人心，真心换真心，赢得人心。最后，开展“塑心”工程：以文化人，塑造人心，让员工自觉自律，自我控制，自我管理，从文化无意识，到文化有意识，再到文化无意识，鼓励员工不断成长。经过长时间的心力传递、人心养育，文化管理成了根植于员工内心的修养、无须提醒的自觉、以约束为前提的自由、为别人着想的善良。“心力管理”就是基于中华优秀传统文化、基于共同价值观来管理企业的一种模式。

这些年，我在实践的路上义无反顾地艰辛探索，探寻从“物本管理”到“人本管理”再到“心力管理”的规律和实践方式。

什么是“心力”？记得幼时听到的“一支箭易折断，一捆箭折不断”的故事。细微之处如何显心力？实践中有一个质朴的道理：任何事情都要用心去做，赢得人心，即使面对不可能的绝境，也不要失去希望，因为一个人内心深处的某些东西会起到决定性的作用，这就是“心力”——人依据自身的心思和能力、精神与体力、思想和才智，发自内心地做好某一件事的精神力量。心力管理，是将企业员工的心之所及转化为力之所达的过程；是将企业团队层面的意识培育转化为物质层面的生产力资源，并有效地进行集聚、发散和增效的过程；是不断引导员工在工作与生活中，善用其心、自净其心、消除恶心、增加爱心、发自内心、共同构建心心相印的和谐发展环境的过程。

企业心力管理之妙在于无形胜有形，是一种不囿于经验和知识的束缚，不受条条框框的羁绊，表现为无形管理的现场力。即俗话说的：拿活儿、做出来、看结果。这种无形的现场力，不计较条件，不讲代价，千方百计解决问题。总而言之，心力管理，就是中国传统文化所讲的赢得人心。这是在当今经济环境多变、危机丛生中，企业所表现的一种整体的突破力、创新力、持续力和内生活力。

在中国传统文化中，心可指精神、意识。用我们现在的话讲，人可以创造一切奇迹，但要有心、要用心。而这个心，不是一个人的心，而是像一盏灯点燃千万盏灯那样，集中了大家的智慧，即《金刚经》所讲的“一合相”。人有无限的潜能，关键是激发出来。靠什么激发？靠的是我以我心，真心换真心，所谓诚则灵、信则灵，激发出来的是觉悟，这就是心力，即老子讲的“大象无形”。

从中国传统文化思想出发，管理意味着爱，一个企业家如何去爱员工、尊重员工、帮助员工、关注员工，使员工成长为一个成熟的人、充满爱心的人，任重道远。法治治标，德治治本。法治的特点是将人管住，而德治是修养人心。“德”是什么？古代曾把“德”字写成“悳”，即“直”字下面一个“心”，从直从心也。一个企业家要在工厂构建一个“家”的氛围，营造“家”的温馨，这就需要从心灵发现真我，对内心加以管理。管人就是管心，认识人的本质和本性，把握人性的特点，关注人的各种需求，做好人心的养育，是现代企业管理中的重要问题，也是心本管理的根本。

上至国家，下到企业，要想办好一件事，离不开心力、智力、人力。营造一种融洽和谐的团结氛围，形成合心合力，是一个企业的福分，也是员工的福分。在江苏黑松林粘合剂厂有限公司（以下简称“黑松林”）多年来对职工的关爱实践中，我们体会到这种关爱的作用远远超越金钱的作用。

人之力发自于心，心旺则事盛。“得人心者得天下”，讲的就是人心的力量。家和万事兴，兴盛靠的是心，要有心、用心、真心、诚心、全心。当员工感到企业就是他们的家时，员工就不会是“飞鸽牌”，他们就会“吃了秤砣铁了心”，把企业看作“永久牌”，就会把企业的利益看作自己的利益，努力工作，在所不惜。心力管理就是人心工程，人心里有无穷无尽的宝藏，员工的安心、忠心，是企业用心换来的，只有企业用心，员工才会安心。

人与人的差别并不在身外的名声和利益，而在于内心力量的大小。企业家是企业管理的主体和主导力量，是企业运转的发动机。不管是一家上万人的大企业，还是只有几个人的小企业，不管是国有企业，还是民营企业，不管企业存在着怎样的管理问题，首先考虑的是人有没有问题——员工有没有良好的工作意愿，积极性是否被调动激发，人心是否向着企业，你有没有足够的凝聚力、亲和力……

在一个员工处处被尊重、事事受关心的企业文化氛围中，有传统文化底蕴的中国人秉持“滴水之恩，涌泉相报”的原则，会用一颗企业心自觉自愿地为企业发展献出全心、全意、全力。

梁启超先生曾有一段关于民族精神的精彩论述：“凡一国之能立于世界，必有其国民独具之特质。上自道德法律，下至风俗习惯、文学美术，皆有一种独立之精神。祖父传之，子孙继之，然后群乃结，国乃成。斯实民族主义之根柢源泉也。”可以说，心力管理是中华优秀传统文化的产物，也是中国企业管理者自觉探索的结果。心力管理强调情感与理性相互融合，力图达到一种中庸的理想境界。值得注意的是，心力管理的实施对企业管理者的要求很高。比如：他首先要有德行，自身重视道德修为，行事注重道德评价；还要下大力气对企业员工进行各个方面的关注、关心、教导、引领；最后还要“施仁政”“推恩于民”，即从员工情绪、工作状态、生活状况、收入乃至职业发展等角度做好管理工作。

从具体内容看，本书共分九章，章与章之间存在着紧密的逻辑关系。第一章基于“管理模式都包蕴着民族文化的内涵”的认知，描述传统文化与黑松林心力管理之间的“连接点”，重点讲述黄桥的历史、人物，由远及近，阐发“传统”在心力管理形成过程中的作用；第二章重点讲述中华优秀传统文化中“刚健有为”的君子人格与优秀企业家之间的关系，结合自身从艰苦奋斗、吃苦耐劳、勤俭节约、勤思好学、刚健有为等特性做了描述，道出了企业家在将中华优秀传统文化转化为卓越管理力量过程中的作用。第三、四、五章分别从“以德育人”“以情感人”“以行塑人”三个方面介绍黑松林的心力管理结合中华优秀传统文化培养与管理员工，打造了具有凝聚力、向心力、战斗力的坚强团队。第六章“和谐组织”可以说是第三章至第五章的总结，讲述中华优秀传统文化对和谐管理与和谐组织建设的重要性，以及黑松林和谐团队创建的过程及其对企业成长的支撑作用。第七章“诚信竞合”，结合黑松林在营销与客户关系管理方面的故事，讲述黑松林的“心力营销”在商业活动中经营人心，与客户建立长期持续的合作关系。第八章“权变管理”主要讲述心力管理的权变思维，即管理要随着具体情境发生变化，体现中国式管理的柔性之美。第九章“用心管理，管到心里”是全书的总结，结合黑松林的案例故事，讲述中华优秀传统文化哺育的“心力管理”在黑松林的企业实践中发挥作用。

比起那些成功的大企业，黑松林微不足道，而且在前进路上面临的问题依然很多。这本书，是我们向读者汇报黑松林学习实践中华优秀传统文化的阶段性成果。还是那句话，找对了方向就不怕路远。心在哪里，成功就在哪里。

刘鹏凯

目　录

/

第一章　那一方水土　1

第一节　文化黄桥　3

第二节　诗书继世的何家　8

第三节　黄桥老字号的遗韵　14

第四节　我的父亲母亲　23

第二章　锻造“刚健有为”的君子人格　35

第一节　虽为贾者，咸近士风　37

第二节　向优秀的企业家学管理　42

第三节　创业维艰　50

第四节　勤俭持家　55

第五节　感谢读书　64

第六节　生于忧患，死于安乐　70

第三章　以德育人　79

第一节　种树不种菜　81

第二节　打好“地基”　88

第三节　细究到底　95

第四节　巧用方法　103

第五节　授人以渔　111

第六节　无为而治　118

第四章　以情感人　127

第一节　将“薪”比心　129

第二节　“家”，应该是让人放心的地方　135

第三节　关爱，是一项永不竣工的工程　142

第四节　“真”“诚”是一对孪生兄弟：创建和谐的劳资关系　149

第五节　关爱员工要“有酒有肉”　154

第五章　以行塑人　163

第一节　将员工“锻造”成不普通的人　165

第二节　现场有“神明”　177

第三节　执行制度毫不含糊　183

第四节　小施惩戒效果更好　192

第五节　“文化养成”是关键　200

第六章　和谐组织　209

第一节　用“心力管理”打造和谐组织　211

第二节　人与人之间的和谐　217

第三节　人与组织的和谐相处　222

第四节　巧用制度促和谐　232

第五节　和谐组织：觉悟就是“见我心”　239

第七章　诚信竞合　249

第一节　以客户为中心　251

第二节　心力营销　260

第三节　经营人心　269
第四节　专注品质：用心做明天的生意　274
第五节　文化营销　281

第八章　权变管理　291
第一节　管理需要随情境变化　293
第二节　“水煮新鲜”的工作方法　299
第三节　从领导说了算，到“点长”当家　306
第四节　管理的目的是激活　312
第五节　以竞合策略化敌为友　318

第九章　用心管理，管到心里　323
第一节　重复的事情用心做，你就是赢家　325
第二节　老徐的“设备病历表”　329
第三节　机修点长小江的两个密封圈　333
第四节　雷打不散的队伍　336

第一章

那一方水土

第一节　文化黄桥

说到文化环境对人的影响，《吕氏春秋·用众》举了一个很有名的例子。戎人生在戎地、长在戎地，他们说戎人的语言，自己却不知是从谁那里学来的。楚人生在楚地、长在楚地，说楚人的语言，自己却不知是从谁那里学来的。假如让楚人在戎地生长，让戎人在楚地生长，那么楚人就说戎人的语言，戎人就说楚人的语言了。该书作者由此感慨："故所生长不可不察也。"

文化与环境对一个人、一个组织、一家企业的管理，都起到重要的"型塑"作用。文化制约并影响着企业管理的实践模式。基于这样的思考，黑松林的管理实践和心力管理，自然受到中华优秀传统文化的重要影响，是从优秀传统的继承发展过程中"生长"出来的。从宏观视角看，这样说没有问题，但需要细究的是，一个人、一家企业，是如何继承传统的？或者说，传统是怎样在一个人、一家企业的管理实践中打下烙印的？从管理理论看，主要可以从小群体文化、组织文化、区域与语言、群体信仰等方面来分析。比如，一个人可以从他所处的正式或非正式的小群体中得到一些知识、经验与感悟，他还可以在家庭、学校、单位等组织中感受到一些带有地域特色的文化，还会受到他生活区域内群体语言及其隐含文化的影响，更会受到身边群体某方面信仰的影响，等等。这些东西，大概就是《吕氏春秋·用众》中说的"不知其所受之"的原因了。

说到黑松林和心力管理在传统文化上的"路径依赖"，就必须说到我的故乡黄桥了。

黄桥，古称"黑松林"，是生我养我的地方。这里历史底蕴深厚，历代名人辈出，人文景观独特，文风文气郁盛。有两种"奇香"弥漫在家乡的悠悠岁月中：一是体现物质文明的烧饼香，另一是体现精神文明的书香。

黄桥镇是一座千年古镇，古称“永丰”，取“永远丰足”之意，汉初设里，唐代即有集市，北宋熙宁年间建镇。《泰兴县志》记载，黄桥在清乾隆年间，便是“闾阎比密，田桑沃茂，执四民之业者，率不下数千户”，可见经济之繁荣。至清末，黄桥的商业与农业同步发展，呈良性循环的态势。

著名哲学家陈嘉映老师有一句话说得特别好：实践不是从理论来的，实践者从传统和榜样那里领取指示。后代的黄桥人，凡稍有成就者，其实都是从“经济繁荣、人文繁盛”的传统及无数先贤与榜样那里汲取营养和力量的。试举几例。

“黄桥历史文化丛书”《黄桥名人》中，记载着宋孝子顾昕的故事。顾昕（888—？），生于唐末，卒于宋初。事母至孝，事迹载入《宋史》，顾昕是第一个被写入官修国史的泰兴籍人。顾昕父亲为奸人所害，母亲钱氏带着十岁的顾昕回到黄桥，准备潜心教儿读书，却因悲伤与劳累长期生病，于是顾昕侍奉母亲十年，未食荤腥。顾昕成家后，每天必携妻儿到母亲房间里请安，凡事总顺着母亲的心意，五十年如一日，未尝懈怠。母亲年老后失明，顾昕“刺血写佛经数卷”，祈祷老天保佑。据说母亲奇迹般地复明，一直活到九十多岁。

顾昕去世后葬于黄桥西寺桥外，一千多年过去了，顾昕孝母的故事至今仍在泰兴地区广为流传。据说，明成祖朱棣感念他的孝行，作诗两首并序，称其为“君子之孝”。其中一首诗是“鸡鸣冠带谒慈闱，所欲遵承志不违。五十余年如一日，油然孝敬世间稀”。千余年来，黄桥人都称顾昕为“顾孝子”，他的名字反而被许多人遗忘。

如果说顾孝子是“独善其身”的榜样的话，黄桥还有更多“兼善天下”的先贤。

1887年4月，丁文江生于黄桥，出身于书香门第，他宣扬的科学观及其科学思想对20世纪初中国的自然科学尤其是地质科学的发展产生了深远的影响。丁文江先生曾多次独自一人进行长达数月的科学考察，其倡导的“知行合一、吃苦耐劳、自强不息”的精神成为中国地质学界的优良传统。丁文江先生认为，发展科学“必须有一群受过实际训练的人做基础工作”，所以倡导以人为本，积极培育青年人才，为他们的成长创造条件。在科学研究层面，丁先生倡导将“应用”科学和“纯粹”科学相结合，大力弘扬科学理性精神，呼吁树立科学人生观，被誉为“科学与哲学的旗手”，对20世纪初中国自然科学思想的发展产生了深远的影响。

传统文化关照下的地域文化具有鲜明的内在传承性，地域文化、人文气质与经济发展三者之间紧密互动，对黄桥人的精神文化塑造产生了深远的影响，表现在群体基本的人生观、价值观、文化心理结构和文化态度等方面。就我而言，让我体味更为真切的是从少年时就记得的身边那些平凡而伟大的榜样，他们早已变为我笔下的人物。

> 洗元宝澡过年，最使我不能忘记的是那个搓背的“哑巴爹爹”，他搓背口碑很好，不亚于现在的人评论扬州搓背的水平。一般人都喜欢等他搓背，他人好心眼好，搓起背来总很认真，虽说不会讲话，但与人用心交流……“哑巴爹爹”搓背很仔细，从上到下，从左到右，从前到后，有谱有序，一遍一遍地搓过去，就连你的大腿夹裆、手背、眼窝也不放过，一丝不苟。他身上的汗珠儿从搓背开始淌到结束，使劲啊！我看他搓

背简直是一种享受，在我眼中他不是在搓背，他像一个伟大的雕塑家，在用心用汗雕塑一尊肉身菩萨啊！

…………

红鼻子哥哥在小镇可是“高山上吹喇叭——名声在外”。他做的烧饼香酥可口，皮薄馅多。他还特别讲究工艺工序，从选料、和面、发酵到调碱、进炉，再到火候的掌握，一丝不苟。用他们的话说，烧饼如人，看烧饼好坏，不要吃，只要看一下就知道是谁家做的了。他有句口头禅：人家花钱买你的烧饼，就是买你的面子，做不好人家会骂的。他做的烧饼大小一样，像一个模子里刻出来的。一百斤面在他手中搓呀，揉呀，拉呀，摘呀，每次做出的烧饼几乎一样多。大家都说他眼睛是把秤。

…………

海德先生是我在黄桥中学读高中时的班主任。当时学校乱哄哄地，分为两派。学校荒了，学业荒了，知识的田野荒芜了。而这个有责任心的海德先生却说，荒年不能荒田。先生真是吃了秤砣铁了心。从早到晚陪伴学生，寸步不离。记得有一次到农村学军拉练，一连下了几天雨，我们既不能学军，也不能学农，只好关在小屋里学些空洞的大批判、小评论，个个似小和尚念经，有口无心。“大眼睛”海德先生，眼睛一眨，点子直撒，他每天让我们编写一则学雷锋的故事，培养我们的写作兴趣，由浅入深，由表及里，从单个情节到创造多个情节。写成后，再分小组进行讨论。这给那些阴霾的雨天增添了一丝亮色。那些日子让我们这些学生终生难忘，著名作家黄蓓佳的处女作《补考》写的就是那个时期的故事。

著名文化学者司马云杰老师在《从泰州学派看心的管理》一文中说:“黑松林能够把‘心’放到企业管理的重要地位，不管其意识到还是意识不到，恐怕这里边有一个文化背景，有一个文化渊源问题，不然，为什么黑松林能够提这个问题出来，其他企业为什么不能提这个问题出来？我觉得这可能有一个文化环境或文化背景问题，这就是黑松林所处的文化历史环境，即晚明泰州学派的所在地。这是中国哲学史上一个很有影响的学派，属于晚明心学派，主要由王阳明后学组成。我今天的发言，目的想给鹏凯的思想找一个根源、一个背景、一个源头，因为任何思想来源总有个背景，总有个来源。”

我自然不敢将心力管理与黄钟大吕一般的“阳明心学”联系在一起，但司马老师说对了一件事情——黑松林的管理风格滥觞于中华优秀传统文化、区域的独特文化。我的老家黄桥，深巷老街古刹，小桥流水人家，家乡人民崇儒重道、知书达理、勤勉劳作，给了我踏实做人做事的基因，提供了我的企业成长和心力管理实践的土壤。曾经看到钱穆先生讲的一个故事，可为例证。

美国哥伦比亚大学有一个以中国人命名的“丁龙汉学讲座”，其中的故事是这样的：19 世纪末，一位美国将军退役后雇用了来自中国山东的丁龙为男仆。但这位将军脾气火暴，丁龙不堪其辱愤而辞职。此后不久，丁龙听说将军家遭火灾，生活艰难，于是他重返将军家，这令将军大为感动。丁龙对将军解释说，自己是受中国先哲孔子的教育才这样做的，虽然丁龙祖祖辈辈都没有读过书，孔子的“忠恕之道”只是口口相传，却成为他为人处世的“航标”。过了一些年，丁龙一病不起，留下遗言，愿将一生积蓄奉还给将军。将军受丁龙品德的感召，在丁龙积蓄的基础上凑足一笔巨款，捐给哥伦比亚大学，设立了这个讲座。耳濡目染、口口相传，恰恰是文化传承的最佳途径。

第二节　诗书继世的何家

如果让黄桥人列举一个能够代表黄桥的家族，我想答案都会是“何家”。这大概就是黄桥历史文化研究会会长林任申先生说的“何氏的历史，就是黄桥的历史”的真实含义了。

我女儿在一篇纪念我母亲的文章里写道：奶奶是何家的后人，她教给我们的，不只是一些具体的知识和技能，还有人生的道理、诗化的情操、任重道远的理念，以及对传统与未知的敬畏。今时今日，我们还在遵守奶奶定下的规矩，比如讲话不可以提“死”字，打个死结，要说打个呆（ái）结。春节的时候不要动刀和剪子，趋吉避凶。大年初一晚上要吃粥，“捉”住福气。前几天，我见女儿还有半碗饭没吃完就想放筷子，赶快制止，开口也是：“我的奶奶在世的时候说过，不好浪费粮食，否则要响雷打头的哦……”

黄桥有一座何氏宗祠，是清顺治初年在明太仆寺少卿何棐故居的基础上修葺而成的。何氏宗祠被誉为“江北第一祠”，是江苏省较为少见的保存完好、规模较大的家族宗祠之一，镌刻着何氏家族文化的印记，也成为黄桥历史文化的见证。而且黄桥何氏仅在明清两代，就出了 4 位进士、10 位举人、30 位贡生、300 多位秀才。

史载，黄桥何氏始自南宋初年，一世祖何孔庭为避战乱，率全家自常州迁至黄桥。从文化传统角度看，何氏家族文化的核心人物是七世祖何济。仲海荣先生在《黄桥何氏的家族文化》中说：何济自幼便喜读诗书，成年后乐善好施，“闻人丧事不举，则助之；见人婚饮礼不备，则周之”，颇受乡里人敬重，每年地方官设“乡饮”，都因其德高望重被奉为“首席”。明正统年间，他更因旱灾捐出家中余粮 1200 石，被明英宗褒奖为“义民”，并在镇里建造义民坊，以旌其贤。何氏家族的另一位重量级人物是何济的曾孙何棐，为明弘治年间进士，官至太仆寺少卿。仲海荣先生说，何棐仿照古制，建立社仓；订立乡规民约，以正风习；崇儒重教，兴办学校，因自身的贤能而颇受百姓的拥戴。

何氏宗祠有一副对联“诗书世泽，礼乐家声”，是对何氏家风的精确诠释。一个家族的文化传承，除其中的优秀个体外，还与家规祖训等惯例化制度有较大关系。何氏家族中能够体现以传统文化教化后代的“家规祖训”有两种，一是《何氏家范条件十则》，二是《何氏族戒》。

《何氏家范条件十则》是何济制定的，用于规范何氏后世子孙的道德行为。何济认为，一个人独善其身还不够，如果“不以道义规于子孙，则非为自偾，而亦无以裕诸后矣”。同时他认为，“家之隆替，则归之运数，子孙之贤否，则在乎修为。自兹以往，凡为我之族属者，务其日慎一日，常存敬畏之念；劝忠劝孝，而无悖逆之非。如是则乡里荣之、鬼神相之，而可以永世泽于无穷矣”。《泰兴何氏家乘》记载了《何氏家范条件十则》的内容。

孝父母：父母之恩，如天高地厚，最难图报，因此，“宜极力营办，以奉养父母”。

友兄弟：兄弟乃父母之所爱，最要相好，要“有无相济、疾病相扶、患难相恤，方是能体父母之心”。

谨夫妇：夫义妇从，礼所定制。

叙长幼：长上礼当尊敬，不可傲慢。为子弟者，须尽尊卑长少之分。

敦善行：人家世世积善，可保子孙繁衍，福泽绵长。因此，“无论宗党姻友，当以厚道自处，即乡里，必须和睦”。

训读书：人家子弟以读书为先，而读书以勤苦为本，“上可以立身扬名，次可以登科入仕，下亦可以支持门户”“子弟目不知书，纵富必为愚痴顽蠢之夫”。

奖行谊：孝弟为百行之原，吾族为人子、为人弟者，家庭间若能尽事亲、事长之道，有善可称。

崇节俭：由俭入奢易，由奢入俭难。人能节俭，则必勤劳，劳则逸豫之心不生，而可以保身持家。

安生理：人之四民之中，唯士称首，次则为农。如不能力行，则宜以务农为本。又次则为工，要精巧。又次则为商，要公平。

重茔祭：祭田所以供先人之祀事，树木所以为先茔之荣卫，关系最重。

《何氏家范条件十则》可以视为何氏家族道德文章与纯良家风养成的重要制度。仲海荣先生认为，何济之后的家道益盛与《何氏家范条件十则》的制定不无关系，这是一个家族的品格，这是让家族在那特定年月里拥有蓬勃生命力的文化根须，有了仁义，家族文化里便被注入了芳香的内容，一个家族最珍贵的东西便能跨越岁月长河而被历史记住。何济的后世子孙大多知书达礼、严于律己，为民则勤勉劳作、洁身自好，为官则清廉自律、造福一方。何氏后人何荫吾先生在《黄桥何氏》中也说，经过“几代人的辛苦耕耘”，何济等“苦心培植的何氏精神，已深深嵌入子孙的心中，蔚然成风”。

《何氏族戒》亦为何氏后人所作，其目的是“镜己镜人，其仪不忒”。根据《黄桥何氏》一书中清源、正祺两位先生的发掘整理，《何氏族戒》的基本内容如下所述。

戒游惰：四民各有本业，不能浪荡玩耍，始终要兢兢业业。

戒骄奢：谦为受益之源，俭乃持盈之本，因此要检点自己的行为，远离浪费金钱的场所。

戒凉薄：对同辈要热心肠，冷漠会使人心中难受。要把别人的祸福当作自己的祸福来对待，不能随便疏远别人，要“敦古处之风，毋染浇漓之习”。

戒纤啬：捐出少许水可以救济干旱，留有余地就能行仁德善举，因此应当把心胸放宽，时刻关心他人，才会得到友谊。

戒斗狠：一时冲动做下错事，可能毁掉祖上留下的基业。小的愤懑、不平的事情都不能忍耐，往往给自己和亲人带来危害。

戒健讼：不要“舌锋而刀笔”，让“亲朋侧目，乡党拊心”，更要时刻防范怀有豺虎之心的小人接近自己，更不能放纵自己去挑拨人家打官司，从中获利。

戒酗酒：美酒好吃，但无益于身体，且喝醉了丑态百出、野蛮无礼。所以，不要认为酒美就恣意放纵，要约束好自己。

戒嗜赌：赌博会导致“声名之俱丧，兼品性之全乖”，所以要懂得“赌博近于做贼”的箴言，不要再玩这小人的把戏。

戒渔色：好色为万恶之首，人品是为人立足于世之根本。

戒瘾烟：鸦片比砒霜、鸩酒还要毒，吸毒者为什么就看不到这钞票随烟灭成了灰烬，身家性命也随灯熄一并毁灭。

《何氏家范条件十则》与《何氏族戒》，可谓何氏家族文化的风向标，从后世对何氏名人的行谊中，处处可见其中的规范。何荫吾先生将“何氏家风”总结为“重德性，尚勤劳，明理义，为他人，争奉献，敢担当”和“耕者其乐，商者不奸，学者勤奋，官者清廉”，归纳为以下可以流传后世的内容。

第一，耕读传家。黄桥何氏，数代人在黄桥耕种劳作，饱读诗书，大多“彬彬读书，攻文辞，为儒者”。《何氏族谱》的序中称一世祖“孔庭有儒行”。承先启后、垂范久远的何济，更是自幼喜读诗书，常把儒家经典及传统文化中的一些与人为善、忠孝友悌、仁义道德的话抄录下来向乡邻们宣讲，以感化人。到了近代，更出现了不走仕途之路、热衷教育、为国培养了多名人才的何湘父子；还有热心教育事业，积极参与创办黄桥中学，执教而从不领取薪水的清朝秀才何卓甫先生。

第二，善于经营。何家二世祖处恭，勤俭节约，置下了家产、田地，双亲过世后，买地厚葬，以报深恩。到了六世祖彦清，“生而颖敏，笃于孝友，以忠信饬行，以勤俭治家”，整个家庭颇为富裕，在黄桥已小有名气。何济更是勤奋劳作，“旦夕勤奋，经营生殖，策划多中，遂成高赀”，使何家日益富足，慢慢发展成为黄桥当地的巨富。

第三，泽被乡里。何氏族人把仁德礼义作为立身持家的根本，居家时能够周济乡里，为官时更能造福一方。六世祖彦清，“人有久贷负偿者，即焚券不取”“其无力，吾不忍计也”。有卖田宅者，则“倍值予之”，被誉为“乡里的宽厚长者”。何氏家族文化的核心人物七世祖何济更是“乐施之心，久而不替，尚友之义，老而弥笃”，颇受乡人敬重。何济的后人大多知书达礼、严于律己，为民则勤勉劳作、洁身自好，为官则清廉自律、造福一方。何荫吾先生评价说，“何氏家族人才济济，好官辈出”。其中，杰出代表有：被山阴百姓赞为“若禾苗之遇时雨、如赤子之于慈母”的兵部主事何璇；开水关、除盐商、平理狱讼、扶植善良的安平县令何裂；主持孔庙祭祀、宣扬儒家经典和皇帝训谕、教导和管理所属生员、被江西德兴民谣赞之“何侯为令，吏瘦民肥”的江西德兴知县何镤；被比作“大儿孔文举，小儿杨德祖”、处处严以律己、不做平庸无能官吏、为百姓实实在在办事的福建莆田县令何南金；曾倡议置何氏宗祠房地、以增扩先业的布衣诗人何龙光等。

第四，清廉刚直。何棐为明弘治年间进士，忠贞勤政，不畏权势，进京为官时，掌握朝廷重权的宦官刘瑾命其部下暗示何棐去刘府拜谒，何棐坚持不去，并慨然道：“国家以贤能选拔人才，我不敢以他道而求之！”其堂弟广平知府何棠及族人兵部主事何璇等，皆因为官清廉而颇受百姓敬爱。何棠任礼部员外郎时因谏阻皇帝南巡遭廷杖，新皇帝为表彰谏阻先帝南巡的忠臣，加给何棠从三品俸禄，算是嘉勉。

第五，践行社会责任。比如何济，带头遵守政府法令，完粮纳税，并响应国家的征召，命次子携家去充实京师，体现了何济的爱国忠心。在社会事务方面，平时救穷济困，自是常事。

区域文化如何影响人类生活？许倬云先生在《中国文化与世界文化》一书中说，每个地区的文化有它的特点。在文化发展的早期，它获得了发展的基准线后，便不太容易脱离那些基准线和已形成的基本性格而发展。正如“从小一看，到老一半”这个俗语，一个人的脾气、形体再怎样发展，也离不开幼时的根底。这在文化上而言，便是每种文化都有些基本的性格。

乡土研究可以让人们了解“活着的传统”，法国著名哲学家泰纳曾指出，我们不妨把一些大的民族，从他们出现到现在，逐一进行考察，他们必有某些本质、某些才能，“在最初的祖先身上显露的心情与精神本质，竟在后来的子孙身上照样出现”。我大哥鹏春在他的《故乡的功德碑》中也有类似的描述：至今我还记得鹏凯藏在门后，窃听母亲推销枕头顶子时憋不住的笑声……而这些年，他一本一本地推出他的心力管理的企业文化文章时，我总觉得很有些剽窃母亲经营理论的嫌疑！

其实，在中国历史上，类似于何氏家族的可谓不胜枚举，他们家风严谨，人才辈出。铸剑为犁，只是先贤们留下的脚印。不管怎么说，何氏的后代，随着沧桑变化，在人生的岁月里，除了留下许多饱含心血与泪水的记忆，还得留下有声有色的影像……

第三节 黄桥老字号的遗韵

如果要追寻中国企业的“本土传统”，探索心力管理的历史与渊源，文化黄桥与诗书继世的何家自然都是丰厚的土壤。在这样的土壤里，从近代开始，黄桥的企业与企业家群体更为我们演绎了内涵丰富的传承故事。

吴曾荫先生在《中国名镇黄桥印谱》中描述黄桥的致富桥和文明桥两座古桥时说，致富桥原名知府桥，清咸丰年间重建时改名；文明桥在清光绪十二年的《泰兴县志》中初见记载。“这两座古桥的桥名，彰显了黄桥人自古以来在物质与精神追求方面有致富、文明的美好理念，与当今的时代要求竟然完全一致。”在历史的时空中，文明与致富交相辉映，成就了一代代黄桥企业的金字招牌。而我们家与黄桥老字号结缘，还是源于我的父母。父亲 14 岁时，就从老家宜兴来到黄桥，在老泰和杂货铺做学徒，母亲后来摆烟摊时，经销的多是老宝成烟店的烟。我外婆家的“天顺昌”肉铺开在黄桥古镇的西大街，久负盛名。那时候，黄桥街上乃至周边的乡村，凡当家人无人不说：“买天顺昌的肉，三斤能多出一二两来。”我的三舅母是仁源生药店的后人，该店每年销售数千吨中药材，覆盖南通、扬州、盐城和泰州地区，研制的许多丸散膏丹疗效显著。还有裕泰和茶叶店，每次家里来了客人，母亲总是让我到裕泰和买茶叶，用母亲的话说，裕泰和货真价实，真不二价，所卖茶叶泡茶后汤色清爽，香味纯正，几无杂质。

黄桥历史文化研究会吴曾荫、丁正祺先生编著的《黄桥老字号》记载，辛亥革命以后，在面积尚不足一平方公里、人口仅六千左右的黄桥镇区内，竟有和丰、利生、义生、顺记、盛康、朱德泰计六家信誉称著的钱庄，有规模不小的豫兴、仁益两家典当，有美孚、德士古、壳牌、幸福共计四家煤油经销公司，有新生、裕成、太仓等七家腌腊肉松厂，有大小一百多家粮行（店），商界还集资兴办了长途汽车站和耀黄电灯公司。1924 年，黄桥众多的油坊中，使用机器动力的就达 13 家，日耗大豆 200 余担。1915 年，仁源生药店的蟾蜍浆荣获巴拿马国际博览会铜奖，中华民国政府农商部曾特批成立黄桥商会。凡此种种，都表明黄桥的商贸经济已相当发达。民间流传“泰兴一城，不如黄桥一镇”的说法，绝非虚言。

一、勤学好儒

作为徽商，裕泰和茶叶店在经营茶叶生意的同时，也继承了徽商“亦商亦儒”的传统，不遗余力地培养教育子弟。清末，胡氏子弟胡炳华、胡炳衡等考取文、武秀才，后弃举子业，随父亲当了茶商，持续光大门楣，在苏中地区和上海分别开设胡源泰、胡震泰等茶叶店。由于裕泰和茶叶店向来注重信誉，诚信经营，它的名声甚至可以当支票使用。裕泰和进货都有固定的渠道，一般月头进货，月尾主家前来收账。有时裕泰和到江南进货，可先打个凭证给人家，后来黄桥人到江南卖猪，也可以不收钱，而是从裕泰和在江南的客户处取其凭证后，回黄桥找裕泰和兑现。

何隆昇绸布店创始人何汝舟为何椝的后人，何汝舟在仕途无望的情况下，放下读书人的身份，做起棉花生意。其长子何卓甫是清廷废除科举考试前的最后一批秀才，曾在爱国民主人士朱履先和一些豪绅家教过学，后任教于黄桥崇实小学，又与韩士元等人创建了黄桥中学。其三子何介三接手父亲的生意后，将其持续做大。由于出身于书香门第，从小深受儒家思想的熏陶和教育，“仁”“义”二字被何介三奉为圭臬。民国初年某天，曾有一官员子弟来黄桥游玩，因所携银两被盗，便将店内两把铜水烟袋偷走，不巧被抓住。何介三产生了怜悯之情，领回内屋问清情况后，赠送盘缠让其回乡。一年后，他去苏州采办布匹，临上船前发现库房被盗，到衙门报案时巧遇这名官府子弟，在此人的帮助下，将盗贼抓获，追回了被盗布匹。

老太和药店一贯遵循“诚实做人，诚信经商”的原则，重信誉，重质量，重服务，重情义，视顾客为衣食父母，视信誉胜过身家性命，货真价实，童叟无欺，百姓有口皆碑，成了黄桥人民心中的放心药店，铸造了一块历经三百多年的金字招牌。

二、勤俭持家

在勤俭持家方面，裕泰和茶叶店依然是典范。裕泰和在经营中几起几落，其主人深谙创业之艰难，十分注重勤俭持家。后人回忆，当时的胡家厨房，都把大灶里的炉灰用筛子过一遍，将没有燃尽的收集起来再烧。近代裕泰和的掌门人胡静之先生常年坐镇姜堰，但每年都要来黄桥店里视察几次。胡静之先生继承了曾祖“徽骆驼”吃苦耐劳的精神，从不在店里吃饭，“他来黄桥都是自带干粮，把饭锅巴装在茶叶盒子里，黄豆煮熟了晒干当菜吃”。

老德成酒行在勤俭持家方面亦有独到之处。他们十分注重成本，每一笔费用都精打细算，酒坛出现细微裂缝，行里有专人负责修补，绝不轻易购买新坛。

三、坚守品质

在坚守品质方面，老德成酒行、王德盛饭店、刘合心烧饼店、老宝成烟店等都是典范。

老德成酒行视品质为生命，自开业起就立下店规：劣质的酒绝不出售。为确保不出差错，酒行高薪聘用陆余山为“大先生”，也就是验酒专家。验酒采用看“花子”的办法：先舀起一大勺酒，再用小勺舀酒扬起，看落下溅起的酒珠子大小排列状况，借以判别“色子”，即酒的度数和品质。通过看“色子”，还能判别酒中是否有对人体有害的添加剂。因此，老德成酒行经营多年，卖出的酒从未出过质量问题，在同行里信誉一直很好。

“长三糖蹄”是王德盛饭店的特色菜。首先，王德盛的烧糖蹄选料讲究，非横巷西洋庄的小米猪不用。猪要自家宰杀，甚至切块也要自己动手。其次是严格按照工艺流程制作。猪肉下锅后，放入姜、葱、蒜、黄酒等佐料，大火烧至六七成熟，再放上三伏抽面酱油、冰糖，文火收汁。如此精心制作的糖蹄，即便隔三五家门面也是香味扑鼻，令人垂涎。此外，王德盛的早点蟹黄包子也很有特色，他家的蟹黄包子要隔夜熬好蟹黄，做好皮汤，肉馅也要预先做好。包子皮是用小酵，包馅叫“三拓头”，一拓皮汤，二拓肉馅，三拓蟹黄。只只包子都是十六个褶，大小一样。

烧饼是黄桥最具特色的食品，黄桥烧饼大多为碱酵，发酵的好坏直接影响烧饼的口感及品相。刘合心烧饼店根据寒暑温度的差异调整发酵的方法，并总结出一整套发酵规律：要得酵面好，四季控温很重要，干拳揣出一块酵；要得烧饼酥，精料细作功夫到，十二层次分明了；要得芝麻香，文炒轻捶皮脱落，粒粒鼓鼓光泽好；要得烧饼黄，炉温上下四边到，火候全靠心要到……冬天“老鼠喷身”（调酵时水分要比平常多一点），夏天“雪花点”（水要少，并略含有点干面），冬捂夏扇（冬天保温，夏天散温）。刘合心烧饼店做出来的烧饼“红心儿白边儿”，香脆两面黄，酵香扑鼻，美味可口，在烧饼店云集的黄桥很有名气。让我钦佩的不仅仅是刘合心烧饼的品质好，还有刘润宝老师傅的人品。我上小学三年级，有一天到刘合心排队买烧饼，忽然被炸雷般的吼声吓了一跳。“谁教你干活时抽烟的？快掐掉！”原来是一名刚来的学徒嘴里叼着香烟，刘师傅生怕香烟灰掉到烧饼里。这个场景让我刻骨铭心。

“老宝成”旱烟，可谓闻名黄桥四乡八里。老宝成烟店前店后厂，制作工艺独特的烟丝具有色泽光亮、细而有条、香味清雅、烟力强顶的特色，烟丝品质始终超过同行。老宝成的老板王蔚然曾说：“质量是老宝成的命根子，质量好是一好抵百好，质量不好百好也不好。”老宝成直接到江西烟叶产地采购原料，生产环节的管理特别严格，配方严格保密，负责配料看油水的“后作”几乎是终身制，不死不换人。

四、客户为本

陆万成商铺可谓是“以客户为本”的佼佼者。多年来，陆万成商铺在经营管理方面形成了一些好传统，老板口头反复讲的、店堂里招牌上和墙上写的，都是这样几句话：诚信待客、童叟无欺、不二划价、货真价实、薄利多销……实际上这就是陆万成的经营思想、立业之本。可贵的是，他们是这样说的，也是实实在在这么做的。陆万成商铺的诚信待客、热忱服务，使得整日顾客盈门。“每逢节日，顾客爆满，店堂里要排号购货，中午、晚上店员要轮班吃饭，夜里要挂起汽油灯开夜市”。

丁万昌米行在米巷万昌巷东，由于买卖公平，老少无欺，在黄桥名气很大，人们提到米巷就提到丁万昌。

除了货真价实，情感营销也是黄桥老字号以客为本的另一个特色。鑫茂盛粮行招待客商总是笑脸相迎，无微不至。对小船货少的客商，请喝茶、洗澡；对大船货多的客商，请他们到复盛园、老合盛、赵义兴等菜馆内饮酒。老宝成烟店也十分讲究经营手段，为招揽大宗生意，规定对买烟两吊钱以上的顾客，奉请午餐一顿（一荤、一素、一汤），于是每天顾客盈门，生意兴隆。

裕泰和茶叶店的招数是上门服务，每当新茶上市，就派口齿伶俐的伙计给全镇各商家老板、社会名流、地方绅士等有头有脸的人物，奉上上等佳茗一包，一二两不等，请他们尝新。

咸有泰杂货店以和为贵，口碑好、信誉高，人们宁愿多跑点路也要到他家来买东西。对于农村来的老主顾，除了倒茶拿烟、热情招待外，咸有泰杂货店还为他们做转接信件、寄存物件等琐事。

五、精细管理

在精细管理方面，永丰慰记猪行的做法别具一格。该猪行一般两天往江南送一趟猪，老板必须派人押船。押船的首先要懂猪的习性，家养的猪喜静，如被突如其来的声音一惊，它们会乱窜。一般说船要行几天，到码头卸货，运输途中猪是否掉膘、损失多少，猪卖的价格，立即结账还是日后给钱，这些事都在押船员身上，主家不能事事自己做。永丰慰记猪行店主封慰堂深谙商道，司秤员、账房先生、押船员三大员关乎猪行成败，在选拔任用方面尤为精心。由于主家的精明、会用人，永丰慰记猪行被“滑包”[1]的事从没有发生过。

老德成酒行自己并不煮酒，其经营方式是：坐收放粮，转手赚取差价。坐店收购，由各乡村的酒坊和酒贩子送货上门；所谓“放粮”，就是酒行购买粮食，赊给酒坊或酒贩子，然后回收成品酒，粮酒双作价。

［1］滑包：坑骗。

因为坐收，免去了煮酒所需的场地和人员，将有限的店房、财力、人力专用于供销；因为放粮，事先垫付部分资金，使一些小酒坊能迅速投入生产，如此双赢策略为酒行不断把生意做大提供了有力的保障。

老宝成烟店能长期兴盛不衰，与其苦心经营、严格管理都有精到之处分不开。比如，老宝成的管理体制在结构上等级森严、层层相扣、责任明确、分线归拢、权力绝对集中。这样的管理体制是老宝成所有运营活动得以顺利进行的重要保证。

六、以人为本

在企业管理实践中，以人为本包括两方面的含义：一方面，企业要关爱员工、支持员工，把员工视为合作伙伴，尊重他们并赋予尊严，为员工赋予意义感，激发平凡员工的优点；另一方面，真正的以人为本一定不是溺爱员工，而是要赋予员工合理及明确的目标，严格培养其职业素质与能力，在业绩上持续提出更高的期望。黄桥老字号企业的实践中，也处处渗透着这样的人本管理特点。

老德成酒行与人为善、宽容真诚，视雇员如家人，工钱从不拖欠，过大年加发红包，过小节发礼品。店里也包员工伙食，平常蔬菜变换花色品种，逢初二、十六大荤，犒劳大家；初八、廿三小荤，改善生活。当然，在员工能力训练方面，老德成酒行也不含糊，按照行规，学徒需经过一段试用期，主要考察其人品，不合格的辞退，留用的还要继续“学生意”。运酒上船，逢下雨天工资加倍，称“小心费”，但若不慎打破坛子，晴天无妨，雨天要赔。

鑫茂盛粮行在伙食上，大先生、学徒一视同仁。不过学生意的要卸门板、端饭倒茶，这是常规，理所当然。每月初二、十六，都要犒劳职工，桌上有红烧肉等荤菜。过年前夕，老板请职工吃守岁酒，餐毕，除发薪俸外，还依贡献大小发放红包。

一方面，裕泰和茶叶店对职工厚道，工人一般月薪是 2 斗米（工资 1 斗米、洗理[1] 1 斗米），一年按 16 个月发放，多出来的 4 个月包括冬腊双算和节假日加班，岁末两个月生意好发双薪。店内伙食一视同仁，阴历初二、初八、十六、廿三开四荤，清明到重阳期间下午有晚茶。每年春节，工人们还能领到两块大洋的守岁钱。另一方面，裕泰和茶叶店规矩甚严，学徒在柜台里非但不能落座，连倚靠货架、柜台都不行，必须规规矩矩地站在店堂内招牌旁迎客。裕泰和茶叶店账房先生桌前放有一个大型铜质钱盘，分 18 个格子，每天店员经手做生意的所得放入各人固定的格子里，夜晚账房先生理账，在各人的户头上记载营业总数。

陆万成商铺用人得法，收学徒要了解学徒手脚是否老实，说话是否诚实，做事是否踏实，头脑是否灵活，是否有文化，这几个条件缺一不可。店里还规定，老板的至亲不得在本店从业或做学徒。平时老板对员工要求严格，赏罚分明。不称职的予以解聘，不讲情面；表现突出、成绩显著的员工则提职加薪。老板十分重视学徒的调教，对师徒双方要求都十分严格。学徒一进店，首先要行拜师礼，尊敬师傅；在生活上，徒弟要主动帮助师傅盛饭、打水、洗水烟袋、倒便壶等；在工作上，徒弟要听从师傅的教导，虚心学艺。

七、扶危济困

永丰慰记猪行做了不少好事，如修建花园桥，每年过春节发放米券给穷人，遇到困难户住封家房子的，不收房租。

---

［1］ 洗理：清洁整理费。

和记花生榨油厂老板何逢生生性好施，热心公益事业，“邻里乡党孤寡贫乏，年有资助，病、死者则医之、药之、棺殓之，综其一生，私入半税于是”。何逢生离世时，林森、孙科等国民党元老、社会名流七十多人为之题字，孙科的题词是“急公好义”。

老德成酒行坚持助困济贫，做好事不留名，经常拿钱粮接济四周的贫困之家。凡有人登门求助，必慷慨解囊；有田租给人耕种，送租就收，不送也不强求。

何隆昇绸布店的何介三热心社会公益事业，南坝桥重建、王家巷西首南庵庙整修、灾年施粥舍米等善事都参加。每到年前，他总要给王家巷西首棚户区的穷人送上一块银圆，让他们过个平安年。

陆万成商铺在社会公德方面同样树立了良好的形象，柜台靠前的抽屉里专放了一些零钱，凡有乞讨者上门都施以几枚铜板，遇有残疾人，店员则离柜把钱直接送到他们手中。对于其他社会公共事业，如修桥补路、防火防盗的费用摊派，总能多多承应份额。

中国的儒商文化，十分重视传统伦理精神，力图把儒家重视伦理与情感的精神气质引入商业领域，建构一种儒化的商业伦理精神，以寻求经济活动与伦理文化精神间的沟通，推进商业与伦理的结合，塑造商人的人格形象。王红在《老字号》一书中说，中华老字号作为一个称谓，包含着传承、期待、祝福等特定的寓意，人们甚至将号视为自己人格、品德、意志、追求的写照。作为商家店铺的名称，字号具有招牌和标识的功能，表现商家店铺的经营理念和追求，受到中国传统文化，特别是传统儒家文化的影响，有着丰富的内涵——或以传统的伦理道德体现经营的宗旨，或寓含对顾客的良好祝愿，或显示自己的志向与理念，或彰显自己产品或服务的独特之处等。

从黄桥老字号企业的古风遗韵中，我们可以看到这种传统道德理性主义和经济功利主义的恰当结合，这大概就是我们这些现代企业可以从老字号中汲取的精神财富。

第四节　我的父亲母亲

《孟子·离娄上》说：“天下之本在国，国之本在家，家之本在身。”在我国，家族文化是一个特殊的文化系统。钱穆曾说：“中国文化全部都从家族观念上筑起。”在这里，我想说说我的父母亲对我做企业以及打磨心力管理的影响。

父亲母亲的伟大，不仅在于生了我们，更在于育，我们兄弟几人的成长、成熟、成就均是父母亲不凡的“育”的结晶。父母亲离开我们已经30多年了，母亲内心的丰盈、人格的独立、困境中的果敢坚毅，父亲的从容淡泊、严谨细致，却从未远离我们。二老的品质像一块沉香，充满香气，滋养着我，丰富着我，伴随我一路生长、一路阳光。

父母亲给我的教育首先是乐观坚忍。小时候，家里很穷，一家六七口仅靠父亲每月20多元的工资维持生活，为了我们兄弟几个都能读书上学，父母几乎每天不吃早饭，母亲还要起早带晚外出打零工。

尽管日子似逆水行舟，活得太沉重，需要咬紧牙关来过，父母亲却从不因贫穷而悲观失望、唉声叹气，总是达观从容，舐犊情深，用自己的一言一行传递着对生活的热爱，塑造着我们兄弟几人的品行。在我的记忆中，母亲总是充满信念地对我们说：“人不可能穷一世，没有爬不过的山，没有蹚不过的河，红军两万五千里长征都走过来了，等你们长大，苦日子就会熬过头的！”这些话，一直在激励我们不忘初心、砥砺前行。

母亲从来都是志气高比天，永远那么乐观，那么坚忍，以十足的勇气和信心对抗贫寒。母亲的一生就像优质的土木工程，不但能抗压、抗弯、抗震、抗沉降、抗磨损，而且有刚性、弹性、韧性、塑性，可谓静水深流。我经营企业几十年，能做到稳步健康、持续良性发展，正归功于老母亲的言传身教。

我十三四岁时正是所谓“停课闹革命”的特殊年代，母亲生怕我跟风胡闹、惹是生非，就采取篮球中“人盯人”的方式，每日拉着我跟她一起出摊，母亲在前面带路，我在后面推着一辆用竹子做成的四轮小竹车，吱咕吱咕走在通往大石桥十字街头的路上。母亲的摊子，以卖旱烟与绣花枕顶为主，兼卖一些小镜子、梳子等日用小杂货。母亲告诫我不要虚度年华，碌碌无为。她最常说的话是“八败命不怕死来做”，让我小小年纪就懂得生命的力量来自毅力、顽强。

那一年，在合肥食品公司工作的姨妈来信说：“合肥这么大的城市，剁肉没有合用的斧子，请妹到珠巷袁家铁匠店定打二十把斧子，辛苦一趟送来，单位会给酬金的。”一向因穷帽子套在头上而面色严峻的母亲，接到信后，兴奋得眉头舒展。因为她不但知道开肉铺用的斧子都是在黄桥袁家铁匠店打的，祖传的手艺，斧子钢口好，淬火更好，更在心里盘算着如何“资源整合”，道生一，一生二，二生三……

因为，很早之前母亲就嗅到了商机。她发现东大街那家从安徽过来开裕泰和茶叶店的老板和伙计，抽的都是安徽旱烟，那烟叶细嫩嫩、黄澄澄的，卖相极好。我不知母亲是什么时候学会抽烟的，但她抽旱烟时总要自言自语：“如果将这种安徽旱烟引进到我们这儿来卖，生意一定兴隆。”母亲说，安徽路途遥远，可惜她身上没长翅膀，这个念头只能是望梅止渴，想到却做不到。这次机会来了，母亲一边张罗着定制斧子，一边盘算：赚到这份“跑脚钱”后，可以转手就从安徽贩几十斤旱烟回来卖卖。借别人的小麦，回来开磨坊，试试自己的眼光，圆一回自己的梦想。母亲在20世纪60年代就萌生的市场经济意识，让我这个在计划经济时代度过大半生的企业经营者至今佩服、受用。

一切准备齐整，母亲背着二十把斧子，拖着六岁的德弟踏上了去合肥的路。一帆风顺的人，往往看不到命运背后咬紧的牙关。母亲去安徽前，父亲帮她将那一百多斤重的斧子搁在她那不足百斤身子的肩上，母亲像是女战士，那咬紧牙关的瞬间，那露出一脸微笑的情景，至今刻在我的脑海中，永远也抹不去。

在乐观坚忍之外，父母亲给我的第二个方面的影响就是做事认真。我的父亲是宜兴人，十四岁一人孤零零地来到黄桥当学徒，从江南到江北，从一顿冷饭冷粥，到另一顿冷饭冷粥，从第一个出租屋到第十一个出租屋（父亲没有房子，一生搬过十一次家），多少年风和雨，父亲一路唱着志气歌，在他的梦田用心耕耘播种，用“心功”写着一本厚厚的大书。

父亲和母亲共同修过钢笔，开过杂货铺。20世纪60年代初，父亲经人介绍进入黄桥供销社的杂品仓库，保管着锅、碗、席、扫帚、扁担、毛竹、纸张等上百种货物。父亲很珍惜这份养家糊口的工作，他管理的仓库干干净净，货物堆放得整整齐齐，账目记载得清清楚楚，年年被评为先进。那个年代仓库保管员的工作一点不轻松，不但需要有体力、有手艺，还得会打算盘，要懂账理，可谓“德、智、体”全面发展。

三弟刘鹏旋回忆说，父亲做供销社管理工作，“保管过数以万计的山珍果品，他从没沾过一点滋味。即使三年严重困难时期，父亲得了浮肿病，他也没打过库存商品的主意”。父亲管的仓库，商品如同接受检阅的列兵方阵，从不走样；计划供应的商品多出一点从没自行做主；跨年度的干果从没变质虫蛀；入库的商品一一过手，从没出过差错；年终的算账盘点必定账物一清二楚，容不得丝毫之差。所以鹏旋引用大哥鹏春的话说，父亲是“供销社的末代忠诚”。

记得那时，一船碗几百捆，一捆 20 只，是用稻草绳捆扎着的，为节省仓库，一般的碗都被堆放在露天，风吹雨打，时间长了，扎碗的稻草绳极易霉烂，父亲在保管过程中常给这些“宝贝”翻翻身，换换“衣裳”，像照料自家的东西那般倾注心力。在翻堆过程中，父亲只要见到捆扎不结实，或草绳有霉烂迹象，就会不厌其烦地用新绳重新捆扎，一丝不苟，从不马虎。那时的碗粗厚笨，20 只碗叠起来足有二三尺高，捆扎时翻上翻下，挺吃力的，一不小心就会摔坏。好在父亲毕竟学徒出身，吃过三年萝卜干饭，他扎碗既快又好，捆扎好的碗口上的绳子美得像盛开的五星花。

一个冬日的星期天，上初二的我来到父亲的仓库，父亲正在整理碗堆。我见他脸上汗涔涔的，洗得发白的中山装热得也穿不住了，就扔在一旁的碗堆上，忍不住发问：“爸，扎碗还需用力气，看你都淌汗了！”父亲边数着数，边叠着碗，瞟了我一眼：“看人挑担不吃力，你来试试？”我初生牛犊不怕虎，凑上前双手一捧，“哎呀妈呀，好沉啊！”连忙放下，一堆碗被弄得摇摇晃晃像个醉汉。父亲赶紧扶住，生怕晃倒打碎。“知道了吧，我像你这般大到黄桥当学徒时，曾经因为扎碗时不小心，扎翻了一捆，摔破了 7 只，被老板用鸡毛掸子打了 7 下……孩子啊，做什么都得认真，捧牢饭碗，一辈子才会有饭吃。”父亲一字一顿，字字如钉，敲打着我的心弦。

父亲真是引导者呀！我记得保管铁锅也是个苦脏累的活儿，可父亲不管干什么都任劳任怨，不怕苦不怕脏。那时，一只铁锅有好几斤重，规格按张计算，什么三张、三张半、四张……至今我还记忆犹新。父亲堆放铁锅很有讲究，一排排铁锅，锅底靠着墙，一只叠着一只，两边用木方稳住，几百只锅按规格大小一字排堆着，简朴规则，就像刚开挖的渠道，几何的棱角分明和线条的直接，充满质朴的美。

记得有一天，我放学后直接来到父亲的仓库，正好搬运工人在卸铁锅，老远就听到“哗磁，哗磁……”的声音，脆滴滴的，似乎是那贫瘠日子的铿锵回音。我循声看见父亲弓着腰，在仓库一角努力将一只只铁锅叠放整齐。那个年代，工作条件艰苦，连回纺纱手套这类基本的福利也没有，只见父亲双手黑乎乎的，活像个铸造工。卸完铁锅，父亲并没有停下手中的活儿，仍一个人在复核数字，他将每十只锅数好后用粉笔画上一道线，以此类推。我不解为何要画线，父亲憨厚一笑：“这叫管理，长大了你会明白的。”

如今，我也走上管理岗位。随着年岁增长，这些幼年时的场景时时浮现在脑海中，我似穿越时空，豁然开朗。彼时父亲的身教言教，熏陶影响，不就是对“管理”的最好诠释吗？

与人为善，是我的父母用他们的行为教给我的又一种优秀品质。跟着母亲练摊的日子，我目睹了母亲的酸楚，领悟了她的智慧。她仿佛有过人的洞察力和天生的生意眼。她的旱烟生意做得真是好。母亲卖旱烟，卖情感，更卖心，不管生人熟人，买与不买，母亲总是将笑容挂在脸上，甜甜的话说在嘴上：“老爹，坐下来歇会儿。”她边说边拿起备用的旱烟袋，装上一锅烟，递上前：“老爹，品尝一下，正宗的安徽烟，不好不要买。”

母亲常教育我，生意是人做的，要以心换心，待人要真诚。她的这一优秀品质，也给自己的小本生意创造了不少的机会。一天，烟摊来了几个老主顾，边抽着免费的旱烟，边与母亲拉着家常。“老天帮忙，今年遇上难得的好收成了。”母亲对市场动向一向嗅觉灵敏，悟性极高。说者无意，母亲却听话听音，灵感立刻上来，她联想着“男婚女嫁丰年早”，想起青年男女结婚需要的物品，预感这个秋冬绣花枕头一定会有销量。她嘴上不声张，暗地里却雷厉风行，说动手就动手。

于是，母亲筹足本钱，派休暑假的我去邻县如皋小芹乡收购绣花枕顶。我佩服母亲的见识和胆识，更佩服母亲“人力资源管理”的才能，她知人善任。因为她知我生性倔强，做事从不认输，又曾跟黄桥中学美术老师沙延海学过水彩画、美术字，虽不专业，但算得上有点艺术细胞，看货不会太走眼，因此这项重任非我莫属。结果是虽有一点小波折，我的确帮助母亲小赚了一笔。

我的父亲做人实在，与卸货物的搬运工人很谈得来，像家里人一样亲近，没有一点“干部”的架子，这种朴素的感情将父亲在工人心目中的形象塑造得魅力四射，让他们很卖力气。搬运工们将从船上卸下来的铁锅堆放得横竖成行，像出操的方阵。父亲一会儿指挥放那儿，一会儿忙着记数字，没有闲的时候。

“何老爹，喝口水哦！”父亲端起一碗白开水，递给满头大汗的大何。“谢谢刘会计！谢谢刘会计！”父亲那善良真诚的美，何老爹那灿烂的笑脸、沙哑的声音，至今仍留在我的记忆中。

在那艰难的岁月，母亲能和父亲一道撑起这个穷家，靠的不是她的身体、力气，而是她的头脑、智慧和意志力。这是母亲给我树立的榜样。

我佩服母亲的生意眼，更佩服母亲的生意头脑。那年冬天，母亲早早备下的绣花枕顶存货不多，她总是愁帽子戴在头上，生怕脱货。

一天，见前来购买枕顶的一位村姑手拿一双缎子绣花鞋的面料，母亲眼明手快，以关心的口气说："姑娘，让我看看，帮你做做参谋，选一副花型风格不同的枕顶，来个百花齐放。"母亲边说边将绣花的鞋面摊在枕顶上，不停夸奖村姑的眼力好，说着吉祥的话，让村姑开心得眼睛笑成了一条线，情不自禁地掏了腰包，买了枕顶。站在一旁的我，天真地看着母亲，傻傻地笑，内心佩服母亲的情感销售手段。更想不到的是，村姑前脚走，母亲后脚就去了西街的棉布商店，买下了仅有的十来双绣花鞋面料，收了摊子，回家后竟自己动手做起枕顶。"深挖洞，广积粮，不称霸"，她的经营理念与经典战略思想不谋而合。看着母亲忙碌的身影，我佩服得五体投地，心里暗暗发誓，要向母亲学习，做一名有文化的儒商。

一个问题解决了，另一个问题又来了。由于绣花鞋面料不是用来做枕顶的，成品总有点美中不足。母亲是个追求完美的人，她发现绣花的那部分偏在一边，留有部分空白，视觉上显得不对称。母亲将我叫到身边，指着枕顶说："二犟头，你在这些空白处绣上几朵白云或几缕水草，每幅奖励你一毛钱。"说完，便将一元钱悄悄塞到我的手中，悄声嘱咐："快去准备，不要跟鹏旋他们讲啊！"

几十年过去了，我时常在想：那些买旱烟的老农挂在嘴上的丰收喜悦，成就了母亲绣花枕顶生意的红红火火；那塞给我的一元钱，激发了我将枕顶进行"艺术"加工的积极性和创造力，这些不正是一则则经典的 MBA 营销案例吗？ 经验是生活的肥料，有什么样的经验便会变成什么样的人。更让我从心底佩服的是，这些故事发生在 1968 年，母亲当初的这些想法、看法、做法和思维方式，可是同时代一般生意人少有的啊！

经营与管理的经验告诉我，认知影响选择，选择决定命运。市场永远不会给任何人预留一条跑道，唯有自己铺设。那年初夏，史无前例的“破四旧”风暴来了，母亲困惑起来，一次次去问周围的亲朋好友：枕顶上绣的那些花卉虫鸟是“四旧”吗？没有人能回答出来。

我总以为这场风暴会将母亲的生意打得支离破碎，可母亲毕竟读过两年私塾，读书让她的内心变得笃定，思考更有深度。母亲常说“识时务者为俊杰”。面对情况不明，母亲心态淡定，像个市场上的将军，观云测天，主动接受时代发出的挑战。那些日子，为了生活，为了我们兄弟四人能读书成长，母亲双眼常布满血丝，通宵达旦地独自思考如何做好生意。母亲跳出思维局限，以聪明应对荒唐，以智慧应对愚昧，竟想出了个两全其美的妙法。她让我在每片枕顶上用黄色的丝线绣上“斗私批修”的字样。当时，我只知道母亲是用我的一技之长，却不知道为什么要在一幅漂漂亮亮的枕顶上画蛇添足，绣上几个风马牛不相及的字样？如今我早已读懂母亲在绣花枕顶上加几个字的深意，跟着她摆摊子的我，就像一块面团，在人生的路上接受一番揉搓、捶打，走出了自己的方寸之地。一次次的经历、一回回的感受、一番番的磨炼、一个个的成功，丰富了我的见识，更是我的修行。

跟随母亲练摊的经历，让我窥见了商机，心中的市场经济意识开始萌芽，生财之道在无意识中得到启蒙。用三弟鹏旋的话说：“我真的羡慕凯哥，在尚未成年之时，就有了一次足以感悟一生的经历。也许，母亲真有预见未来的眼力，兄弟几个中唯有他成了老板。他是应该感恩母亲的。”

多年以来，我的父母以这样一些优秀的品质滋养着我们，而父母以“磨刀”来比喻对几个儿子的培养，更使我受益无穷。

父母对兄弟几人的学习和成长十分关心。大哥鹏春从小就显现出文学天赋，六岁上学后一直是班上的尖子，成为母亲要为刘家磨的“第一把刀”。母亲经常唠叨：“儿啊，一定要争气，书中自有红烧肉，你一定要考上黄中。”大哥赶考，兄弟跟随。我们底下兄弟三人记住了母亲的那句“书中自有红烧肉”，从而愈加发奋地读书。父亲也经常用他自己的经历告诫我们用心做事。我的爷爷是个老实巴交的木匠，父亲在世时，常用他的话来训导我们兄弟几人：“木匠是门手艺，但你用心进入角色后，它就不是手艺，而是一门艺术。”

20 世纪 70 年代初，我在黄桥机械厂学车工。在一次车削齿轮锻坯时，我只晓得高速切削有劲儿，但对切削速度、切削深度、走刀量之间的基础理论知识一无所知。由于切削速度过快，车刀刚刚接触到工件，“嗵”的一声，齿轮坯就从高速旋转的卡盘上飞了下来，砸伤了我的右手，至今手背上还留有一道深深的印记。那天，父亲抚摸着我受伤的手，目光像阳光一样温暖：“儿子，跌个跟头抓把泥，认真读书吧，那才是解决所有问题的根本。”我双目微闭点点头，如游园惊梦。

那时技术书籍匮乏，画图完全靠手工。学技术光有干劲，没有理论知识支撑是不能成功的。三弟鹏旋当时所在的黄桥电机厂有一位大学毕业的技术人员，从他那里帮我借来一本《金属切削原理》，交给我时再三叮嘱：“有借有还，再借不难。”一旁的父亲看在眼里、听在心里，一声不响，茶余饭后起早贪黑为我抄录起这本书来，两个星期抄了整整一本书！那个时候，父亲没有物质财富，富裕得只有时间，他把深深的爱藏在手抄本里，激励我学习。如今，这本饱含着浓烈希望和深情的旧物仍保存在我的书橱里，虽不灿烂辉煌，却也闪闪发光。这是父亲把梦想种在我的心田啊！

在学习之外，对品行的塑造是父母亲更加重视的。父亲在供销社管着茶食坊，对吃不饱肚子的孩子来说，那香甜味儿真是诱人啊！有一次，三弟鹏旋实在憋不住偷吃了两颗黑枣，被父亲打了一巴掌，打得“两眼直冒金星”，父亲自己也眼含泪水。鹏旋说，父亲是把仓库中公家的东西看成“神圣不可侵犯”，更为重要的是，父亲把儿子的品行看成自己的尊严！

“人要脸，树要皮，不蒸馒头蒸（争）口气。”这是母亲在世时常挂在嘴边的一句话。母亲一生虽没读过什么专业学校、没有留给孩子们太多的大道理，但在世时对兄弟几个人的教育特别严格，要我们学好，脚踏实地地做人做事，有出息，希望兄弟几人像剪刀一样把自己磨亮，剪出自己的锦绣前程。记得我很小的时候，碰到一个月难得吃一次的小炒肉，刚夹起一条肉丝放到碗里，母亲就拿起筷子使劲打了一下我的手，“用手捧着碗！”一脸严肃地说。用母亲的话说，捧着碗吃饭是对饭碗的珍惜，更是一种好习惯。人生路上，我记住了母亲的话，为了捧好这只泥饭碗一直努力。作为企业当家人后我明白了，企业里有许多许多的碗，需要土豆加牛肉，需要有滋有味的幸福，只有锅里有了碗里才有……

小学暑假的一天，我和大哥鹏春来到供销社的乒乓球室打球，打完后将一副乒乓球拍偷偷藏在衣服里带回了家。母亲知道了，立即关上门，抄起刚劈好的木柴就是一顿痛打，直打得我们哥儿俩嘴角出血，连连告饶。母亲盯着我们的眼睛说了让我们永远难忘的话：“记住，做贼就从偷菜起！”“好事不出庄，坏名扬天下。千金难买好名声啊！”“马上将人家的东西送回去！人家的东西再好，不是我的，我不要！”咀嚼着母亲的话，我们和母亲抱着哭成一团。

大哥鹏春幼年时，父母开着夫妻碗店养家度日。顽皮捣蛋的春哥几乎每天都有打破碗的“业绩”。母亲思来想去，托人将刚满六岁的春哥送进了西街小学，让他上上笼头、去去“野”性。春哥变得乖巧安分，且成绩一路攀升，讨人喜欢。连春哥自己也没奢望，刚到三年级，母亲就花几块钱为他买了支金星钢笔。那时，这些钱可买到几十斤大米，够一家六口吃上十天半月的。

那年冬天的一个夜里，因为白天下了雨雪，母亲坐在煤炉前烘着春哥那件沾满泥水的棉袄，顺手一摸挂钢笔的那只口袋，陡然一惊，随即定了定神，立马翻遍春哥的书包、衣裳，方才掀开被窝，将春哥从熟睡中叫醒，问个究竟。春哥一愣，支支吾吾，说钢笔借给了南坝桥外运输社姓顾的同学。母亲什么话没说，推开门，摸着黑，找到姓顾的同学家，问了个明白，火急火燎地回到家，操起案桌上那把沉甸甸的红木条尺，冒着浑身的火、满肚的气，噼噼啪啪地打得春哥声泪俱下："妈妈，是我说谎了，下午在封家园玩耍时上厕所，钢笔掉进粪缸里了。"此时，春哥光着的身子青紫相间，左眼肿起一个血包，成了一条缝隙。母亲愤愤着彻夜未眠，天不亮时竟然从粪缸里捞出了钢笔。母亲一进门，一副又气又恨又顾惜的神情，用钢笔挨个指点着兄弟四个："钢笔贵重没有做人贵重，伢儿家从小不能说谎，更不能做没出息的事。"

仔细回忆，父母对我的影响主要有三个方面：一是"上梁不正下梁歪，正梁不正倒下来"，父母对子女的影响是什么？核心问题不是财富的多少，而是传承了什么；二是父母对我们各个方面的严格要求，从小教育我们用心做事，脚踏实地，永不言弃，这是自己后来做企业的根基；三是母亲经常讲一句话"好名不出庄，坏名扬天下"，就是教育我们要珍惜自己的名声，洁身自好，这对自己做企业、做品牌的启发也非常大。

黄桥是我的根，父亲和母亲是我生命和思想的源泉。黑松林与心力管理所有的枝叶茂盛与蓬勃生机，都是从这个根里长出来的。文化学者陈浩武先生说，一个人生活中的方方面面和各种力量，对于此人性格的形成，有时会起到积极的作用，有时则会起到消极的作用。从某种程度上来说，每一个人都是遗传和环境的产物，人品的形成与传统习俗和时代背景息息相关，是个人和社会之间不断相互作用的结果。

第二章
锻造“刚健有为”的君子人格

第一节　虽为贾者，咸近士风

我们要提倡的事业意义却不同，在消极方面是要减轻人民的苦痛，在积极方面是要增进人民的幸福。怎样减轻苦痛呢？是要他们少些骚扰，少些病痛，少些天灾，少些强力的压迫，少些不应该有的负担。怎么样增进幸福呢？是要他们多些收获，多些寿数，多些知识和能力，多些需要的供给，多些娱乐的机会。

这是近代著名企业家、民生实业创始人卢作孚先生对“民生公司使命”的解读。1987 年 9 月，94 岁的梁漱溟写下《景仰故交卢作孚先生献词》，文中说：“作孚先生胸怀高旷，公而忘私，为而不有，庶几乎可比于古之贤哲焉。”实际上，在中华文化的熏陶下，从古到今的中国，从不缺乏如卢作孚先生这般“慨然以天下为己任”的人。

张维迎说，在世界范围内的所有传统文化中，无论东方的还是西方的，宗教的还是世俗的，都鄙视商人，鄙视企业家活动。比如，《圣经》里说：“富人进入天堂，比骆驼穿过针眼还难。”中国的儒家也有“君子喻于义，小人喻于利”的说法，延伸到社会层面就有极端的“无奸不商”的俗语。但实际上，无论在怎样的时代，中国的商人群体都以坚忍顽强的品质和“流通天下”的实绩，为社会进步做出了贡献。

明清之际，随着社会经济的发展以及商人群体社会地位的提高，士与商出现了“合流”趋势，甚至出现了“亦商亦儒”的“儒商”。他们有些是已取得功名的儒生，更多的人则没有功名，他们在社会现实中将“经商”与“业儒”融为一体，其共同的行为方式是对儒学的学习与传播，对修身的准则有着浓厚的兴趣，他们往往“商名儒行”，在经商过程中十分看重自身的名节。明代知名商人王现曾经说过这样一段话："夫商与士，异术而同心，故善商者，处财货之场，而修高明之行，是故虽利而不污，故利以义制，名以清修，天之鉴也。"也正是因为这样，清代学者戴震用"虽为贾者，咸近士风"来评价当时的徽商，该评语可以说具有相当的高度，在当时的社会环境里，其实也是一种十分大胆的、带有独创性的评价。

从传统角度看，"士"就是儒，儒者重义，商人重利，而戴震用"贾而好儒"，将原来格格不入的二者建构为一个有机的整体。"儒商"的立意，是儒学的"修齐治平"的理想，出发点是于"财货之场"修习"高明之行"，达到的效果是"良贾不负于闳儒"。这一点，可以从儒者韩愈广受潮州人崇拜来管中窥豹。据黄挺、陈利江所著的《潮州商帮》记载，"郡城以外，在潮州各县普遍建有韩祠。对韩文公的膜拜，激发了潮汕人对儒者的倾慕"。因此，最晚在清代，潮州商人已经把对韩愈的崇拜信仰带到外地，带到他们经商的地方。

从明清时期极具创造精神的徽商来看，他们在经营上往往按儒家伦理行事，在人格修养上也按"士"的标准要求自己，即所谓"得志，泽加于民；不得志，修身见于世。穷则独善其身，达则兼济天下"。他们的具体做法就是，孝敬友爱，和睦宗族，勤劳奋斗，为社会慷慨捐资。徽州西递村康熙年间建造的"履福堂"厅堂上有一副对联"读书好，营商好，效好便好；创业难，守成难，知难不难"，整体代表着徽商的文化品位和社会地位。比如，清初徽人汪仕兴开始读书，后来弃儒就商，有人笑他"舍本而趋末"，他反驳说"苟道存焉，曾何儒商之别哉"，认为评价人的标准应是品德行为而非职业。清末著名实业家、思想家郑观应特别重视商业，充分肯定商业的地位和作用，提出"以商立国"的口号。他主张改变中国士人轻商传统观念，培养懂得工艺制造、商业经营的人才，以适应发展商务的需要。关于这一点，杨黎光先生在其《大国商帮：承载近代中国转型之重的粤商群体》一书中评价说：徽商生于程朱故里，深受宋明新儒学的影响，尤其是在王阳明提出“四民异业而同道”“虽终日做买卖，不害其为圣为贤”等“尊商”思想后，徽州商人获得了摆脱世俗偏见的文化资源与心理优势。虽然这还不足以从根本上动摇“荣宦游而耻工商”的传统价值观，却能通过提升商人的自我修养，重塑商人的公众形象。

正如前述卢作孚一样，近代的许多企业家十分重视在企业经营中贯彻儒家伦理思想，比如荣德生将“正心修身”视为守业、创业的根本，认为“古之圣贤，其言行不外《大学》之‘明德’，《中庸》之‘明诚’，正心修身，终至国治而天下平”。所以，办事业时，一定要正心诚意，实事求是，如果一味地唯利是图，“则虽有王阳明”，也于事无补。著名棉纺业企业家穆藕初引进和推行泰勒的《科学管理原理》，但他同时念念不忘以借用儒家伦理来培育企业家精神，认为要唤起中国商人的“天职”观念，而这种“天职”观念在中国儒家文化传统中就有，也就是孟子说的“古之人修其天爵者”，要恢复中国商人的固有商业道德，办工厂的目的应该是为国家和民族谋福利，而不是仅仅为私人获取利润。办工厂的人，应该树立国家至上、民族至上的观念，而把私人的利益搁在后面。近代天津著名企业家、东亚公司创始人宋棐卿先生，更是近代企业家“家国情怀”的典型代表：“人无高尚之主义，即无生活之意义；事无高尚之主义，即无存在之价值；团体无高尚之主义，即无发展之能力；国家无高尚之主义，即无强盛之道理。”

由此可见，在近代中国有这样一批商人，他们受中华优秀传统文化的熏陶，力图将传统儒家伦理与资本主义生产方式相融合，培育出适合中国的商业道德与企业精神。

中国文化总将“天文”与“人文”并提，学“天文”知“天道”，习“人文”解“人道”。《周易》就认为，君子应当学习两门学问，学“天文”，了解时序之变，搞好农业生产；学“人文”，了解人与人的关系，管理好社会，这或许是中国传统文化的架构。《礼记·大学》中有一句名言：“古之欲明明德于天下者，先治其国；欲治其国者，先齐其家；欲齐其家者，先修其身。”这就是著名的“修齐治平”理论：一个人要成就大业，必须从“修身”开始，然后是“齐家”“治国”“平天下”。

治理国家如此，治理好企业亦然。企业家必须从修身开始，修养品德，净化灵魂，形成强大的人格力量，才能够凝聚内外部资源，把企业引向胜利的彼岸。旅美台湾学者王绍璠认为，对现代企业来说，中国传统文化永远都是一种指导力量，其重要“内质”理念和精神，总括起来就是“内圣外王”之道。这一理念的根本，就是“财自道生，利缘义取”的儒商品格，包括诚信与敬业的人文精神、刚健有为的君子之风、好义轻财的社会功利主义、奋争勇往的商业精神、成己达人与修己安人的群体价值。

在诚信敬业方面，儒商将其奉为做人与经商不易之法则，倡导对社会有一种责任，以平等之心对待任何人，倡导“童叟无欺 ”“勿以利小而不为”等行为规范。

在刚健有为、好义轻财方面，儒商崇尚刚健自强的人生准则，“天行健，君子以自强不息”和“无求生以害仁，有杀身以成仁”的思想，辛勤向上，艰苦奋斗，吃苦耐劳；同时强调把道义作为取利的前提，提倡“义然后取”。中国传统商人中广泛流传着“仁中取利真君子，义中求财大丈夫”等俗语，就是这种“道义自觉”的体现。

在成己达人方面，儒商强调宽厚温和、宽容有礼，对下属进行“身教言传”，力求做到上行下效，领导者以身作则，发挥潜移默化的作用，使得管理过程逐步实现从自律到自觉的飞跃，通过“推己及人”实现组织管理的目标。在组织和谐方面，儒商笃信“和为贵”，知人善任 、诚信待人、关心员工，营造和谐融洽的劳动关系。

著名学者陈来先生认为，考察“德”的意义时可以发现，早期文献中肯定的“德”，大都体现于政治领域，或者说，早期的“德”大都与政治道德有关。在君主制下，政治道德当然首先是君主个人的道德品行和规范，君主的个人品德在政治实践中展现为政治道德。其实，搞企业也是一样，最高层搞好了，下面自然随之仿效。如果想让基层员工干什么，领导者就身体力行，绝不设置双重标准。要从传统文化中汲取营养来管理好企业，企业领导人自身的认知与修养十分关键。在传统文化指导下养成“刚健有为”的君子人格与企业家精神，是管理好企业、发展企业的根本，正如我们公司大门口那块巨石上镌刻的“士不可以不弘毅，任重而道远”。

从黑松林的管理实践看，基于中华优秀传统文化的“心力管理”，首先是从企业家修身做起的，企业领导先修好自己的心力，再点燃员工心中的火种，最终形成强大的精神力量，实现企业的宏伟目标。因此，心力管理提出的“自净其心、消除恶心、增加爱心”是开展积极的思想斗争，在内心深处吐故纳新、转变观念的过程。清华大学的张德老师说：“心力管理有个特点——企业家带头修心，苦修心力。”只有先修好自己的心力，修养品德，净化灵魂，才能点燃员工心中的火种，最终形成强大的精神力量，实现企业的宏伟目标。这是从心力管理中取得真经的关键，既是重点，又是难点。

总之，中华优秀传统文化为我们提供了坚实的文化根基和智慧启迪。中华优秀传统文化蕴含的思想观念、人文精神和道德规范具有超越时空的价值，能够涵养优秀企业家精神。黑松林在质量文化建设过程中，一直坚持“产品就是人品”的理念，体现出浓厚的中华优秀传统文化底蕴。中华优秀传统文化还能够丰富企业家的思想内涵，创新企业管理理念，拓展企业管理影响范围，从而提升企业管理水平。我们通过学习传统文化，汲取深邃的文化管理内涵——“用心管理，管到心里”，推动企业的可持续发展。此外，中华优秀传统文化还能帮助我们树立正确的价值观和经营理念。通过学习中华优秀传统文化，企业可以确立正确的发展方向，兼顾社会效益与经济效益，正确处理义利关系，走上“义利统一、德福一致”的良性发展轨道。

眼下，“变化”成为新时期的关键词。我国经济正在向形态更高级、分工更复杂、结构更合理的阶段演化，这就要求企业必须迅速适应、顺应新的形势，走出适合自身生存发展之路。儒学学者杨朝明说，儒学“四书”之一的《大学》中的“大”非同寻常，指的是人内心的强大。《大学》关注的是人的格局，“大学者，大人之学也”，儒学就是“大学”。什么是“大学”或“大格局”的人？“大学”或“大格局”的人是能起到表率作用的人。

就我自己的实践看，在企业发展过程中，我首先从中外优秀企业家的身上学习先进道德理念与做法，同时时刻不忘强化自身修养，拼尽全力向我心目中刚健有为的“君子之风”靠近。

第二节　向优秀的企业家学管理

在《活法》一书中，稻盛和夫先生谈到向松下先生学习的故事。在一次演讲中，松下先生提出了“水库式经营”的思维，有人提问建水库的方法，松下先生说：“我也不知道，但你必须得这么想！”于是现场有人发牢骚表示不满，但稻盛和夫认为很受益：建水库的方法因人而异，但首先得有造水库的强烈愿望！这个故事让我想起了自己结缘稻盛和夫先生并向先生学习的经历。

与稻盛和夫先生结缘，得追溯到2003年9月。当时，江苏省企业联合会原秘书长陈华蔚先生邀我参加在青岛召开的中日企业经营哲学研讨会，原计划邀请稻盛和夫先生到场作主题演讲。华蔚先生让我准备心得体会的发言，我也遵命拟好“心静思远，志在千里”的发言题目。遗憾的是，研讨会因故未举行，我与稻盛和夫先生擦肩而过。

2007年7月，无锡盛和塾成立，那一次稻盛和夫先生到场了，他和蔼可亲，像一位慈祥的长者，没有一点架子。当时我正好出版了第二本书《细节的响声》，当面送给了稻盛和夫先生。2007年9月，我随中国经营者代表团赴日本京都参加“盛和塾第十五次全国大会”。会议期间，稻盛先生特别关心中国经营者代表团，除了专门会见中国代表外，还组织了一次与代表团的座谈。在日本的那些日子，我当面聆听稻盛先生细说人生感悟，近两个小时的精彩演讲，先生面容温蔼，和风细雨地与我们谈心叙事、说哲理、谈做人。我感觉仿佛坐在一位和蔼可亲的老人膝下聆听教诲。

稻盛先生的人生感悟，不仅说得精彩，更是做得精彩。他说：一个人、一个企业，需要健康管理、才智管理和内心管理，而其中最重要的又是内心管理。他引用了20世纪初英国哲学家詹姆斯·阿伦《因果的法则》一书中的诸多观点，并以“人心犹如庭园”作比，提出如果不对人心的“花园”加以“耕耘”，任其荒凉，不播撒美丽花草的种子，必将飘落无数杂草的种子，内心就会杂草丛生。听到此处，我觉得稻盛先生就是一位优秀的“园艺师”，指导我们耕耘自己心灵的庄园，不断铲除不纯洁乃至错误想法的杂草，让我们种上纯洁正确的种子，对内心加以管理，提高层次，引导我们对员工充满爱，成为高尚的“真我”，使“山川草木皆成佛”。

2010年，上海人民出版社出版了我的《心力管理》一书，介绍了我20年来在实战中苦心探索中国式中小企业管理的心得和体会。“心力管理”的理念得到各界的关注和肯定。我自己认为，“心力管理”与稻盛经营哲学一脉相承，同溯于中华优秀传统文化，讲求以心为本，心力开发，尽其心力，充分用其心，用其力，拿出自己全部身心力量，发挥人的主观能动性，将员工的心之所及转化为力之所达。

因此，我真心感谢稻盛和夫先生。先生于我，不仅仅是几次会见交流的情分，更重要的是其播种了经营哲学的种子在我心中，播种在黑松林的土壤里，如今开出“心力管理”的花，为中国式企业管理探索出了一条新的路径。

在稻盛和夫先生之外，聆听一些著名中国企业家的教诲，也给了我做好企业、报效社会的无尽动力。这些企业家独具创造性的管理思想与实践，也是黑松林管理持续升级和心力管理趋于成熟的源头活水！

2014年11月的一天，在南京大学人文社会科学资深教授赵曙明的带领下，我们一早从昆明出发，赴褚时健家中拜访。

褚老住在玉溪一处普通小区，甫一落座，赵曙明教授简单介绍来意后，直截了当地向褚老抛出了大家心中深藏已久的问题：“您在74岁高龄时，为什么不安享晚年，还要二次创业？”

褚老低着头陷入沉默，许久慢慢抬起头，一脸凝重，扫视我们一群人，不紧不慢地说：“种橙算什么创业？从习惯上来说，我闲不住。种橙子是老天爷赏饭吃的活儿，既要靠天，又要顺天，困难多，做得好一点儿，信心就大一点儿，只有这样走，一步一步来。”褚老面对满屋子慕名来访的人打开了话匣子：“比如橙子，哪怕一公斤能赚一分钱，累积到上万吨就赚多了。你若心急就做不成。”大家不约而同地点着头，被这位中国橙王的执着与长期主义精神折服。

“褚老，您种的褚橙我慕名品尝过，真是好吃啊！种好橙有什么秘诀？”一边的徐总探过身子问道。

褚老淡淡一笑：“要说秘诀，就是笨鸟先飞。不管干什么，学习是第一要务，种橙子，我起先不会，我就学，就琢磨，我喜欢琢磨、尝试，去实践，去科学种植，加细节管理，要做我就要做好！”

“褚老，无论您搞烟草还是种橙子，都是靠一株植物撑起了一个产业，而且都干得红红火火，推‘橙’出新，请您给我们谈谈当下我们需要什么样的企业精神？”同行的一位企业家提出了当下的热门话题。

“过奖了！”褚老摇摇手：“要说企业家精神，我认为人的信念很重要，企业家做事就得要多想多做。一般人遇到一些问题，通常想得很少，但企业家需要把问题真正想通想透，直至成功。而且，我乐在其中！”

老人家一句一顿，掷地有声，74 岁从头开始，挑战一个 5 年甚至 10 年后才能看到“果实”的事业，这份雄心和信念，能不让我们顶礼膜拜吗？

窗外，几株桃红色的六角梅，被雨水洗得发亮，愈发可爱。面对褚老，我想起了美国作家理查德·巴赫的名言：生活在赋予你希望的同时，也赋予了你使希望成真的力量，但是你必须为之奋斗。

人生总有起落，精神终可传承。一个人的力量很小，但情怀可以很大，有时面对挫折、坎坷乃至失败，征服自己是最强大的能力。

2021 年 5 月，我有了跟随赵曙明教授赴福耀集团学习考察的机会。出发前，为更深入地了解曹德旺和福耀集团，我从书橱里翻出了曹先生的著作《心若菩提》，随身携带，一有空闲就随手翻上几页。

人生没有白走的路，创造市场的是嗅觉灵敏的企业家。真正的专注，不是时间积累，而是精神的跃迁。带着这份感慨、敬意和惺惺相惜，我站在福耀集团产品展示厅，看着展板上世界知名汽车品牌的标志，它们犹如放飞的风筝，五彩缤纷。看着那些能接受无线电波的镀膜天线前挡玻璃、能自动加热除霜去雾的夹丝玻璃、防晒节能的镀膜热反射玻璃、能在透明与不透明之间随意切换的调光玻璃，还有时速达400公里以上的复兴号高铁前挡玻璃……一件件创新的产品，仿佛在告诉世人，不管做什么事，专注专心是核心。走对了路，就不怕路远。

在福耀总部会议室，与曹德旺先生座谈对话，似乎在与一位亲和的智者拉家常。曹先生十分谦和，言语中充满坚定的力量、前瞻的智慧和敏锐的洞察力。随行的企业家一个接一个地提出自己关切的问题，曹先生总是一脸微笑，不厌其烦地实话实说，气氛十分热烈和谐。

“实业是国家的根本，福耀发展的特色就是专业专注。”赵曙明教授提纲挈领地总结，让我想起赵老师早在1991年从美国学成回国时，便提出企业家与管理者需要具备“知识、见识、胆识”的“三识”理论。曹德旺先生从两个月两次去美国福特博物馆这番审时度势，坚持只做一片玻璃，到具有“中国要保持自己的优势，与发达国家竞争”的觉悟；从最初的“不只是为了赚钱而赚钱，还要为了国家更加兴旺发达”，到他自勉的“国家因为有您而强大，社会因为有您而进步，人民会因为有您而富足”的信念，这些不正是赵老师说的企业家“三识”叠加的结晶吗？

正如安永全球企业家大奖的评语所说：曹德旺的成就永远超越玻璃领域。福耀集团真正推动了中国汽车工业在海外的发展。曹德旺先生是一位有心人，他的成功，是中国儒家强调的“格物致知”，用曹先生自己的话说，做企业，目标很重要。只有方向正确，企业才能走得远。曹先生向着长期的目标，做到爱心、专心、决心、恒心，即使历经失败，依然坚持不懈地努力。当下，做企业就必须随时应对全新挑战，更需要像曹先生一般有心、定心、用心，才能够抓住时代的机遇，成就时代的事业。

中国的企业家里，我最佩服的还有张瑞敏。在我看来，他就是个既能上九天揽月又可下五洋捉鳖的人物，心胸有大格局，脑里有思想，眼里还能见微知著，是企业管理实践界“知行合一”的典范。

30多年前，我接触企业管理，就将海尔和张瑞敏视作标杆，时时对照，常常受到启发。我记得，平生第一次赴海尔学习是在1993年。“6S现场”“当班清扫巡检记录”“督查记录”这些基础管理、现场管理的做法和理念，令当年的我眼睛放光，醍醐灌顶。那时没有数码相机、智能手机可以随时拍照，许多表格和文字我是用笔抄下来的。回到公司，我就直接将这些管理方法结合黑松林的实际，现学现用，可谓受益无穷。

2018年4月初，承蒙老友、海尔集团原党委副书记王安喜的周密安排，我与连云港企业文化学会会长李万来一起，与张瑞敏先生见面交谈，实在是有缘、有幸，圆了我一大夙愿。

那次拜访的时间节点十分凑巧，正逢张瑞敏再赴哈佛大学演讲归来不久。作为世界最顶尖的商学院，哈佛商学院两次邀请张瑞敏演讲，并在过去的20年里收录了十几个海尔的案例，其中，最有代表性的是三个，分别是1998年的《海尔文化激活休克鱼》，2015年的《海尔：与用户零距离》，和2018年的《海尔：一家孵化创客的中国巨头企业》。

“海尔创业、创新33年来，是一群志同道合的人始终围绕‘人的价值第一’这条主线，坚持员工第一，上下同欲干出来的。”张先生打开了话匣子，说起了海尔发展初期的那些人、那些事。

“海尔的发展大致可以分为三个阶段。初期，我们学精益管理，主张‘上下同欲者胜’，形成凝聚力，推动企业快速发展；第二个阶段，实现了企业的文化认同，‘天下万物生于有，有生于无’，‘无’就是企业文化。这段时间我们做了很多并购，诞生了‘海尔文化激活休克鱼’的经典案例；第三个阶段就是现在，还是《道德经》里的话：‘太上，不知有之’。我们的探索是，把原来‘金字塔式’的企业架构一下子变成平台，从制造产品转变为制造创客。实现员工自创业、自组织、自驱动。”

会谈中，张瑞敏还阐述了他心目中的企业家精神，那不是熊彼特提出的“创造性破坏”的实施者，而是企业中人人都成为企业家，“没有成功的企业，只有时代的企业”。是啊，企业最重要的不是规模大小，而是能不能一直踏准时代节拍，跟时代一起变革。“海尔在互联网时代创造的‘人单合一’新管理模式，颠覆了传统管理模式。‘人单合一’，其中‘人’就是员工，‘单’就是用户，‘合一’把员工和用户需求联系在一起，把员工的价值和用户的价值合一，用户参与流程，员工与用户之间零距离，这就是去中心化。”张瑞敏娓娓道来，“从2005年提出来到现在，海尔已探索了13年，目前海尔在全球有7万多员工，过去最多的时候达到11万人，变革力度最大的时候，我们去掉一万多名的中层管理者，留给他们只有两条路：要么创业，要么离开。刚开始大家觉得很难理解，这就像一幢自己建造的大楼，要让自己推倒重建确实蛮难的。”

张瑞敏千帆过尽，举重若轻，我心中却似有重鼓在敲，知易行难，去掉一万多名中层管理者是什么概念，艰辛可想而知。“人单合一”的理念能在不同国家、不同文化背景下异地、异时、“异界”广泛被人接受，也着实堪称伟大啊！

海尔是海，我的心潮也澎湃如海。凤凰浴火重生，意味着不畏痛苦、义无反顾、求新求变，不断升华，这又何尝不是千千万万和张瑞敏一样的中国企业家的集体写照和精神图腾。

回到公司，我时时想起张瑞敏提出的员工“自创业、自组织、自驱动”观点，这对于我们黑松林正在尝试“节点自治”的做法，既是鼓舞也是启迪。恰好我开始读女儿推荐给我的《塞氏企业：设计未来组织新模式》这本书，竟看到了张瑞敏先生为这本书写的推荐语：“本书给人以启迪，即员工不应是传统管理下的机器人，而应成为自主自治的人。正如我在长期经营中的感悟，企业兴衰不取决于资产的优劣，只与两部分人有关——员工与用户。由此海尔于十年前创立了人单合一、双赢模式，创建了员工与用户融为一体的生态圈，以共创并共享增值。”读着读着，张瑞敏先生智者的形象跃然纸上，似乎再次与我展开了对话。

1987 年，美籍华人、著名历史学者余英时先生出版了研究中国文化的大作《士与中国文化》，用大量史料阐释了“士”的思想的产生、发展与演变。在第八篇《中国近世伦理与商人精神》中，余先生进一步论证了马克斯·韦伯在《新教伦理与资本主义精神》提到的有助于资本主义发展的新教伦理，首推“勤”与“俭”，他认为，中华优秀传统文化中，“勤俭则是最古老的训诫”。

一个国家和民族的优秀传统文化，必然“灌注”于社会组织的管理之中，实际上，我们还可以将余英时先生这一“商人精神”扩展一下，延伸到“内圣外王”层面，“内圣”就是“格物、致知、诚意、正心”，“外王”就是“修身、齐家、治国、平天下”。比如，《大学》中说：“所谓修身，在正其心者。身有所忿懥，则不得其正；有所恐惧，则不得其正；有所好乐，则不得其正；有所忧患，则不得其正。”我想，任何一个试图有所作为的中国企业家，都会在实践中践行这些理念。比如，多年前，我和《中国化工报》文化周刊主编朱建华一起去青岛拜访双星集团总裁汪海，汪先生谈及他的“管理经”时说：搞企业就是管人，管人就靠两手，一手就是规章制度，一手就是思想工作，如何交替使用并得心应手，这可是“高科技的高科技”啊！

清华大学经管学院副教授曲庆评价黑松林的管理风格时说：一个领导者影响企业文化的能力，就是他的文化领导力，具体地说，文化领导力就是领导者对组织成员共享的思想体系——信念、价值观、准则，以及体现这一思想体系的文化载体的影响力。领导者不仅要影响企业思想体系的内容，还要影响它的表现形式，最重要的是影响员工对这一思想体系的接受度、认同度。拿我自己来说，在30多年的创业历程中，在文化领导力方面就是经历了一个从“懵懂”到“自觉”的过程，而这一过程中，得益于前述的著名企业和企业家的教诲甚多！

第三节 创业维艰

王志远先生在《商帮会馆》一书中写徽商时说：徽州人小小年纪就要出门“学生意”。行走天下的徽州人，随身带着充饥的徽饼和绳索。“身带三条绳，万事不求人”，货物散了，扁担断了，掏出绳索就能解决，不至于因小事耽误大事；绳索的最后用途是上吊，实在走投无路时，商人宁肯客死他乡也不愿做“茴香萝卜干”（与“回乡”“落魄”谐音）。

看到这个故事，我感慨颇多。创业至今，回首风雨坎坷路，我不禁由衷感叹：无商不“艰”。办企业难，办好企业更难，办成久盛不衰的百年企业是难上加难！

因此，像张瑞敏先生、曹德旺先生这样能在激烈的市场竞争中无往不胜的企业家，其实都是饱尝艰辛，根根汗毛出汗，天天面临危机的。在这百舸争流、无风浪三尺的商海中，企业家有歇一歇、停一停的念头，就可能有被市场大潮淹没的危险。多年的创业经历告诉我，企业要持续健康发展，要做到以下几点。一是要“居盈思亏”。今天的盈利不等于明天还有盈利，如果你不充实、不换脑、不创新，不认识自己，不主动淘汰自己，市场就会无情地淘汰你。二是要“居畅思滞”。在相互竞争中学真本领，摸准市场脉搏，了解市场走势，模拟市场滞销场景，认真分析原因，从而警醒全员，用不断推出新品种、开发新产品的招数，满足不同用户的需求。三是要“居实思新”。要立足现有基础，不满足于过安稳日子，先强后大，实步实走，实招实效，及时发现和捕捉机会。不断引进先进技术和管理经验，培育拳头产品和名牌产品，提升自己的核心力，使企业立于不败之地。

我近 40 岁下海创业时，黑松林的前身泰兴县粘胶剂二厂已一穷二白、走投无路，一二十个职工、三间厂房，外加两个小反应釜，却连最基本的水、电、气等基础配套设施都没有，条件非常简陋，生产就靠临时搭电来维持。工厂的唯一产品是氯丁胶，年产值不足 30 万元，而且工厂负债累累，常态化借贷经营、等米下锅，更不用谈什么品牌、销路。当时，工人常常拿不到工资，根本无心生产，在工厂的花圃里种着青菜，青一茬、黄一茬，还有闲来无事者在厂区里养了几只羊，瘦骨嶙峋的，直让人感叹工厂的寒酸破败。

小微企业，没有资金，没有技术，没有设备，没有资源，没有客户，没有品牌，“六”没有，什么都没有。怎么办？从小看着母亲用穷办法过日子长大的我，死死记住母亲在日子艰难时折断两根筷子燃旺奄奄一息的炉火的场景，以及她曾经说过的一句话：“红军长征过的是铁索桥，我过的是电索桥，哪有艰险过不去的！”于是我下定决心，必须用心将企业当事业干，先做起来，再追求完美，小企业有自己的大事业！我拿出自家的房产证为工厂做抵押，毅然决然地投入市场的大潮中。发展初期，企业底子薄，起步迟，市场形势严峻，我认识到，企业在同行业中毫无名气，两三台反应釜作坊生产势单力薄，要进军大市场并非易事。“笑破不笑补”，一穷二白的企业要打开局面，总得有个抓手。经过充分调研，我决定借他山之石发展企业，运用借力策略，尽量不走弯路，单刀直入地开拓市场。

万事开头难，“借力”、谈合作、寻联营更是困难！那一年，我历经千山万水、千辛万苦、千言万语，千方百计地找到想挂靠的原上海市化工轻工总公司普陀供应公司（以下简称“原上海化轻普陀公司”）时，人家已和另一乡办企业草签了合作协议。懊悔之时，我并未因“迟到一步”而乱了方寸，我不想失败，我知道，生活总会给不想失败的人留一份希望！于是，我硬是厚着脸皮缠住了原上海化轻普陀公司的领导。至今难忘的是，那次为了见这位“冷漠”的领导，我顾不上吃饭休息，站在大门外苦等6个多小时。见面后，我掰开揉碎地向人家介绍自己企业多方面的优势，讲自己发展企业的想法，坦陈自己珍惜联营的真心。终于，公司领导被我“用餐方便面、夜宿双排座汽车”的那点精神感动，也被我的执着态度和描述的企业发展愿景打动，感慨道：“刘总是块搞粘合剂的‘料儿’。”因此，开启双方的长期合作，合作协议顺利签字，“借船出海”终见雏形，生产的粘合剂产品迅速打开了上海市场，也为企业以后“造船出海”、与多家世界500强企业的合作打下了基础。

王阳明认为，光明之心，人皆有之，只要肯下功夫，人人都能成圣人。创业多年，我一直奔走在路上，没有自己的办公室，就连公司的主厂房，也是分四次建成的。我担任厂长的第二年春天，厂里急着要上一个新产品，需要扩建厂房，可厂里当时真没钱，基础又不能凑合，就搞了一座六间两层主厂房的设计图。在当年浇筑的基础，盖了两间高达八米的简易厂房。有人说：“刘鹏凯盖了个碉堡！”我却不以为然。企业的任何事情，都要竭尽全力把它做好，面子什么东西，都是次要的。面子是给别人看的，里子是给自己用的。你企业都搞不好，你要面子有什么用呢？把事情做成了才有面子！第二次上新产品，又连着“碉堡”浇筑了四间大框架，增盖了两间简易房。第三次厂房改造，干脆框架上全部盖上石棉瓦，添置了新设备。1998 年 7 月，终于拆掉了简易房，建成了一幢两层的主车间。不图虚名求实干，不重“面子”重“里子”，这就是我发展企业的思路。

后来到深圳华为总部参观学习，看到任正非先生说的一句话：“我要的是成功，面子是虚的，不能当饭吃，面子是给狗吃的。”我大为感慨。面对困难，多些实际，多些理性，其实是尽快发展企业的最好选择，这也是我的选择。

企业初创时期，我主要去北方尤其是东北跑市场。因为东北气候寒冷，在当时的技术条件下能生产胶水的企业较少。当时自己一心只顾开拓市场，没有想太多，也不觉得有多累。后来看到女儿文章中写的当时的情境，才觉得有些对不起家人：“父亲每次出差一去就是十几天，当时交通不便，也没有手机，东北离家上千公里，天寒地冻，加上人生地不熟，我和母亲在家中十分牵挂。常常一连好几个晚上坐在电话旁边苦等，铃声一响，听到那熟悉的声音，常常是父亲在听筒那头报平安，我和母亲在这头悄悄抹眼泪。”

1997 年，黑松林的一批货被长春的一个客户为难，拒绝付款，对方的理由是实际检验结果与合格证标注的指标有偏差。这批货的量比较大，关乎工厂的生死存亡。我弄清楚其中的法律问题后，特意邀请了泰兴市司法局吴国平、黄桥工商所张连山二位先生共同北上。此次交涉的结果是，要么打官司讨公道，要么达成和解。到客户那里时，恰巧是清明节，公司的老板在家祭祖。清明节这天，我走在追讨欠款的路上，真有一种“路上行人欲断魂”的感觉。情急之下，我赶在人家祭祖时登门拜访，“扑通”一声跪下，磕了三个响头，起身后拉住对方老板的手说：“我们是兄弟，你的舵人也是我的舵人。”说着说着，一汪泪水夺眶而出……三个响头、一汪泪水，化解了一次争议，讨回了欠款，挽回了工厂的损失。

我的眼泪，有清明节不能回家祭祖的歉疚，有工厂面临生死存亡的惶惑，也是默默商旅中无数艰难困苦的释放。

创业之初，我跑市场的“标配”是双排座、军大衣、方便面。当时跑得最远的是山西和东北，一般出差来回七八天，基本是在车上泡着。夜里司机开车，我看书休息，凌晨两三点时，我会给驾驶员小周点一支烟，聊聊天，帮他醒醒盹儿。关于车，三弟鹏旋在《再说二犟头》中写道：“我没有去考证二犟头是否还是那样艰辛地奔波，我只是关注了他的座驾。改制前他的座驾依次是军用吉普、黎明吉普、依维柯，全是二手车。改制后他只买了辆普桑，跑了 31 万多公里报废的，在我劝说下才‘与时俱进’买了辆国产的克莱斯勒。车子报废时，司机小周感慨着告诉我，‘老板苦，这车也苦，不分日夜地苦。出远差就喜欢傍晚动身，晚上我开我的车，他看他的书，困了就睡；白天反过来，他奔波我睡觉。’那天，报废的车要卖了，我特地去看过里程表，不到八年，这车为二犟头行走 532810 公里。于是我耳边又回响起小周司机说的话，‘老板苦，这车也苦，不分日夜地苦’。”创业几年，我真是日夜兼程，跑遍华东六省一市，建立起一百多个销售网点。

创业就是“筚路蓝缕，以启山林”。创业前行的路上，我似穿越沙漠，经过一番寻寻觅觅、坎坎坷坷、摔摔打打，终于找到打造自己、延续自己的“核心”技能。创业维艰时刻，我常常想起老母亲对我说的话：“儿啊，不经一番冰霜苦，哪得红梅放清香！”含辛茹苦的创业路上，这些话像船锚一样，固定着我的价值观，引领着我前进的方向。

有人问美国大富豪默多克成功的秘诀时，他只说了两个字：进取。默多克把自己比作一只褐老鼠，要想生存，就必须吃苦耐劳、不怕牺牲，“即使有一天，一条腿陷在夹子里，为了脱身，把那条陷在夹子中的腿弄断，也在所不惜。”是啊，竞争中的企业，犹如波涛中的小舟，不会一帆风顺，在逆水中行舟确实需要这种敢于弄断腿的挣扎精神、与企业共存亡的进取精神。

第四节　勤俭持家

看到一篇关于晋商的文章，在吃苦耐劳、勤俭节约方面，晋商实堪称道。清代，太谷商人王相卿以一根扁担、两个木箱勤俭起家，创建了旅蒙商号大盛魁，鼎盛时期商号发展到员工六千人、骆驼两万头，年贸易额超千万两白银。他们走西口，越沙漠，穿草原，顶风挨冻，忍渴冒暑，还踏出了一条通往俄罗斯的商路，大量茶叶由此源源北上，开辟了一条独具特色的“中国茶叶之路”。

其实，吃苦耐劳、勤俭节约是中华民族的优良传统，也是自古以来中国商界的好传统。在黑松林的发展过程中，我十分重视自身和企业层面的勤俭节约，且常抓不懈。有时候宁可自己显得“抠门”一点儿，也要时刻培养员工的勤俭节约意识。

一次到伦敦参加国际会议，因为预订房间时理解偏差，我和同行吕总的房间只有一张大床，房间逼仄，我与吕总打趣道：“咱们都是吃过苦的人，用温州人的话说：做得了老板，睡得了地板，今天咱们就在大英帝国重温一下睡地铺的生活。”这句话，其实隐含着一个我住地下室、睡钢丝床的故事。

隆冬腊月天，我和助手小胡乘坐扬州到北京的夜车，到北京下车时，外面天还没大亮。两人好不容易排队上了出租车，直奔预订的酒店。因为临时有会议接待，服务员告诉我们预订取消，让我们另找住处。临近春节，时间紧，事情多，我决定随便找家宾馆住下再说。小胡好不容易从网上找了一家就近的招待所。

“先生，房间是有，可全是地下的……”服务员大姐实话实说。

“先住下，抓紧时间办事！”我当机立断。

热情心善的服务大姐抢过我右手的行李箱走在前面，我拎着一只提袋跟在后面，一步一个台阶小心翼翼地走进地下通道。

“小心碰头！”转过一个弯，一扇足有五寸厚的大铁门贴在墙边，像卫士站岗，朝前一看，地下室足有一百多米长，像个老鼠洞，再拐了一个弯，两边全是一间间的房，脚下安全出口标志显著，头顶日光灯照得雪亮雪亮，我似钻进了时光倒流的通道……

房间里两张钢丝床，矮矮的，坐上去吱吱响，倒是床单、被子透着一股洗过的水香。一张半旧的枣儿红书桌放着一台十四英寸的彩电，好似两个时代的对话。这里没有卫生间，没有衣柜，仅有的是像静物油画的一个塑料水瓶和两只茶杯，就像一场变故让我归于赤贫。

晚上，拖着疲倦的身子回到防空洞，已快10点了，扶着一边的扶手，走在那陡陡的台阶上，我似乎有点晕。不知是回来时路走得急，还是防空洞里面的空气有点稀薄，刚跨进房门我就一屁股坐到了那钢丝床上，吱咕吱咕的，像清晨的鸟鸣。

防空洞里没有喧嚣，房间里针掉在地上也能听得见，给我一种两重世界两重天的感觉……

中国有句古话：“常将有日思无日，莫待无时思有时。”在黑松林，勤俭节约一直是我们管理的基础，比如，使用燃煤锅炉时我们要求司炉工从煤渣中挑拣出未燃尽的煤块，复印纸正反使用，人走灯熄……从短期来说，勤俭办企，树牢过紧日子的思想，能够压降非必要性、非有效性费用支出，减少企业效益的“跑冒滴漏”，巩固成本优势。从长远考虑，把厉行节约、降本增效的要求融入全业务流程，把有限的财力物力用好，更多地投入科技研发、投资运营、市场开拓、安全质量等企业发展中，对企业综合竞争力的提升大有裨益。进一步说，勤俭节约还可以培养员工的勤劳与节制的品质，提高自身的综合素质和竞争力。

一天，我路过机修车间，一阵“叮叮当当”的打铁声由远而近，我透过窗户看见机修班长小江半蹲在一块厚铁板旁，一手拿着一根烧得通红的铁圆棒，一手用锤子锤打。哟，机修间没有炉子，铁圆棒怎么变红的？脑中闪烁着那红红的铁圆棒，我出于好奇轻轻地走到小江旁边：“嘿，咱们江班在干什么呀？”“老板，买来的铸铁窨井盖，明天要铺设，我在做一根撬棒。”“咱们江班考虑工作蛮周到。”我边夸奖小江，边话锋一转：“是氧气烧红的吧？”我瞟了一眼竖在一旁的氧气瓶和割枪说。小江点点头，两只眼睛直直地看着我。“小伙子，咱们可是同行，我也是机械出身，你算算这根撬棒要烧多少氧气才能做成呀，依我看消耗掉的氧气可够买一根撬棒喽！”我的话简洁且切中要害，明确表达了我的想法。小江惭愧地站在那里，下意识地把手捂在胸口。“到大炉间红一下，撬棒不就成了！”我轻轻拍了一下小江的头：“还不快去！”小江红着脸，朝我露出了一口小白牙，拾起家伙逃一般地窜了出去。

还有一次，我到新建的车间查看新安装的设备，还未跨进大门，就看见一块5米长的铁板竟然被“破膛划肚”，中间掏出了个长长的“1”字形的空心美术字。为什么这样掏一块料？机械工出身的我琢磨半天还是看出门道来了，原来外边的一条边有点不垂直，下料工为了焊接安装更完美，远距离地避开了这条不平整的边，多割了一条缝。这一偏一让，多开一条缝该浪费多少工和料呀，我的心情好比走路时遭蜜蜂蜇了一下。后来，趁着请大家喝庆功酒的时机，我给员工提出了这一问题。

工厂管理，不仅仅是理论问题，更重要的是实践，纸面上讲得头头是道，工作中落实不了，不过是空口说白话。用氧气割枪来制造一根撬棒、不规范地掏一块料，都是特别情况下的一种应急方法。而在正常情况下，使用特别方法来制造就是杀鸡用牛刀，是一种惰性，更是一种浪费。作为老机械的我，心里很明白，一个人的培养，首先是意识的培养，此时的我既是裁判，更多的是教练，启发员工思考，敲打他的不良行为，用最简单的方法去解决并不复杂的问题，避免了责备和难堪，建立了一种相互支持的关系。

浪费是一个小偷，只因为你责任心不强、懒惰、不珍惜，它才会偷走你的东西，只有你从心灵深处时时、事事、处处注重习惯养成，不大手大脚，不粗心大意，不小看一点点，浪费才能收敛，只有这种“节约是美德”的理念深入每一个员工的心中，我们才能大处着眼，小处着手，细节管理才能看得见、摸得着，无声胜有声。

创业初期，企业还是使用燃煤锅炉。一个雨后的下午，煤渣堆上未烧透的煤和煤渣黑白分明，我在锅炉间召开了节能降耗现场会。现场会上，我没说一句话，只是从口袋里掏出一把硬币，当着大家的面扔到煤渣堆上就走了。回到会议室时，司炉工已将扔到煤渣堆上的硬币捡起来放在会议桌上了。看着那一把硬币，我沉痛地说：“见到钱知道捡起来，见到未烧透的煤却不捡，那么我们失掉的就不仅仅是金钱了！”通过“看一看、比一比、想一想、议一议”，大家豁然开朗，现场会变成了决心会。

有的时候，员工在工作中的一些看似正常的行为，实际上也需要管理者随时关注、及时提醒，因为毕竟员工的站位与管理者有一定的差别。在这个时候，及时提出问题、督导员工解决问题就十分必要。

公司新建的车间已到了紧张的安装阶段，吊车“指点江山”，焊枪“激扬文字”，现场一片火热。

老远就看见电焊工小张，一身工装，扛着一箱焊条，像只小老虎似的从我面前匆匆走过。我跟着小张走上焊接平台，小伙子们都在紧张有序地工作。此起彼伏的弧光刺得人睁不开眼睛。蓦地，平台上被丢弃的几十根焊条头像只只蟋蟀，跃入我的眼帘。随便拾了根看了看，足有二寸长，完全可以继续使用。

在管理过程中，我们不但需要用眼睛去观察，更重要的是要用心灵的眼睛去发现、去思考。丢弃几十根焊条头，对企业来说，经济上完全可以接受，但继续使用它折射出了员工的工作责任感，体现了勤俭节约的精神。

我忙叫住机修班班长小江，比画着手中的焊条头责问道：“怎么留这么长？”

“焊接内角，焊条短了焊枪焊不到部位。”小江说得好像也蛮有道理。

“即使这样，也不能就这样浪费啊！”我指指平台，说：“你说，这些焊条头可不可以焊接这些部位？”

小江拿着面罩的手垂了下来，原本就红的脸上沁出了汗珠。

“小伙子，勤俭是本色，我们要节约每一寸焊条啊……”话未说完，小江便在平台上捉起了“蟋蟀”，将焊条头一一拾了起来。

启发员工捉“蟋蟀”，拾起仍可使用的焊条头，是将被动的催化变成主动的自化，用自觉管理鼓励员工深刻体悟节约精神的实质，寻回失落的传统，拾起勤俭的美德。一次出差回公司，部门负责人已将月度考核表装订得整整齐齐，放在我的办公桌上。我扫视一眼，随手翻了翻：月度目标完成、下月目标计划、建议……一栏栏似小葱拌豆腐——一清二楚，我为我的这个团队努力工作的状态感到自豪。

翻着看着，我发现每一份考核表上均留着好多空白，触动了我“吹毛求疵”的神经。“打印纸能否改用小一点儿的呢？搞企业，处处都要花钱，小账不可不算啊！”我自言自语道。

“老总，你回来了！”新到岗的大学生小王拿着一份会议通知来到我的办公室。

“噢，回来了！”我微笑着朝小王倾了倾身子说。

“老总，这是明天的会议通知。”

“来，抽支烟！”我扫了一眼，递上一支恒大牌香烟。

“谢谢老总，你每次出差回来我们都能品尝到当地的名烟，嘴都要抽馋了呀！”小王接过烟，调笑道。

“小王啊，开会时间我知道了，这份通知你留着派用场！”我的话让小王一头雾水。“你拿去想想能派上什么用场。白纸上好画画，平地上好砌楼啊！”我边说边有意将通知翻过来递给小王。

“哦，我明白了，再生利用！”毕竟是年轻人，脑袋瓜够用，急转弯能力强。

我笑着点点头站了起来，指着桌上的月度考核表：“小王啊，毛主席教导我们‘勤俭建国，勤俭办一切事业’。建国都快七十年了，老人家的这条红色语录到什么时候都不会褪色的。你看这个考核表留着这么大的空白，能否重新设计紧凑点。”我停了停，抽了口烟，慢慢吐出一团烟圈，轻轻地说：“节约每一个铜板的传统到什么时候都不能忘啊！要像这‘恒大’牌，持之以恒，精打细算啊！”小王朝我眨巴着眼，似星星闪烁，仿佛在说：“我明白了，我明白了……”

一天傍晚，西边的太阳落山了，透出片片余晖。我出差回到公司，见一辆5吨的送货车装了3吨多的货，用雨布封得严严实实，停在一边。

来到办公室，销售调度小雷见我回来了，微笑道：“老总，辛苦了！”“为人民服务嘛！”我诙谐地笑道。“老总，那涨价的事谈得怎么样？”小雷迫不及待地问，似一位阅卷老师要结果。“谈得很辛苦啊，总算对方公司给面子。”我叹了口气，边说边看着小雷桌上的送货通知单：“怎么3吨货用5吨车送？杀鸡用牛刀了！”“客户说最近仓库放不下，正好5吨车明天有空。”小雷对这些了如指掌。“那能不能给客户讲讲，增加订单，或联系一下物流公司做个比价。小雷呀，油涨价了不少，要算算运输成本呐！多赚一元钱也许受市场、客户控制，但节省一元钱，我们自己只要用心努力，完全可以做到，当家要知柴米贵呀！”“老总，我明白了，立马联系满车出行！”小雷似一个军人，回答得干脆利落。

有一个故事，说的是一位昆虫学家和商人朋友一起在公园散步、聊天。忽然，昆虫学家停住了脚步，好像听到了什么，他的商人朋友问道：“怎么啦？”昆虫学家惊喜地叫了起来：“我听到了一只上品大蟋蟀的鸣叫。”商人朋友很费劲地侧着耳朵听了好久，可什么也没听到。不久，昆虫学家找到了那只白牙紫金大翅的蟋蟀。商人很佩服昆虫学家不仅听出了蟋蟀的声音，而且听出了蟋蟀的品种，便问昆虫学家是怎么听出来的。昆虫学家答道：“你必须用心才能分辨出来。”他们边说边离开公园，走到马路边热闹的人行道，忽然商人停住了脚步，弯腰拾起掉在地上的一枚硬币，而昆虫学家依然大步向前，丝毫没听到硬币落地的声音。

这个故事告诉我们：心在哪里，成果就在哪里，效益就在哪里！

厂区的西南角是创业初期留下的一排简易库房。这两年公司不断改造，“花园式”的风格日趋凸显，而西南角也就成了一幅上品山水画中不小心落下的败笔。一番周密规划后，我们决定动手修饰这一“败笔”，用现代人的流行词是“整整容”。办公室的小胡心细，改造前还用相机留下一个“绝版”镜头。

砌房三担粮，拆房一顿饭。两天时间不到，一排旧库房就像农民夏收拔麦子一样，变为平地。我和行政科老陈来到工地现场，看见一边堆得像小丘似的泥土里，横七竖八地躺着许多被挖出的整砖。“这些砖都是整的，怎么不挑出来再用？”我有点惋惜。老陈也连连点头：“这些泥瓦匠，拉呆锯子，萝卜拔了就不洗泥了，我来找他们小包头！”很快，事情顺利解决，挖出来的整砖被清理干净，码在一旁。走在长龙似的下水道旁，我在心里盘算着：这里挖出来的砖不少，二百多块，再埋到土里的话，真是“甩大袖子”。

作为企业的管理者、当家人，除了需要知识、技术，还需要心智。管理者只有心智改善了，思考问题的维度改变了，才有可能从本质上学会如何面对工作中层出不穷的问题，从源头找到改变事情质态的内内外外以及各方面的着力点、着力方向，朝着管理者理想的方向运动，去思考解决问题的办法，从而由内向外改变行为模式，提高解决问题的能力。就拿算账来说，管理者不仅要会算眼前的账、浅显的账，也要学会算长远的账、潜在的账。学会算账，还要算赢、算胜，这无疑使管理者更出色、企业更成功。

一次，外贸结算手续寄出去几天了，我准备去财务科查询资金的到账情况。说曹操，曹操就到。财务小王拿着一封特快专递走进我的办公室，掏出里面的发票说：“老总，我少盖了一联发票的公章，外贸公司说不好入账，把票退回来了。”

搞财务的，怎么能这么粗心！我正要发火，小王支支吾吾地接着说：“100 万元的票，从寄出到收款，加上星期天，起码要十天时间，行息就需 3000 多元。是因为我的疏忽引起的，这个钱就从我的工资里面扣吧。”

这小子，还挺会算账的。我愣了一下，“算得挺对。听过‘盲人走路’的比方吗？”我问。

“没有。”

“盲人的眼睛虽然看不见，走路却很少受伤，反倒是眼睛好好的人，动不动就撞上什么，跌跟头，这都是他们自恃眼睛看得见而疏忽大意所致。小王啊，做什么工作都要像盲人走路那样小心，全神贯注，脚步稳实，这是我们明眼人很难做到的啊！这次的学费我帮你交了！”

小王大意失荆州，但主动要求赔偿 3000 元的行息，相信他会接受教训，今后再也不会让不该花的钱从自己的手指缝里溜走了。我曾读过一篇名为《出租司机给我上 MBA 课》的文章，作者是微软中国公司的一位部门经理。说的是一名“的哥”用科学方法对自己的收入、支出进行数据分析：每天上缴公司 380 元，油费要花 210 元左右，一天开车 17 个小时，平均每小时固定成本 22 元、油费 12.5 元，每小时成本 34.5 元。一次，一位客人打车去火车站。“的哥”问客人怎么走，客人说走最近的路，而“的哥”跟客人协商从高架走另一条路线，客人说绕远了，“的哥”就让客人按他自己指的线路付车费。假如按客人指的路走需要 50 分钟，而按“的哥”走的路线走只花了 25 分钟，虽说多走了 4 公里路，少收了客人近 10 元，自己也多花了 1 元多油钱，但对每小时 34.5 元的固定成本来说，“的哥”却节省了 25 分钟的时间。

看完这个故事，你能不感到震撼吗？一名出租车司机都能把账算到此种程度，而我们的员工常常不知道如何节约成本。我想，这不仅仅是员工个人责任心的问题，更是我们管理上的一个漏洞！

台塑集团创始人王永庆先生说得好：管理最难的是问题的发掘，而非问题的解决。作为一名现代企业管理者，我们需要的是见人之所不见，为人之所不能为，用关注细节之心抓住身边的人和事，让员工融入你的团队，去实践，从每一件小事做起，久而久之这种态度形成习惯，就自然成为一种文化，变成行动的准则。

一次看到贝佐斯为亚马逊提出的“14 条领导力原则”，其中第 10 条就是“勤俭节约”。亚马逊强调，要力争以更少的投入实现更大的产出，勤俭节约可以让我们开动脑筋、自给自足并不断创新。同时，增加人力、预算以及固定支出并不会为你赢得额外加分。

看起来，起码在勤俭节约这件事上，中外企业家的思路是完全相通的!

第五节　感谢读书

读书是获取学问的重要途径。关于读书，中外先哲有过许多脍炙人口的箴言——“读书破万卷，下笔如有神”“书籍是人类进步的阶梯”“书犹药也，善读之可以医愚”，等等。这些话告诉我们一个很普通但又很重要的道理：开卷有益，读书有益。的确，站在巨人的肩上，可以看得更远；以书作垫脚石，可以攀得更高。我们中华民族，从来就是酷爱读书、勤奋学习的民族，读书学习是我们民族精神永不衰竭的源泉。

感谢读书。因为读书改变了我的命运，因为读书给了我第二次生命。

1993 年冬天，我随工厂的一辆二手双排座汽车去温州跑市场。回程时，早上5点，天还没有亮，我们就赶到二桥摆渡。当时江边的车不多，车排好队，驾驶员去买票时，工作人员说过了江再买，但轮到我们的车登船时，检票员又要求先买票再上船，司机大李便匆匆跳下车去买票。这时候，汽车发动机没熄火，车子有点震动，不一会儿，居然顺坡向江里滑去。见此情景，坐在副驾驶位子上的我本能地准备跳车，可车门的拉手坏了，开门必须先将车窗摇开，时间根本来不及。在车外一片惊天动地的喊叫声中，我反而冷静下来。我明白，那时我就是一个挑大粪的——两头都是屎（死），困在车里束手无策，就会被送到钱塘江里喂鱼去；跳下去，又会被轧在车轮下，非死即残。电光石火之间，我急中生智，模仿起驾驶员急打方向盘，将冲向江里的汽车对准渡船方向偏移，一圈又一圈，滑移的车头终于拨向了渡船。但这样也不行，因为车的前方是渡船上的三四辆轿车，撞坏人家的车同样担当不起！紧急关头，我冷静地再打方向盘，让车头撞在渡船一边的消防栓上。“咣当”一声，车停了下来。

成功应对这场事故，我得感谢读书，因为在这次突发情况前，我曾阅读过类似的哲理故事——一个餐馆老板面试员工：如果上餐时手上的托盘不稳，又救之不及应怎么办？大部分人答不出来，大家或许想，救之不及时，唯有让托盘掉下来，还能怎么办？老板的标准答案是：用最后一点力量，使托盘掉向远离客人的地方；如果周围都有客人，则倒向大人，远离小孩；倒向男人，远离女人；倒向人的身体，远离人的要害部位，这叫“危机处理”。

这一次，读书得来的知识救了我一命。在我看来，“富贵必从勤苦得，男儿须读五车书”。读书，是鱼翅、海参、燕窝，是绿色的蔬菜，五彩的果盘……读书是甜的。感谢读书，因为读书让知识变成智慧，给了我生命，给了我充实，我尚能生存，仍将读之，践行之。

说起来，我热爱读书写作，更多地源于我的母亲。母亲小时候也进过学校门，不知是受不了学校的规矩，还是受那个时代“女子无才便是德”的传统观念影响，读了两年便中途辍学。听母亲说，在学校读书时，她还写过一篇让老师作为范文在课堂上朗读的作文，题目是《大将军傅作义》，大概是赞颂傅作义率部抗日的义举。母亲读书虽不多，但她的知识面却不一般。《三国演义》《水浒传》她略知一二，《红楼梦》《西厢记》相当熟悉，重要的情节、细节是她津津乐道的内容。至于张恨水的言情小说、《珍珠塔》之类的经典戏曲更是烂熟于心。这样的文化经历唤醒了她的灵性，发酵了她的才情，让她的思维和表达有了一种文化的因子。记得大哥鹏春读完高二那年，学校停了课，大字报铺天盖地，母亲决意把春哥拽回家，关在房里让他学习，轻声轻语对他说：“我就认‘书中自有红烧肉，书中自有黄金屋’这个死理。”

年少时，我读书写作的直接榜样是大哥鹏春。当时，大哥在上海警备区创作组，常有些诗歌、小说之类的作品见诸报端，在部队写家信时常常引导我“不要用衣服打扮自己，要用知识充实自己”。学习大哥好榜样，我也动了业余搞点文学创作的念头，吃力地写了几篇寄给大哥看，大哥认为我的文字基础距离“文学梦”有点儿远，建议我做更实际的事，就是在技术革新上做些文章。“先争取在《机械工人》上发几篇技术攻关的文章；过一段时间，汇编成册；再往后去，沿着倪志福的发展道路走下去。”

在大哥的引导下，我把激情投入车工技术的研究中，憋着劲儿学习车工技术，每天认真做笔记，一步一步实践，一点一点积累经验，几年下来竟积累了几大本实践笔记。有了大量的车工实践和文字记录，我就尝试着把“小改小革”的车工经验总结成文字，寄给大哥修改，改定后就给一些专业期刊投稿。开始的两三年，也许是功夫未到，火候欠佳，写的几篇稿子都被退回，但大哥总以自己创作的经历给我鼓劲，我自己也毫不气馁，坚信付出总有回报。终于，皇天不负有心人，1978年，我的一篇稿子被当时的《机械工人》采用了，编辑部来信写道：“你的革新成果已入选，近期刊出。”从此一发而不可收，三十几项成果被陆续登载……

在机械厂的12年，我用意志的车刀拓开了一条亮亮堂堂的路，先后在全国性技术刊物《机械工人》、《机械制造》、《机械工艺师》（现为《T现代制造工程》）上发表40多篇文章，介绍自己的创新成果。其中，有省市科技成果十多项，并获得6项专利授权。那一年，我获得“全国青年五小发明奖”，在人民大会堂受到了倪志福、何光远、沈鸿等领导人的接见。后来，工作职务改变，我又开始了企业管理理论的学习、实践、思考与探讨。1987年，我的第一篇管理论文《浅谈一般产品的不一般发展》在《工厂管理》上发表，激发了我写作的热情，从此一发而不可收拾。回望岁月，写作给了我多彩的经历，给我留下了深深浅浅的脚印，还有许许多多的故事。

点燃一盏心灯，在喧嚣中觅得一份心清，在风雨中觅得一份坦然，在静谧中觅得一份幽静，怀抱空杯心态终身学习，心中会有花开的声音和一路上美丽的风景。这是我读书写作的真实心境，也是我喜欢读书写作的原因。用大哥鹏春的话说：“鹏凯写作和许多人一样，多半是一种生命的欲望，内心的自由抒发，情怀的慷慨表白。”

创业之后，尽管我偶尔感觉，搞企业的写文章是“文不像秀才武不像兵”，写不好别人说你附庸风雅，写好了又像不务正业。但一边做企业管理，一边写管理类文章，的确让我有了不同于一般企业老板的“独门绝技”，自然也要让自己的写作发挥更大的作用。当时的黑松林急需拓展市场，提升品牌价值。那么，在保证产品质量的前提下，怎么才能少花钱扩大企业知名度呢？打硬广告没有那么多钱，效果也不一定好。于是，我想到没有资本就投入智慧，将“粘接配方”与写作“粘合”在一起，以文化谋势，用发表文章的形式推销自己，提高企业知名度，用四两拨千斤的手段造势黑松林，宣传黑松林，打造黑松林美誉度。经过多年的摸索，我探索出一条“用文化与智慧做不花钱的活广告，不断扩大企业知名度和美誉度”的新路。

到后来，对我来说看书写作就是习惯成自然，也养成了每天清早4点起床写作的习惯。实际上，出于爱好也罢，出于实用也罢，最后其实都归结到“使命感”这一终极目标上。走进人才市场，我感悟出《“融智”与融资》；面对呼啸而来的知识经济，我娓娓道来《话说知识营销》；身临竞争重围，我思索的是重视竞争而不是害怕竞争，于是诞生了《感谢竞争》；在以人为本抓管理的过程中，我研究创新了《黑松林的“粘接配方”》……一串深深浅浅的脚印，一些酸酸甜甜的果实，闪耀着理论与实践相结合的光彩。

记得有一次，我到南京探望女儿，等她下课的空隙，我坐在学校的草坪上写了一篇小文。吃饭的时候，我将文稿递给女儿，说：“你是学中文的大学生，帮我修改修改。”女儿看到那张用旅馆信笺纸写的文章，既感动又惊喜，给她更多的是激励。

作为一名企业经营者，我“一不小心”在《企业管理》《中国化工报》《上海企业》《经营与管理》等报刊开辟了专栏，许多热心的同行关心我、羡慕我，和我一道探讨做企业的酸甜苦辣。谈得最多的话题是经营企业比较忙、比较烦，哪有那么多时间写文章？

其实他们不知道，我哪是写文章，每年三分之一的时间跑市场。坐在汽车上，我犹如坐在一间移动的小木屋里，走过了许多没有硝烟的战场，走过了甚至是绝望的悬崖。来来往往，匆匆忙忙。行车的路上，辛酸苦辣随风而逝，于是，我用文章记录自己的思考，记录走南闯北中迸发出的火花，渐渐明白了“适者生存”的真正含义。正如吴晓波在《腾讯传》中所说：“企业是一个有思想、有欲望的物体，岁月赋予它组织及观念上的轮廓并将其随时改变，这种感觉非常奇妙，而面对不确定性的焦虑和超越自我的挑战，正是企业家生涯的一部分。”

因此，读书写作已经成为我思考管理问题、梳理管理理念的方式。在数智化和 AI+ 的时代，市场竞争更加残酷，轻车熟路的情况越来越少，昨天的管理理念、方式、作风都将发生巨变。坐在车上，行在路上，读天下书，创百年业！我要融入这个全新的市场氛围，熟悉游戏规则，找到我能赖以生存的土地和腾飞的起点！

《礼记·中庸》有云：“博学之，审问之，慎思之，明辨之，笃行之。”说的是为学的几个层次，或者是为学的几个递进阶段。“博学之”意味着要广泛地猎取知识，培养充沛而旺盛的好奇心。“博”还意味着博大和宽容。唯有博大和宽容，才能兼容并包，具有世界眼光和开放胸襟，真正做到“海纳百川，有容乃大”。因此，博学乃成为为学的第一阶段。越过这一阶段，为学就是无根之木、无源之水。“审问之”为第二阶段，有所不明就要追问到底，要对所学加以怀疑。“慎思之”为第三阶段，问过以后还要通过自己的思考来仔细考察、分析，否则所学不能为自己所用。“明辨之”为第四阶段。真理是越辩越明的，不辩，则所谓“博学”就会鱼龙混杂，真伪难辨，良莠不分。“笃行之”是为学的最后阶段，就是既然学有所得，就要努力践履所学，使所学最终有所落实，做到“知行合一”。

如果说读书是我的“博学之”阶段，那么，写作便是我进行“审问之”“慎思之”“明辨之”“笃行之”的过程，也是从管理实践提升到理论高度，再反过来指导下一步管理实践的循环往复的过程。通过“博学、审问、慎思、明辨、笃行”，我由“心视”到“心动”，得以实现灵魂的净化和理念的升华。

事业如旅，在高质量发展的背景下，转型升级中的中国正经历着一场全面而深刻的变革，社会结构日益复杂，利益格局深刻调整，思想观念不断变化，价值追求日趋多元，这给企业经营者提出了一系列新问题、新挑战和新要求。

著名理论家贾春峰先生理解我：“写作逼着刘鹏凯学习，写作逼着他提高，写作逼着他以变应变。如果不去研究市场，怎么提高经济效益？适者生存，如果不去改进管理，又有什么东西值得宣扬？”这样一份使命感，大概就是我几十年如一日的执着、坚持和精进的根本。

第六节　生于忧患，死于安乐

《诗经·大雅·荡》中有“殷鉴不远，在夏后之世”。《尚书·周书·召诰》说得更直接：“惟不敬厥德，乃早坠厥命。”所以，忧国忧民的忧患意识，是忧患意识的主体，是中华民族优秀的传统意识之一。孟子明确提出“忧患”这一概念，《孟子·告子下》中说：“人恒过，然后能改。困于心，衡于虑，而后作。征于色，发于声，而后喻。入则无法家拂士，出则无敌国外患者，国恒亡。然后知生于忧患而死于安乐也。”

黑松林近40年稳定发展的根本动力从哪里来？我认为，蕴藏在黑松林全体员工灵魂深处最根本的动力，是来自对企业失败的惶恐，英特尔公司的第三任总裁格罗夫称之为“惶者生存”，张瑞敏称之为“如履薄冰”。

我母亲生前常说：生意前面的路是黑的，明天是什么样子，谁也不敢打包票。商海行舟，搏风击浪，不会一帆风顺。企业在经营过程中，随时会面临惊涛骇浪、暗礁险滩，总会出现各种不确定因素，不时会遇到各种危机。对经营者来说，自忧就是思考、创新和构想。企业家讲“自忧”、强调危机意识，其实是一种反思、一种理智、一种责任，意在告诫自己“花无百日红”，经营的真谛在于永远奋斗。同时，自忧是一帖清醒剂，今天畅销的产品，明天滞销怎么办？今天拥有的市场在明天的竞争中失去怎么办？今天的新技术成为明日黄花怎么办？今天的盈利成为明天的亏损怎么办？

当下，全球经济变化多端，中小企业面临更为严峻的生存环境，我不由得想起几年前写的一篇文章。

春节期间和几个从外地回来的企业老总交流，谈得最多的就是新常态下企业如何活下去、如何活得更好。交谈过程中，我忽然想起陈春花教授不久前提出的“向生而生”这个新词。所谓“向生而生”，是说处于由生至死的过程中，每个人都需要在有限的生命中进行选择，不断寻找生命的意义，实现自身价值，以这种方式来超越死亡。人如此，企业亦如此，这不由得让我想起南美洲东北部圭亚那山区的一种奇异动物——香蛇。

香蛇很小，无毒且性格温顺。它的身上能散发出诱人的香味，几米远就可以闻到，这种香味有防虫、防蚊的作用。由于圭亚那属热带雨林气候，气候多雨潮湿，蚊子较多。当地人便捕捉香蛇来驱蚊。当地的一些妇女将它的身体蜷缩起来，绞成一种美丽的“花斑”，用特殊的胶水让香蛇定型，制成美丽的耳环戴在耳朵上，既漂亮又能驱赶蚊虫。此时的香蛇，不但要承受身体强烈蜷曲所带来的痛苦，更要承受化学胶水带来的疼痛，甚至要面对被饿死的境遇。是什么力量让香蛇在遭受如此摧残之后还能顽强地活着呢？

一位科学家观察到了两个细节：一是香蛇被捉后，它会闭上眼睛，任人摆布，完全不反抗；二是它的身体是从尾巴开始萎缩的。科学家确定这是对生的渴望而采取的一种自我调节方式。不反抗，是在保存体力；从尾巴开始萎缩，是为了保护身体最重要的头部。几天后，被捉的香蛇身体机能开始下降，香味也逐渐变淡，香味没有了，当地妇女便会将它抛弃而寻找其他的香蛇。而此刻的香蛇虽然奄奄一息，但只要一接触地面，就会努力地补充食物和水，然后待在原地静养，慢慢地恢复过来。因此，许多香蛇一生被捉了好多次，但每次都能顽强地活下来。

香蛇的命运固然是可怜的，但它对生的渴望却给了我深刻的启迪。我们的一些企业，特别是中小企业，不就像香蛇吗？身体很小，实力也小，外部发展环境不太理想。面临信息经济发展越来越快、一网无限的新商业模式，面临经济增速放慢的新常态，要从高速增长转向中速增长，向高质量要高速，说起来容易做起来难。不断优化升级经济结构，从要素驱动、投资驱动转向创新驱动谈何容易。这样的发展压力，令企业有点像被绞成美丽“花斑”的香蛇。当下企业生存门槛越来越高，产品生命周期越来越短；生产销售用工成本越来越高，利润空间越来越小；员工学历越来越高，忠诚度却越来越低；法治管理越来越透明，用工荒越来越明显；等等。中小企业怎么办？向香蛇学习，居安思危，居变思进，保持良好心态，为生而活，努力调整，为了不死，顽强地活下去。

面对寒气逼人的市场环境，中小企业与其坐等别人逼迫，不如主动否定自我，提升自我，像香蛇那样难能可贵地清醒，调节身体，保存体力，抱着生的信念和渴望，不断进行自我蜕变革新，超越时代，跨越死亡，适变应变，提升自我，才能持续活着，活得健壮，活得长久，活得更好，才会笑迎企业持续繁荣的春天。

所以，我的管理哲学是“自忧才能无忧”。正因为人生有了危机感，就像行走在薄冰之上，每一步都充满了未知与危险，才知道务实和敬业；有时心存忧患意识才能珍惜所拥有的一切，有了在困境中寻找出路的勇气才无所畏惧。

多年前，有一次去接外商，驾驶员想在天黑前赶到工厂，给客人留下一个亮亮堂堂的第一印象，一路加速行驶，100迈，110迈，速度越来越快，车子也颠得越来越凶：拨挡在摇头，车窗在磨牙……整个车子活像戏剧中三花脸的眼珠——荡起来了。我侧过身轻声对驾驶员说：“不要太快。”随行的翻译听见了，便打趣地说：“刘总，在高速路上，贵公司可要提升挡位，换辆宝马了。”“是的，”我点点头，“真该买辆宝马了。”企业竞争犹如激烈的赛车比赛。老掉牙的车哪能与宝马、奥迪比赛。人硬货不硬，不被人家甩在后面才怪呢！高速需要好车，路变了，车不变就是不适应。不适应，就会等了一个红灯接着又等一个红灯。即使是上路了，后面的快车也会按着喇叭闪着大灯催你快行，催你靠边。

在个人行为上，我给自己制定了“在家泡工厂，在外泡市场，晚上泡书房；不泡歌舞厅，不泡澡堂，不泡赌场”的“三泡三不泡”铁律。恰似北京科技大学经济管理学院魏钧教授在心力管理研讨会上说的，西方心理学研究的三要素，即承诺、挑战性和自律。有了这样的决心，每过一段时间，我就要拿出时间在外“赶集”，往往一跑就是十多个省市，到人才市场、技术市场、产品市场及高新科技项目信息发布会上，拜访专家、行家、商家，招聘人才、引进成果、提高认知。每年春节前，不管多忙，我的两个“旅程”必不可少，一是给客户拜年，沟通交流，增进感情，亲耳“听听”市场一线的“枪炮声”；二是给我的老师、专家拜年，汇报一年来的感想感悟，聆听老师们的指点和指正。

在组织层面，我们经常进行“沉浸式”的警示教育，不断提升员工的质量意识、危机意识。

一次，我去一家外贸公司谈合作，将同行留在外贸公司的好几种样品带回了公司，在会议室的一角摆成一圈，中间放上黑松林的产品。员工看着这阵势，议论纷纷，不知我卖的什么关子。

“这些都是我们同行生产的同类产品。”我开门见山地说：“我们身在冬天里的包围圈，要认识危机，学会在冬天里游泳，强身健体保温，使自己不溺水，我们才能走出这个圈，度过冬天！”

一些没有出过远门的员工，看到这么多的同类产品，先是惊讶，后是倒吸冷气。一位员工说：“原先我们只顾忙生产，如今看来，天有不测风云，不但要埋头拉车，还要抬头看路啊！”

武侠小说中，有一门功夫叫“嫁衣神功”，据说极其高深，但是修炼者本人却无法使用，只有将自己的功力转嫁给别人之后才能发挥出来。沉浸式的警示教育，是为“冬泳”保温设置的自我保护圈。我们要利用保温瓶的保温原理，找到竞争市场的最优质“保温”材料，无论经济气候如何恶劣，只要自身保持水温，就能突破困境活下去。

生于忧患，死于安乐。我十分注重将忧患意识传递给全体员工，并使之成为他们自觉的行动。每年春节后的正月初五、公司开工的第一天早晨，我们都会在新春团拜会暨开工安全培训会召开之际，全体齐声诵读企业理念——时刻记住我们的弱小，处处看到别人的强大，时刻保持学习进取的态度。这是在开工第一天、第一时间进行的一次危机意识教育和培训。这几乎成为黑松林企业文化活动的标配。多年前，在公司一次“告别成功昨天”的总结大会上，我提出了黑松林的“二百五”精神：一是员工的心要百分之百地交给企业，能挑千斤担，不挑九百九，一点儿也不偷懒；二是产品的合格率要达到百分之百，用爱心回报社会，一件不合格品也不放过；三是每年开发的新产品占老产品的百分之五十以上。我们在这里提出“二百五”精神不是一种调侃，而是一种警醒、一种忧患意识，更是一种坚持和激励的象征。

18 世纪的英国著名航海家詹姆斯·库克，一生出海 300 余次，每次在海上遭遇危险，他都能全身而退。他的名言竟是“没有压力的船最危险”。库克第二次远征太平洋期间，船队返航时遇上了可怕的风暴，库克和船员们所在的空货轮摇摇晃晃，眼看就要被风浪吞没。船员们大惊失色，发出了绝望的呼叫。这时，库克朝船员们下达了一个不可思议的命令：“立即打开货舱，灌入三分之一的海水！”“船长，你是不是疯了？往船舱里灌水只会增加船的重量，它会下沉得更快，这不是自寻死路吗？”一位年轻的船员朝库克声嘶力竭地喊道。

“没有商量的余地，你们必须按照我的命令去做。”库克一脸严肃。船员们只好照办。随着货舱里的海水越来越多，船也一寸一寸地下沉。但是，当海水灌到货舱三分之一满的刻度时，虽然海面依然狂风大作，货船却奇迹般地恢复了平稳。

船员们终于松了一口气。那位抱怨的年轻船员朝库克伸出了大拇指：“船长，能告诉我们这是为什么吗？”

库克望着巨浪翻滚的海面，平静地说：“海上发生风暴时，被打翻的往往是一些根基轻的小船，万吨的巨轮很少有被打翻的。我们的货船卸完了货，根基轻，要想不被风浪掀翻，就必须增加它的重量，没有重量的空船，往往才是最危险的。”

市场竞争中，我们这些中小企业俨然是出没在风浪中的空船，企业家就是船长。在经营企业的航行中，需要像库克那样具有一种负重前行的心态，掌好舵，不管风吹浪打，坚守本业，保持清醒的头脑，明白高位下行犹如海上遇上可怕的风暴，是由不得你的，你必须沉着冷静，必须非常坚定，必须非常认真，必须学会传导，让每个员工都有危机感，用适度的压力使内心不再飘摇。

怎样加强黑松林这条“船”的压力？我感觉关键在于企业自身的特色与能力。企业并不在于规模的大小，而在于有没有自己的特色、自己的优势、自己的核心竞争力。比如，近年来，受大环境影响，公司发展难免遇到一些挫折。对此，公司特别举办了一期“经济下行，我们该怎么办”的主题学习讨论会。公司领导将企业面临的困难与挑战告知员工，同时引导大家未雨绸缪，既要看到困难，又要看到光明；既要重视危机，更要将压力化为动力化解危机。越是艰难的时候，大家越要齐心协力，上下同欲，去发挥各自的主观能动性，“八仙过海，各显神通”。特别时期，黑松林人选择共同面对，始终坚持市场为王，上下一起分析现状，集思广益，让每个员工认知、认识、自忧、反思，在思想上做好足够准备，出力采取对策，让全员成为化解危机的“诸葛亮”，把生存发展的主动权紧紧抓在自己手中。

在非洲中部干旱的大草原上，经常看到一种体形肥胖臃肿的巨蜂，它们被科学家命名为“非洲蜂”。这种蜂翅膀极小，脖子粗短，飞行的先天条件连鸡鸭都不如，有人甚至认为，即使用力将其扔到空中去，它的翅膀也无法产生承载肥胖身体的浮力，会立刻掉下来摔死。

然而，人不可貌相，海水不可斗量。这种“非洲蜂”不但会飞，而且在非洲大草原上能飞行 250 公里之远，堪称飞行队伍中最为强健、最有耐力、飞行距离最远的物种之一。动物学家解释，“非洲蜂”要在气候恶劣的非洲大草原生存下去，就必须学会长途飞行的本领。只有这样，一旦觉察到即将面临极度干旱，就可以迅速撤离到水草丰美的地区。

数智化时代，企业发展所依托的环境是处在不断变化之中的，新技术层出不穷，产业边界更加模糊，企业内部分工面临新的调整。只有积极适应变化，以变应变，持续学习优秀企业的先进经验，才能应对市场的各种挑战。

2024 年，我跟随泰兴市企业联合会的“聚焦新质生产力，助推高质量发展”访学班，赴合肥荣电集团、科大讯飞、蔚来汽车等标杆企业“取经”。天气虽炎热，却难挡求学的热情。所到企业开拓进取、奉献担当的家国情怀与瞩目成就，更加令人振奋，热潮涌动。

走出一步，天地宽。走进荣电全场景智慧生活体验馆，这里上千种创新的小家电产品，新颖独特、美观智能，让人眼花缭乱。时尚厨房、智享餐厅、舒心卧室、智能安防、便携生活、母婴呵护等生活场景，场场出彩，件件精彩，让人切实感受到新技术、新产品对生活方式的引领。新材料的使用也是如此，荣电以市场为导向，将钛融入家电生活产品之中，先后开发推出了钛制家电、钛制水具、钛制户外用品、日常家居钛产品系列，并精心策划，打通上下游合作伙伴壁垒，开辟新通道，与上下游供应链资源深度协同，将钛金属民品化，开创了国内首条钛建材生产线、首条钛版画生产线，建成最大的阳极氧化表面处理制造基地，成为中国钛金属民品化品类最多的供应商。这些成就，体现了荣电集团在应对波诡云谲的市场变革中的胆识与内功，荣电人真像早起的鸟儿，“不畏浮云遮望眼”“风物长宜放眼量”。

记得那年4月底，开完“心力管理”第七次研讨会，清华大学副教授吴志明邀请张德教授和我一起去三清山。5月上旬，我们三人同行，从吴教授的老家开化直奔三清山。

在攀登三清山的主峰玉京峰时，我指着悬崖缝隙里长出来的一棵胳膊粗的松树问导游：“这是什么松？”“这是华盖松，顶如华盖，葱翠苍劲。你们仔细观察一下，长得茂盛的部分，是不是都在朝着阳光的一面？”导游小杨像老师一般授业解惑。“是，是，朝阳光的那面长得真好。”一旁的吴教授连连点头。“这些松树你可别看它瘦小，貌不惊人，这可是个千岁爷哦！”小杨口若悬河。

“一千年就长了这么一点粗的树干？”我站在崖边，心存疑惑。“这些长在峰、壑、峭壁上的松树，生存条件很艰难，它们硬是靠天，靠岩石中那一点微不足道的养分维持生命，虽貌不惊人，却非常顽强，能活上千年，生命之树常绿，可算三清山的英雄了！”小杨像个诵读者，说得我们动情动心。我心想：“这华盖松的成长，不就像我们当初的黑松林吗？咬定青山不放松，在岩石缝隙里深深扎根！”我不由自主地对张教授说：“张教授，小企业生存就像这些崖上松，没有不一般的坚强、不一般的意志、不一般的坚持，真的是不能活下来的！”“是啊，无论是植物抑或人的生长，还是企业的生存，有些环境你是不能选择的，唯有坚强！”张德教授一脸凝重，语重心长地说。

生命有时候真的很奇妙，有时明明身处绝境，却能不断成长，就如同这岩石缝隙中倔强生长的华盖松，没有后退的余地，唯有顽强坚毅，拼搏向上，才能走出一个超凡脱俗、别样多彩的人生。

海子在他的诗歌《远方》中说：“远方除了遥远一无所有。”然而，正是这种遥远和未知，激发了我们内心的渴望和勇气，只要我们坚持走下去，就能开拓出属于自己的一片天、一片地……

第三章

以德育人

第一节　种树不种菜

张謇有一句话很打动我："吾国人重利轻义，每多不法行为，不知苟得之财，纵能逃法律上之惩罚，断不能免道德上之制裁。"他主张把人有道德心，作为判断"义"的标准之一。张謇以状元之身创办企业，就像我国近代的其他儒商一样，十分看重员工个人的道德品行，往往自觉地以儒家伦理道德来规范自己的行为。也是因为这样，张謇创办的大生纱厂，很早就将企业中的道德问题实践化了。创办大生纱厂之初，张謇亲自执笔的《厂约》，就对企业的职责分工、奖罚措施、利润分配方式等做了具体规定。

中国传统文化主张培育人的美德和良好的社会风尚，使人们按照道德准则去做他们应该做的事。《大学》开篇就说："大学之道，在明明德。"在我看来，"明明德"就是唤醒良知，弘扬光明正大的品德，使人达到最完善的境界，强调了品德修养的不断追求和完善。《大学》接着说："是故君子先慎乎德。有德此有人，有人此有土，有土此有财，有财此有用。德者本也，财者末也。"所以，儒家的中心任务是建立"道之以德，齐之以礼"的德治和礼治文化秩序，就如孟子所说："以力服人者，非心服也，力不赡也；以德服人者，中心悦而诚服也。"

首先需要承认的是，改革开放以来，在经济发展和生活水平提高的同时，社会层面的道德水平包括企业员工的职业道德问题，其实一直是影响事业持续进步的因素。尤其是与发达国家相比，我们还有需要改进的地方。

多年前的一天，我的一位老同学从美国回来，两个人、几杯酒，左一言右一语，就扯得远了。同学说，在美国的公共场所、交通要道，除了用英语指示外，还增加了中文，这是件扬眉吐气的好事。但令人遗憾的是，国外有一些地方只有汉语标识，例如“请不要闯红灯”“请不要乱抛纸屑果壳”“大小便请入池”……再联想到身边的一些人和事，不文明的语言和行为随处可见。一番闲谈下来，我深感不轻松。

当天下午，黑松林召开月度例会，会场鸦雀无声。副总在主持，我因中午与老同学交流的话题而有了心，趁机观察会场：有人在挖鼻孔，有人在转笔杆，小丁埋头在笔记本上涂鸦！我把会场的一切都看在眼里。会议结束后，副总请我讲两句，我要来了小丁的笔记本向大家展示，会场一阵喧哗，又很快恢复了平静。我把和同学的一番对话讲给在座的员工听，借题发挥，开展了一次“改造不良行为”的动员会。

在2005年中外企业文化峰会上，中国企业文化研究会时任秘书长孟凡驰教授提出“企业文化建设中改造不良文化”的话题，给我很深的启发。是的，在一个企业的组织变革中，最难的莫过于改变团队成员的心态和行为。就好比人的两条腿，先迈哪条腿并不重要，重要的是要走向正确的方向。一家企业，只有让员工真正从内心感受到文化似水，有形亦无形，自动自觉地付出行动，外化于形，内化于心，努力改良自己的行为，才能点燃工作的热情，完美地完成任务。

营销员长年四海为家，见多识广，人走出去靓靓的，口袋鼓鼓的，口才呱呱的。要统帅这帮“智多星”“活财神”“孙大圣”，没两下子哪行？他们几乎都是单兵或小集团作战，个体行动自由，独立性强，不利于企业统筹安排。即使有时出差回来，也是来去匆匆，虽说见面的时间还有，但真正能坐下来单独交流的时间并不多。企业理念、企业文化在他们头脑中被逐渐淡化，他们常常“将在外军令有所不受”，有时甚至还会玩一通另类“三十六计”，编个故事领个奖。对这个特殊部门、这群特殊人，我一直像放风筝那样，拴住人，安其心。

这时候，母亲在世时记录了几十年的收支账本给了我启示，一种“营销日记管理法”的创新模式浮现于脑海。于是，公司专门设计了“营销工作日记本”，每本31页，每天1页，记完一本正好是一个月的时间。日记本扉页上印有“企业精神”和“六倡六戒”的行为规范。日记内容列有时间、地点、天气情况，分走访客户、销售品种、资金回笼、市场调查、当月分析等栏目。这样一来，营销员从出差申报、跟踪督查到结算费用、考核奖惩，似一根拴在手中的风筝线，不管风筝放飞得多高多远，放出去，总能控制得住。

企业只有最大限度地凝聚员工的力量，才能促进目标任务的实现。实施以营销员为本的营销日记管理法的过程，也是坚持企业文化建设的过程。不管多忙，每个月我都要抽看每个营销员的营销日记一至两次，与营销人员传递感情、传递信息、传递指令；并参照老师批卷写评语的方法，对营销员工作日记中的重要内容，画上一二道粗粗的杠杠以示提示和关注；对一些好的思路、做法，还会画个“红双圈”，写几句眉批，以示激励和表扬；对那些分析粗浅、记载马虎、语焉不详的工作日记，我会毫不留情地打上个大问号，让营销员看后“痛”得往心里钻，提醒他们自省自纠。

天天记营销日记的做法，是传统管理与现代管理的结合，是企业与市场同步的管理，不但管住了眼皮子底下的人，而且管住了“天底下”的营销员。这种营销管理方法，增强了营销工作的透明度，提高了营销员的素质。如今，营销员工作日记已经由纸质版升级为电子版，但记录工作日记仍然是营销员每天的必修课。用营销员小殷的话说：“出差在外，每天晚上翻翻营销日记，记载一天的工作，就是一次小结与学习。每当看到老总的点评，就像与老总在一起探讨市场、探讨人生、探讨价值。”营销员是这样，其他员工也是一样。只要足够用心，工作中处处可以发现和纠正员工的不良行为。

“五一”放假前一天，赶上机修人员大忙的日子。一大早，我还没到公司，老远就看见从水基胶车间四楼窗中射出的电焊弧光，一阵清脆的“叮叮当当”的敲打声，在厂区上空回响，似一个打更老人在高喊“太平无事哦”……

顺着楼梯，我一步一个台阶向四楼走去，“咦？怎么楼梯上会有细细的黄沙？”我自言自语，开始留意二层、三层……

走到四楼，只见焊工老何一手持着面罩，一手握着焊枪，像个机器人，身后遮拦在滴加罐前的绿色篷布，像舞台的大幕。“老总，今天你也这么早就来公司啦。”眼尖的小庄抢在我说话前招呼起来。“哈哈，咱们都是心连心艺术团嘛！”我一句调侃，让现场的几个小伙子脸上露出微笑，那是发自内心的笑。我边招呼边环顾四周，哦，原来这篷布是黄沙的罪魁祸首，我做出若无其事的样子，什么也没说。

假期后上班第一天晨训会上，我打破常规，站到队伍前面，给大家讲起了这几天发生的两个故事。一个是既送“果子”又送“糖”，说的是机修班的几个小伙子为保公司平安，节假日放弃休息完成了每年高温前设备检修的故事，特别是小庄，放弃和家人共同出游的机会。大家的目光聚焦在机修班，聚焦在小庄的脸上。

接着我讲了第二个故事，是关于楼梯上那条细细的“黄河”。讲前我故意顿了顿，先端上一盘“东坡肉”：机修班的安全意识非常高，检修设备前为防止焊接火花，将新厂区工地上遮水泥的一块大篷布从一楼抬到四楼，将滴加罐与明火隔离，安全工作做得很细很好。话题一转，我又端上了一盘“红辣椒”：但他们搬运大篷布时没有彻底清理，最后将沙子水泥也带上了四楼，给现场留下了新的安全隐患，如果能提前注意到这一点，那可是“锦上添花”喽！大家一阵沉默，继而窃窃私语。

员工的不良行为要纠正，而纠正的方法也很重要。有一个故事，说的是一个老人买了一块地种树苗，树苗种下后，老人不像其他人那样天天浇水，细心呵护，只是隔三岔五地浇一次，一点规律也没有。每次浇水量也不一样，时多时少。邻居不解，忍不住问老人。老人说：“种树不是种菜，只要几个星期就能收获，种树是百年基业。我给树苗浇水是模仿老天下雨，老天下雨，是算不准的，只有让树苗学会在不确定中自己拼命扎根，在土里找到水源，长成百年大树就不成问题了。如果每天定时定量浇水，树苗就会养成依赖的习惯，根就会浮在地表上，一旦停止浇水，树苗就会枯萎，即使存活下来，遇到狂风暴雨一吹必倒。”邻居恍然大悟。

其实，种树浇水与管理的道理是一样的，纠正员工行为，关键是要深入员工的内心并使其养成自觉的行为，再遇到类似场景时，他们会由衷地认同、自觉地执行，就可以自己向下扎根，经得起各种考验。就像著名管理学家赵曙明教授所说的那样：“真正的管理并不是对员工进行‘压迫式’的管理，而是注重对员工心智模式的培育，最大限度地调动员工的精神力量，在企业中营造和谐健康发展的环境。”

孔子说：“德之不修，学之不讲，闻义不能徙，不善不能改，是吾忧也。”做企业，怎样避免“言悖而出者，亦悖而入；货悖而入者，亦悖而出”的局面，关键是要注重以人为主体、培育人的优良行为、关注人的生存发展。实际上，做企业如做人一样，应当以德为贵，把一切做人的美德，扩展为企业之德。

为了培养员工的良好品质与习惯，我们规定每周一、三、五为班前“学习日”，这一做法已经坚持了20多年。我们一切从心育开始，针对不同时期、不同情境、不同挑战、不同需要，做到以不变应万变。

我们采取不同形式、不同方法，用不同内容持续不断地对员工进行引导、教育，与时俱进，深耕自治。20 多年来，一次次的充电提高，一次次的灵魂填空，持续不断的“心育”，往往是从非管理层面或非经济利益出发，但“无心插柳柳成荫”，结果已然形成基于全员参与的自我管理局面，员工在很大程度上实现了“习与智长，化与心成”。

2017 年 1 月，我看到中共中央办公厅、国务院办公厅印发的《关于实施中华优秀传统文化传承发展工程的意见》后，不由得心潮澎湃。我为中央以文件形式专题阐述中华优秀传统文化传承发展工作感到振奋。第二天的班前学习，我们趁热打铁，第一时间对这份文件的精神进行传达和宣传。在学习会上，我转述了一则我在微信中读到的故事。

一位富豪买了块地，修建了别墅。后院有多棵百年荔枝树，当初买地时他正是看中了这些荔枝树，因为他老婆喜欢吃荔枝。装修期间，富豪的朋友劝他找个风水先生看看，以免犯煞。原本不信这套的富豪，这次居然表示赞同，专程去香港请来大师。

从高铁站接到大师后，富豪亲自开车前往别墅所在地。一路上，如果后面有车要超车，他都会避让。大师称道：“开车挺稳当的。”

富豪哈哈一笑说：“要超车的多半有急事，可不能耽误他们呀。”

行至镇上，街道狭窄，富豪放慢了车速。一个小孩嬉笑着从巷子里冲了出来，富豪刹车将车停住，小孩笑嘻嘻地跑过去以后，他也没有踩油门前行，而是看着巷子口，继续静等。片刻，又有一个小孩冲了出来，追赶先前那个小孩。

大师讶然在问：“你怎么知道后头还有小孩？”

富豪耸耸肩回答道："小孩子都是追追打打，光是一个人他可不会笑得这么开心。"

大师竖起了大拇指，笑道："真有心。"

到了自家的别墅，富豪下车，拿着门钥匙准备开门，后院突然飞起七八只鸟。见状，富豪停在门口，抱歉地对大师说道："麻烦大师稍等一会儿。"

"有什么事吗？"大师再次讶然。

"后院肯定有小孩在偷摘我们的荔枝，我们现在进去，小孩自然惊慌，万一从树上摔下来就不好了，先让他们摘一会儿，我们在外边看看。"富豪笑着说道。

大师默然片刻后说："你送我回高铁站吧，这房子的风水我不看了。"

"大师何出此言？"这次轮到富豪讶然了。

"先生，有您在的地方，都是风水宝地。"

孟子曰："君子莫大乎与人为善。"对别人做善事，带领别人一起行善，是一名企业家最重要的修为。当一个人爬上了成功的阶梯，责任就是把梯子放下去，让更多的人爬上来，这才是最大的善心。南宋哲学家陆九渊曾言："善之所在，虽路人之言，臧获之智，皆当取之。"意思是学习别人的善处，只要是好的，即使是路人的话、奴仆的智慧，都应当向其学习。学善的目的是行善，所以君子没有比与人为善更为重要的了。管理的本质，是激发和释放每一个人的善意。管理者要做的就是激发和释放人本身固有的潜能，创造价值，为他人谋福祉。

然而，当下一些人把管理当成工具或手段，认为管理是用来操控员工行为的，即便是关爱和激励员工的做法，也是围绕实现效益而施行的，还有人美其名曰“胡萝卜加大棒”。实话实说，昨天我们或多或少都曾接受或采取过这样的做法，但到了这个时代，这种观念落伍了，效果也越来越差了。如果说过去的管理模式是一个池塘的话，今天的管理模式就是一条河流，它流动不止，难以用静态的、一成不变的方式来解决所有现实问题。只有人性对真、善、美的追求才是亘古不变的。

第二节　打好“地基”

我曾经读过这样一个故事，说的是通用汽车公司高层针对一个零部件部门技工的职责问题，居然讨论了4个小时。德鲁克因而问时任通用汽车公司总裁斯隆：“这么一个微不足道的职务，你们为什么愿意花这么长时间来讨论？”斯隆说：“如果我们不用4个小时好好地设计一个职位，并找到最合适的人来做事，以后就得花几百个小时来收拾这个烂摊子，我可没有这么多闲工夫。”哦，通用的成功和长盛不衰，原来是这样炼成的！

生活和工作中，像斯隆这样做“大事”的人实在太少，很多人在很多情况下只能做一些具体的事，这类小差事看似平淡，甚至鸡毛蒜皮，然而是成就大事的基础，是细节上的功夫，决定着做事的质量。对员工来说，这就是他承担起岗位职责的“地基”。中宣部原常务副部长徐惟诚先生到黑松林参观后评价：“黑松林管理的第一个根本就是抓住心力、抓住人心，第二是抓住细节，不能天天总讲抽象的大道理。在黑松林，他们销售、生产、生活等各个环节都注重抓细节，只有抓好细节，事情才能做好。如果讲了半天都是大道理，那是抓不住人心的。”

企业初创期，由于管理不到位，胶水的“跑冒滴漏”时有发生，车间地面上时常黏糊糊的。一次，一名员工离岗与另一名员工聊天，老远见我到车间巡检，想溜回岗位，谁知一只脚踩在了刚洒在地上的一摊胶水上，鞋被粘住动弹不了。围绕这个笑话，我们按照“行为疗法”的理念，进行系统脱敏，对敏感对象——周转胶桶反复接触，引导员工介入体验，发动车间工人班后每人洗一只周转桶，组织全体管理人员每人班后洗两只周转桶，让一线员工和管理者一同在义务劳动中反思，一起洗掉我们的陈旧思想，让所有人清楚地知道：今天我不负责，明天酿的苦酒还是我吃；事情不论大小，要干就干得最好。

在企业的日常工作中，这样的例子比比皆是。我的办公室坐北朝南，办公桌正对着一扇大窗户，透过窗户看公司的生产区，一览无余。

一天下午，快下班了，我坐在办公桌前整理着资料。隔壁办公室内，市场部的小吕和生产科的老丁正就新产品的原材料采购进行对接，透过玻璃隔墙，我看见老丁背靠着窗户，掰着指头，小吕伏在桌上记录着什么，那副认真劲儿，令我心中甜滋滋的，为企业有这样一群严谨敬业的员工而自豪。

再向远处看去，我的目光却定住了：新员工小张正推着工具车从车间出来，快到停放区的时候，他将车使劲往前一推，扭头就走。那工具车如同喝醉酒的人坐滑梯，“哐当”一声横卧倒地。

看着眼前的一切，我起身走到隔壁的大办公室。“老丁啊，你和小吕说事，能不能将身子转 90 度？”老丁有些莫名其妙。“来来来，你现在这样站，只能看到办公室里的东西，转 90 度，就能看到生产区的全部情况，是不是？”我边说边顺势将老丁的身子转过来。

老丁刚转过身，小张又推过来另一辆工具车，重复了刚刚上演的一幕，老丁恍然大悟，立刻向小张走去……

看到一则关于胖东来的故事。一位新入职的员工小王，一开始对服务顾客并没有特别深刻的认识。一次，一位顾客挑选商品时显得有些犹豫，小王只是在旁边默默看着，没有主动上前提供帮助。领导看到后并没有严厉批评他，而是耐心地给他讲述了胖东来一直以来坚持的服务理念——把顾客当成家人。领导带着小王一起去为那位顾客介绍商品的特点、用途和优势，用真诚的态度和专业的知识解答了顾客的疑问。顾客离开时脸上露出了满意的笑容。

其实，新员工就像一棵幼苗，成长中既需要土壤、雨露，也需要阳光、养料。对员工实施素质教育，特别是引导新来员工融入企业环境时，管理者不能像制作盆景，用铁丝死掰硬捆，强行造型，而是要做一面放大镜，看清问题，利用问题，把太阳的光芒聚集到企业目标这一点，执着地行动，将员工点燃，并使之达到预期目标；否则，“文明生产”就会剩下一件美丽的外衣。

四川人小吕在江苏打工，结识了我们本地姑娘小许，有情人终成眷属，他们把小家安在了黄桥。后来，在市人才招聘会上，小吕相中了黑松林，面试洽谈后，我们对彼此都很满意，双方皆大欢喜。

小吕个头不高，但结结实实的，做事肯吃苦，大家都挺喜欢他。被分到市场部后，小伙子成天钻研营销资料，熟悉客户情况，还时不时将一些重要信息记在自备的小本本上，挺细心。

春节前夕，我与区域销售负责人老陈带上小吕一同拜访客户。冬日的早晨天亮得晚，快六点了，天还黑蒙蒙的，我们一早上路，半小时后天就越来越明，一轮红日从东方升起。“小周，到前面服务区吃早饭吧！”我凑上前对驾驶员说。

来到服务区里，我找了一张空桌坐定，老陈又是买票，又是拿盘子，一边的驾驶员小周连忙找来几张餐巾纸，擦着不太干净的桌面。第一次跟我出差的小吕，此时却像个大姑娘，左手搭在右手上，腼腆地干坐在一旁。“老总，你先来！”老陈一手托着一个不锈钢餐盘，咋咋呼呼地走到桌子前面。“小吕，这盘你先来！”小周连忙帮老陈搭把手，接过他手中的一只餐盘递到小吕面前。小吕不语，脸微微一红，唇角翕动了两下，欲言又止。

早点味道不错。我才搁下筷子，老陈又及时递来两张餐巾纸，直送到我手边。“小吕，这个给你。”小伙子接过老陈给的餐巾纸，羞涩地笑了笑。

“小吕，快吃，老总在等你呢！”已经吃好了的小周边说边拿起水瓶装水去了。如梦方醒的小吕这才狼吞虎咽地解决了盘里的食物。我拿下横在盘子上的筷子，压低声音说：“小伙子，吃好了吗？”小吕点点头，满脸通红，脸上滚动着的汗珠子，浓烈得要滴下来似的。

大家都吃好了。我顺手拿起小吕和我的茶杯向茶水桶走去，小吕见状，猛醒、顿悟，抢过我手中的杯子向水桶走去……

看着他的背影，我想起了一个故事：鹰妈妈在小鹰长到足够大时，便会把垫在窝里的一切柔软的东西全部掀掉。树枝上的刺刺痛了小鹰，小鹰本能地往边缘蹭，鹰妈妈就会把小鹰推下去。为了防止摔落，这时的小鹰会拼命地挥动翅膀，结果不仅保住了命，还学会了鹰的基本生存能力——飞翔。

作为管理者，我们应该向鹰妈妈学习，给员工尤其是年轻员工一对自由飞翔的翅膀，引导他们自然融入工作氛围，发自内心地感悟为人、做事之道。这样培养出来的员工，才能够像鹰一样，茁壮成长，自然翱翔。

日本近代实业之父涩泽荣一在所著的《论语与算盘》中称，“义利合一”是儒商的经营原则。企业家要让企业在张力中释放动力，就必须一手拿算盘赚钱，一手拿《论语》育人。

初春的傍晚，太阳已近西山，我和新来的大学生小王带着科技洽谈会上的收获满载而归。车窗外，春光万里收不尽，我俩的心情好极了。“老总，吃个橘子吧！”细心的驾驶员小周怕会议散得晚又要赶路，买了一袋橘子放在车上。接过小周递来的橘子，我投去夸奖的眼神。转手把一个橘子递给副驾驶座位上的小王：“来来来，你先来。”小王连忙摆手推辞。“拿去吧，出门在外就是伙伴，应该互相照应嘛！”我边说边剥着红彤彤的黄岩蜜橘，将橘皮放在一边的塑料袋里，带头吃了起来。

“滋、滋”车窗的玻璃门开了一半，一阵冷风吹进车内，只见小王边嚼着橘子，边将手中的橘皮往外一扔，又迅速关上窗户。小王随意的动作让我像吃了一只苍蝇似的难受。

可小王像什么事情也没有发生那样平静。我的眼里容不得沙子。“小王，你刚刚剥的橘子皮呢？来，放进垃圾袋里。”我凑过去将塑料袋递到小王面前。小王蓦然一惊，扭了扭身子，脸红得像个关公。我知道，小王这个“苍蝇”比我吃得还恶心。

年轻人热情奔放是个优势，但这样的“不拘小节”未必是件好事。管理者要让员工养成文明行事的习惯，自己必须先“文明”起来；要让员工讲公德，自己必须先讲公德；要让员工知耻明荣，自己必须首先知耻明荣。这是一种氛围管理，也是一种文化的力量。员工的自觉自律，要靠一步一步地养成和一点一滴地积累。随手扔下一块橘皮不算什么大事，但是，如果形成乱扔东西的习惯就太可怕了。无论是作为管理者还是一位长者，对年轻人这样不拘小节的行为，我都不能熟视无睹，否则，谈何对年轻人的未来负责呢？为此，我只能让他也吃一回“苍蝇”。事情到了这里，我也不用再说什么了，显然，这样的效果是理想的。

通过这样那样“因地制宜”的教育和矫正，黑松林员工的职业素质明显高于一般企业员工。但在实践中我也发现，员工良好行为的养成不是短跑，而是一场马拉松，需要管理者结合工作情境不断“敲打”。只有这样，员工职业素质的“地基”才会真正打牢。

多年前的一天早晨，我和车间主任边走边聊些情况，忽然，眼睛的余光看到了什么碍眼的东西，仔细一看，车间干净透亮的水磨石地面上有一摊滴胶，似一张白纸上的一小块墨渍。在滴胶的正上方，反应釜的放料阀口上，挂着一根胶柱，上粗下细，似倒挂在空中的冰凌，我心里明白，这是阀门关闭后留下的“自然规律”。

我灵感闪现，顺手拿起了一边记录牌上的粉笔，在地上的滴胶四周画上了一个大大的圆圈，写下了一句：大处着眼，小处着手，如何干净彻底地消灭？一旁的车间主任低着头，弓着腰，看着我点完最后一点，像个犯了错却不知道错在哪里的孩子。

对有心的管理者而言，解决问题最好的地方是在问题发生的地方，解决问题最好的时间是在问题发生的时候。及时抓住意外事情中闪现的“破窗”现象，别出心裁地在第一现场画一个圈，写下一句眉批，用最直白的线条加语言，锁定问题，启发员工共同关注这些问题，明白我们的目标与要求，一起分析问题、寻找解决问题的钥匙。

美国有家报纸，刊登了一则园艺所重金征求纯白色金盏花的启事，高额的奖金让许多人蜂拥而至。然而，在自然界中，金盏花除了金色的就是棕色的，想要培植出白色的绝非易事。所以许多人在一阵热血沸腾之后，就把那则启事抛到九霄云外了。

20年后的一天，那家园艺所意外地收到了一封热情的应征信和一粒金盏花的种子。寄种子的是一位年逾古稀的老人。20年前她偶然看到这则启事后，便怦然心动，不顾8个儿女的一致反对，义无反顾地培育起了白色的金盏花。她撒下了一些最普通的种子，精心侍弄。一年之后，金盏花开了，她从那些金色的、棕色的花中挑选了一朵颜色最淡的，任其自然枯萎，取得最好的种子。次年，她又把它种下去。然后，再从这些花中挑选出颜色最淡的花的种子栽种……年复一年，终于，20年后的一天，她在那片花园中看到一朵金盏花，它不是近乎白色，也并非似白色，而是如银如雪的白。

这个关于培育花种的传奇故事让我深受启发。一个连专家都解决不了的问题，在一个不懂遗传学的老人手中迎刃而解。正是一种伟大的心灵、锲而不舍的精神，创造了崇高的美德，产生了最大的突变，这就是坚持创造的奇迹。

从细节入手，从根上做起，扎扎实实，锲而不舍，任何时候都不松懈，这是我对员工的基本要求。

一次，我经过生产部办公室，刚巧电话铃响了，见办公室没人，我便随手抓起话筒。听筒中传来员工小张的声音："喂，是丁部长吗？哦，不是，是老总！您早啊！今天我岳父60岁生日，想请个假。"我稍一停顿："既然这样，那就好好尽尽孝心，别忘了带上我的一份祝福啊！""谢谢老总，谢谢！"电话那头小张的声音有点颤抖。

小张欢天喜地给老丈人拜寿去了，我却遇上了难题。公司明确规定，不准捎口信或者打电话请假，再说小张请假也不该由我来批。但是，如果当时我不点头，在电话中给他讲纪律，对这个喜庆的大家庭来说，就会像一盆冷水浇到脚后跟上。

我思考片刻，迅速代小张写下一张请假条，送给总值勤，请他转交给丁部长，并自掏腰包，帮他到财务科交上10元罚款。这样一来，我既用我的行动维护了公司制度的权威，又增添了对员工的些许温情和关怀。细节决定成败，大凡成功的企业，都是注重从细节抓管理、一点点培养员工职业素质的企业。一位知名企业家说过：我只管两件事，一是看走的路对不对，二是看窗户玻璃上的灰尘有没有擦干净。其实玻璃上的灰尘就是一个细节问题。在当今的信息时代，哪怕是客观的东西都不容易被忽视，相反，我们看不到的，却是那些意想不到的细节之处。

《易经》中说：“积善之家必有余庆，积不善之家必有余殃。”佛学大师印光解说这句话时说：“历观史籍，自古及今，凡利人利物者，子孙必定贤善发达；凡害人害物者，子孙必定庸劣灭绝。”当代学者余世存先生曾著《家世》一书，撰写了中国家族的传奇经历，特别描述了家风家教对后世子孙的重要影响，说明中国人善有善报、恶有恶报的历史观。后来，余世存在接受凤凰卫视《锵锵三人行》采访时指出，有人专门对明清以来的家谱和地方志进行研究，发现“积善之家必有余庆”是有大数据支撑的。积善之“家”，必有余庆；积善之“企”，理应如此。

类似地，打好员工职业素质、道德品质的“地基”，就是另一种“积善”，这样的“善”积累多了，企业整体的能力也就体现出来了，企业长治久安的“百年基业”也自然就打下了。

第三节　细究到底

对管理者而言，经营企业不能只有一个心中的圆，而应该是有两个焦点的椭圆，一个焦点是事实，另一个焦点是思想。管理的过程中，很多事情就像卤水点豆腐，一经点拨就化为神奇。老板不是不要抓琐事，而是要抓最能体现企业文化追求的“琐事”，去追求小中见大的文化内涵。为了培养员工认真细致的工作习惯，我不惜“鸡蛋里挑骨头”，经常“借题发挥”，为的是给大家更多的警醒和自律。正如企业文化专家刘光明老师所说：“人本管理的魔力在于细节。”

每天早晨，我到公司的第一件事就是环厂区一周走动走动，既锻炼了身体，又能发现现场管理中的不足，可谓两全其美。

一个初冬的清晨，薄雾缭绕，好似给公司披上了一层轻纱。我走进生产区，看着堆放整齐的工具车、排列成行的周转桶，还有花圃内含苞欲放的茶花花骨朵儿，内心无比愉悦。突然，车间大门旁边的一个烟蒂跳入我的眼帘，我驻足凝视四周，地面上只有几个浅浅的车轮印。烟蒂从哪儿来的呢？我心里打鼓："莫非有人偷偷在生产区吸烟？"想法刚冒头便被我否决了。这么多年了，员工已养成了好习惯，这种事不会发生。那么，生产区怎么会有这个奇怪的烟蒂呢？我又一次弯下腰，仔细端详：这个烟蒂是淡橘色的海绵嘴，仅留一线白，看来吸烟的人烟瘾不小。烟蒂早已经被踩扁，没了最初圆圆的形状。

"老总，大清早的看什么呀？"车间主任老丁老远向我打招呼。"来，来，来，来得早不如来得巧，看看这是什么？"老丁快步上前一看，脸上不由得沁出细细的汗珠："哟，怎么会有烟蒂？"

"昨天晚上下班后，拉原料的卡车才回来，说不定是几个卸货的人留下的。老总，你放心，班前安全警示会上我一定弄个水落石出再向你汇报！"老丁略思片刻，斩钉截铁地向我立下"军令状"。我拍拍他的肩，说："丁主任，一个烟蒂一场火啊！"

后来查明，生产区内的烟蒂是晚上卸原料时，押运员从汽车驾驶室内粘在脚上带下来的。

一首西方民谣说得好：丢失一个钉子，坏了一只马蹄铁；坏了一只马蹄铁，折了一匹战马；折了一匹战马，伤了一位骑士；伤了一位骑士，输了一场战斗；输了一场战斗，亡了一个帝国。马蹄铁上一个钉子的丢失，是初始条件的十分微小的变化，但其"长期"效应是一个帝国存与亡的根本差别。看似极小的一个烟蒂可能让一家企业顷刻毁灭。一个真正的管理者对禁区里的一个烟蒂的处理，不会像外科医生那样力求切掉问题，而是将更多时间用于预防，用护理中最重要的温柔关爱，让疾病自愈。

一天，我像往常一样来到氯丁胶车间，登上了平时难得上去的操作平台。带班班长见状，急忙跟了上来。我看设备保养运行正常，刚想夸他们几句，突然发现5号反应釜的锅顶上有一摊机油。溶剂胶生产节点点长小尹眼明手快，伸出戴着手套的手，来了个“猴子捞月”。我也不含糊，待小尹将手臂抽回之际，一把抓住他说：“下次‘揩油’的时候，可得当心身边有眼啊！”小尹脸一红，不好意思地咧嘴讪笑。

“这上边怎么会有机油？”玩笑归玩笑，问题还是要搞清楚。

“这台设备前天刚换减速机，可能是加机油时没注意滴下来的。”小尹解释道。

“那昨天巡检时怎么没有发现呢？如果渗入反应釜，那产品质量能有保障吗？”我板起了面孔。随行的车间管委会主任小丁未等我说完，立即让人通知机修节点点长小江来到现场。检查后发现原来是减速机漏油了。“定时炸弹”消除了，纠正了一个细节，消除了一次质量隐患，避免了不应有的损失。

自黑松林推行“自主管理”制度以来，一切凭手续说话，一切按制度办事，我这个管理者当起了“甩手掌柜”，找我批票据的、解决问题的几乎是零。

在一次月度财务例查时，我对一张机修节点购物申报单上的一项内容存疑：更换液压油三桶1000元，换气泵一只800元……合计2800元。根据我的经验，没有液压油定价333.33元一桶。我再次翻看票据、节点申报单、管委会主任同意签字、财务复核……白纸黑字，手续完整。可对于1000元的三桶液压油是怎么来的，我总想弄个水落石出。

无巧不成书，我刚刚跨出财务科的门槛，发现修理叉车的王老板来结账了，我让车间管委会主任小丁到财务科将我刚刚发现问题的那张申报单，连同发票拿到会议室。“王老板，这是怎么回事？三桶液压油1000元，恐怕世上没有333.3333，‘3不尽’一桶的液压油吧！”我边说边观察着王老板的神情。王老板被问得一头雾水，仔细看了起来：“刘总，明人不做暗事，这是你们的申报单，我打电话，让我的徒弟将你们的修理记录单送来，我怎么会自己砸自己的饭碗呢！”王老板边说边打着电话。

一会儿，王老板的徒弟开着车将他的修理记录单送来了，他翻着翻着，说：“刘总，5月16日黑松林：更换油泵一只800元，密封圈一只30元，更换液压机油3桶 ×250元＝750元……修理费250元，合计2800元。”王老板边指着修理记录单边说。

“不错，不错。”丁主任凑过身子，眨着一双大眼睛，顺着王老板手指的项目一行一行聚精会神地看着，频频点头。

看着王老板提供的修理记录单，再看看一边的丁主任，我顿悟了。“小丁啊，看你这副认真的样子，找到问题了吗？”“刘总，没有找到问题。”丁主任朝我看了看，像个呆头鹅。

“问题不是出在王老板，而是你这个管理者啊！”我慢慢吐出了一句话：“你看看王老板的修理记录单上写得一清二楚，三桶油每桶250元，下面还有一行字：修理费250元，这样算下来的总金额才是1000元！”

小丁将头抬起来，眼睛瞪得大大的。

“小丁啊，这三桶液压油1000元，不管谁看了都会心生疑点，你不弄清楚情况怎么能签字呢？虽然你只签了个名，但你给这份申报单留下了一个让人看不明白的手续，扣上一顶无形的虚假记账单的帽子！”我顿了顿，语重心长地说：“权力就是责任！你换位思考一下。”

在当今的企业组织中，企业文化的作用日益凸显，创建自驱动的企业文化，提升企业的自我组织、自我纠错、自我更新能力，实现员工的自我领导，不是靠“一把手”来驱动，而是要实现自我管理。一个企业要持续健康发展，主要靠“两条腿”：一是文化，二是制度。文化引领企业方向，制度驱动企业前行。在自驱动中，对待任何一件事，既要重视结果，又要关注过程，坚持开放的心态接受别人的观点，冷静地与人坦诚沟通，养成双赢思维。

那年 9 月，我来到中国企业文化研究会，拜请著名企业文化专家孟凡驰教授为我的第二本新书作序。谈到如何在实践中用文化管理企业时，孟教授说的一段话让我感慨颇深：文化管理，重点是注重养成教育，其过程是“文化无意识——文化有意识——文化无意识”。也就是说，企业员工从不懂文化到自觉地用文化武装自己，机械而幼稚地实践，经过长时间养成习惯，达到举手投足、思维行为都具有鲜明的企业文化品位，那么自主管理就实现了。我点点头，领悟了老师语重心长的话。

没有规矩，不成方圆。靠什么防范事故，提高安全生产系数？值勤、巡检、督查只不过是形式，真正灵魂的是内容，是持之以恒的行动力。一句话，关键是规则能不能坚定不移地执行到位。

一次，我陪某研究所的专家到车间参观。在生产区门口，我指着挂在一旁的安全双环钟介绍：“外面的大圆圈表示一个月的天数，小圆圈表示一年的月数。红色的长针指当日，黑色的短针指当月。右下方是记录栏，巡检、抽检的记录都在上面。”

“请问你们每天巡检、抽检各是几次？”专家插话问道。

“安全值勤员每两个小时巡检一次，公司安全检查员不定时抽检。”我一边介绍，一边用目光搜索着当日的值勤记录。

怎么都到下午了，今天才记录一次？我感到有些尴尬。送走了专家，我马上叫来了当班的安全值勤员小张询问原因。“今天外贸出货，我忙得抽不开身，没有及时巡检。九十九次好，一次不好也是不好。随你处罚吧！”小张振振有词。

“小张啊，这可让你说对了，九十九次好确实不能抵消一次不好。因为事故并不因为你做对了九十九次就不来找你，有一次做不好就可能出事故，有一起事故就会毁了那九十九次防范！”随着我的声调提高，小张的头低了下来。

即使这样我仍不放过，一是让小张写了检讨，二是让财务兑现了罚款，三是利用安全日开展了“九十九次与一次”的大讨论。有人说我太认真，可安全防范不认真不行啊！巡检、抽查、记录、考核，只不过都是形式，真正核心的东西是全体员工的安全意识，是全体员工持之以恒的行动。

锅炉房需要装几条外延蒸汽管道，找来了专业钻孔师傅。钻孔工具一架，“嗞嗞”的，随着机械动力的鸣响，墙面上渐渐流下了被水稀释的红砖粉末，像一条红色的“瀑布”，由细变粗，由短变长，不足一个小时，海碗大的洞就搞定了。

转天，员工小尹头戴一顶红色的工作帽，站在脚手架上用滚筒往锅炉房墙上涂乳胶漆。他一会儿上，一会儿下，一会儿左，一会儿右，就像个专业的装饰工。“哟，那墙砖钻孔留下的‘红色瀑布’怎么不清理完毕就涂刷了？”我边走边自言自语。这小伙子真是只讲速度，不讲工艺要求，连基本常识也不懂，真想狠狠地批评他一通。再看看小尹和小孙配合的那股默契劲儿，我的心又软了下来，有意识地走过去。

“哟，小尹，来来来，下来歇会儿，喝口水！”小孙转过身朝我看了看，清瘦的脸上留着汗痕，绽开笑容。

“来来来。”我举起茶杯晃了晃。小尹将手中的滚筒涂完最后一下，慢慢从脚手架上爬了下来。“喝点水，雨露滋润禾苗壮！”我边打开茶杯盖边对小尹说。

“老总，这颜色多美啊！”

“是啊，涂后的感觉真好。不过小尹啊，这美丽我们可要留住啊！”我话中有话，听得小尹眼睛睁得大大的，像个傻小子。

“来来来，小伙子，你看看，这彩色瀑布怎么不清理完毕就涂刷了？”

“老总，要涂两遍呢，第二遍涂刷后一定能遮盖掉的。”小尹满不在意。

“哦，即使能遮盖得了，那附着强度能行吗？你看看，这浮在墙体上的红砖粉，使劲一擦就掉下来了。”我边说边用手朝墙体上的红色瀑布抹去。“你看看，这样涂上去能留得住这美丽吗？小尹啊，施工必须讲工艺纪律，才能保证工程质量，可别自己哄自己哦！来来来，喝水，喝水……”

一边的小孙有眼力见儿：“老总，擦一下手！”看着小孙递来的毛巾，我朝他们笑了笑：“扫帚不到，灰尘不会自己跑掉哟！小伙子，干活除了干劲还得用心啊！”我用心启发道。

“是，是……”两个小伙子不约而同地互相看了一眼，吐了吐舌头。

管理者和员工在一起时，不管是工作还是生活，都需要心力管理，集智慧与愚笨于一身，该智慧时智慧，该愚笨时愚笨，特别是在特殊时候在特别场合，以静观动，分析和考察身边员工的言行，我们会对员工有更多的理解、体验、感化。即便是教育员工，也需要“大智若愚”，以“心”为本，影响员工，感化员工，我们就会凝聚人心，留住美丽。

中国传统文化认为，管理意味着爱。企业家不仅要爱自己，还要爱更多的人，帮助员工管理好自己，宛如园丁呵护植物的生长，为它施肥、灌溉，除去害虫和杂草，从工作素质的细节训练开始，把不正确的行为和思想扼杀在萌芽中。

那天早上七点半，全体员工像往常一样集中在车间门前晨训，嘹亮的《黑松林之歌》在空中回荡，传得很远很远。

我从车间出来，看着眼前这支迎着朝阳站立的队伍，心情似天高云淡。忽然，我瞥见车间门口那株正在怒放的茶花树的叶梢上，挂着长长的一根“冰凌”，在微风中似荡秋千。我定了定神，哦，不知道是谁，随口将痰吐到了茶花叶子上，我仿佛吃了个苍蝇似的恶心，决定借题发挥，来一次现场教育。

耐着性子，待大家歌唱完毕，我招招手，示意主持晨训的副总，让全体员工来看黑松林的奇观——夏天里长在茶花树上的“冰凌”。员工们个个丈二和尚摸不着头脑，疑惑地顺着我手指的方向走来，大家瞪大眼睛寻找着。质检员小朱眼睛尖，指着茶花树脱口而出：“老总真富有想象力，原来不知道是哪个员工随便吐的一口痰，刚巧挂在了茶花叶子上，垂下来，真像一根冰凌柱。”大伙儿立刻明白了，你一言我一语，批评起那个随地吐痰的人来。“不文明！”“没素质！”“一点形象也不注意。”“大家不要议论了，俗话说：养不教父之过，这一口痰的出现，是我这个当家人没有管教好，我向大家检讨，对不起！”我边说边深深地鞠了一躬。自责如良师，现场一片寂静。

每个人都有缺点，每个人都会不自觉地犯一些或大或小的错误。现代管理者需要用心去感悟，对下属的诸如随地吐一口痰这些搬不上桌面的小事，与其费尽唇舌训斥加惩罚，倒不如用幽默的管理艺术、奇特的情境方法，以潜移默化的方式启发员工的意识，积极引导员工自己往前走。

世界上只有七个音符，然而通过不同的组合方式，产生出来的音乐却千姿百态、魅力无穷。

第四节　巧用方法

20多年前，著名作家蒋子龙老师为我的第一本书《黑松林，我的太阳》作序时写道：管理人的根本，不是有多少财富，也不是有多大的权力，而是有责任心。对于一个有“心”的管理者来说，没有哪件事情是没有用的，要对这些代表某种征兆或预示某种变化的事情，及时做出敏锐而积极的反应。

我感觉，企业管理者，要让自己的管理思想有效传达给员工，最经济的办法是讲故事，通过实践中的人和事，巧用方法，该表扬就表扬，该批评也不含糊，用见微知著的洞察力令员工印象深刻。

黑松林的锅炉房是企业的一道风景线，这些年先后接待了几百家单位、几千人次的参观，得到了诸多国内外管理专家的关注和肯定，锅炉房的孙石军成了全公司的“安全、环保现场管理标兵”。几年前春节后上班的第一天，红红的太阳当头照，大家互致新年问候后，我带领全体员工在锅炉房召开了新年的第一个现场会，主题是“学身边的人，做好每一件事，放大榜样效应”。会上，大家看现场、挑刺儿、找问题。看着烧煤的锅炉房打理得像厨房，大家无不赞赏、佩服，为孙石军的敬业爱岗、奉献精神所折服，敬意油然而生，纷纷表决心——像孙石军那样擦亮每一个岗位，把小事做好，将细节做亮，争做标兵，为企业稳步、健康、持续发展奉献力量。

每个企业都有自己管理员工的方法，正确的引导有助于员工的成长和企业的发展。有一个鸟笼效应，说的是同时退休的哈佛大学的詹姆斯和好友卡尔森打赌。詹姆斯对卡尔森说：“我一定会让你不久就养上一只鸟的。”卡尔森不信地说：“我从来没有想过要养一只鸟。”没过几天，恰逢卡尔森生日，詹姆斯给卡尔森送上一个精致的鸟笼作为生日礼物。卡尔森把鸟笼作为一件漂亮的工艺品放在书桌的一边。从此以后，但凡客人来访，看见书桌旁那只空荡荡的鸟笼，无一例外地问：“教授，您养的鸟什么时候死的？”卡尔森只好一次次地向客人解释：“我从来没有养过鸟。”然而，这种回答每每换来的却是客人困惑且有些不信任的目光。无奈之下，卡尔森教授只好买了一只鸟。詹姆斯的“鸟笼效应”奏效了。这个故事给我带来启示，管理中有时正需要放上这样一只精美的鸟笼，以造成“不养鸟不成”的“势”。

对我的这次锅炉房的现场会，清华大学的张德教授点评说：鸟笼效应，讲的就是管理中的“造势”、詹姆斯给卡尔森送上一个精致的鸟笼，就给卡尔森造了一个“不养鸟不成”的氛围，这种环境压力最终迫使他买了一只鸟。黑松林春节后在锅炉房召开现场会，就是为日后的管理提升“造势”，使孙石军的榜样作用放大、升华，激发大家学先进、赶先进的热情，造成一个“不学不成”的环境压力和文化氛围。

巧用方法表扬员工，有时候还需要使用“放大效应”。那天一大早我就到了公司，四处转转。尽管厕所保洁的巡检、督查制度已废除好几年，但厕所还能保持得干干净净、清清爽爽，我看在眼里，喜在心上，情不自禁地对着洗手台上的镜子微微一笑，心情一好，感觉映在镜中的那盆开得艳丽的海棠，似乎也在翩翩起舞。一转眼，我无意中发现原本洁白的花盆边沿积留了一层薄薄的灰尘，花刚浇过水不久，水滴滴在灰尘上面，似淘气的孩子脸上的泪痕。

“老总，你回来啦！”

“哎，刚回来！”

“看啥看得这么出神。”新来的大学生小王跟我打招呼。

“哦，我在看花，也在看盆！”我转过身：“小王，你看这花开得多好，粉嘟嘟的！”

“是啊，老总，每次到厕所，这盆花都乐呵呵地看着我们，看得人心里爽爽的，美美的！”

“是啊，小王，花开得艳丽，你看这洁白如玉的盆边蒙了一层灰尘，美中不足喽！”我边说边顺手从盥洗台下面拿起抹布，准备擦拭。一边的小王眼明手快，抢过抹布，三下五除二，就把盆沿擦得亮亮白白的，看着镜中的小王，笑脸映着笑脸，似红红的海棠花。

为了让诸如花盆上的灰尘之类美中不足的细节、小事引起员工的关注，打动员工的心，我继续导演了这部剧的“续篇”。

第二天晨训后，我表扬小王主动擦花盆的行为，讲述了这个日常工作中的细节，并让此深深烙在员工的大脑中，印在员工心上。

孟凡驰教授说：企业管理的成败得失，经常是发端于细节，日常管理工作也都是处理细枝末节之事，所谓“成大事者必作于细”，就是这个道理。在我看来，细节管理，其实是由这些很小的事情构成的，就好比一颗颗珍珠穿成的项链。所以，管理者要有工程师一般的精密思维，关注细节，关爱员工，像春雨一样，既滋润枝叶，又不伤根系，文化自觉才能根植于人心。

有一个经典营销故事是“把木梳卖给和尚”，它告诉我们，经营企业，产品卖出去才是硬道理。如果说现代企业管理者能将管理思想当作产品卖出去，智慧也就等于财富。

每月 25 日是公司的月度例会。下午四时我准点赶到会议室，得力干将们早已坐定。主持人副总一番开场白后，按既定程序，大伙围绕各自部门情况总结当月工作，我边听边记，不时向发言者投去尊重的目光。不经意间，会议桌上一盆绿叶微卷、没精打采的杜鹃花吸引了我的注意，它的状态和旁边几盆活鲜鲜、精神抖擞的花儿形成鲜明对比。我心里顿时明白了几分，多半是打扫会议室的老孙头忘记浇水了。念头一闪而过，我赶忙将思绪收起，继续专注会议。

会议结束后，我将行政科科长小胡单独留下，起身走到那盆花前，用手指压压盆中的泥土，干巴巴的，手指上似抹了一层粉。我用同样的方法检查另外几盆花中的泥土，软松松的，湿润润的。一边的小胡也跟着我压了压泥土。

“小胡呀，明白了这盆花没精打采的原因了吧！”毕竟跟我多年，小胡心领神会。

“漏浇水了，还有这一盆也没浇透，有点像要打吊瓶了。”小胡边幽默地说边笑着伸手想拿起桌上的茶杯给花浇水。

“慢，将老孙头叫来，我要将自来水卖给他。”

小胡不解。我故意幽默了一把：“还不快把老孙头请来，人家是‘上帝’呀！”

“老总，有什么事吩咐。”老孙头来了。

“看看这盆花得了什么病，是不是小儿麻痹症？”

“哦，是，是，我知道了……”老孙头像做错算术题后顿悟的孩子一样，欲拿杯浇水。

“老孙，今天我就替你浇一次花，你数着，一杯水 2 元！”我边说边拿着桌上的杯子，走到饮水机前接好水，慢慢浇到花中。“明天看效果，老孙啊，两杯水 4 元，到财务科买单！”

“老总，这水卖得便宜，花枯死了我得买花补上，还要罚款，谢谢老总！”老孙口服心服。从他的笑中，我看得出他的“服”是发自内心的，因为老孙的嘴角上扬，弯出了好看的弧度，我感觉室内的气氛也是甜的。

将水卖给员工，不用说教的方法，“小施惩戒”却收到了说教式思想工作得不到的效果，千招万招必须是自己的真招，文化管理要落地生根，不能一味靠外在刚性约束，更需要文化环境的熏陶，从实际中来，找到合适的方法，才能印象深刻。

那次，锅炉房搬迁已近尾声，一个个大件似秋收后的高粱躺在地上。墙角边一只大水箱上站着切割工老何，他脚下垫着一块木板，戴着红色安全帽，腰间系着安全带，弓着身子，在切割几处固定连接件。淡蓝色的火焰，呼呼作响，切割时的火花似燃放着的烟花，吱吱地，一簇簇地跳跳蹦蹦落在地上……

我看着登高作业的老何，正想说一声“注意安全”，就见他身子挪动了一下，脚下的木板一翘，一只脚就跌进了水箱。好在系着安全带，加之老何眼明手快，用割枪当拐杖撑着，另一只手抓住一侧的水管。“啊，好险——”我不由得吓出一身冷汗，大叫起来。

“怎么回事？”

“老总，没事没事，木板有点短，身子刚才一动就地动山摇了！”发现我在场，老何摘下护目镜，似单脚独立的丹顶鹤，狼狈地站在斜着的木板上，一只脚还在水箱里没出来。

“脚伤了没有？”我关心地问。

“没……没有……”站在水箱上的老何拽出脚，不好意思地笑道。

“老何啊，虽然系着安全带，但高处不胜寒呀，你这个老把式，阴沟里面还翻了船，想洗芬兰浴是不是？安全生产麻痹不得啊！”我幽默中带着严肃。

“是，是，老总，都怪我太自信，一不小心……”老何压了压戴在头上的安全帽，似失忆后猛然醒悟。

第二天，公司宣传栏内贴出一幅“丹顶鹤失足记”的照片，配上了文字——纵观大量的安全事故，细细回放，真正造成事故的原因往往并不是管理制度、技术、设备上的漏洞，反倒是一些不起眼的细节。一些看似有经历、有经验的老师傅，往往因为对所从事的工作内容、作业环境太熟悉了，自以为是，不以为然，认为大江大海都过来了，不想却因小失大，淹死在小河里，这样的教训值得我们总结、反思。

所以，改变员工习惯，提高员工素质，需要创新方法，以心服人，以心带人，以心聚人，只有心心相印，表里如一，才能持之以恒，把简单的事做得不简单。“另类选美”就是这样。

一天傍晚，刚刚开完生产联席会，椅子横七竖八，败兵似的排列在会议桌的两边，看着这番狼藉，我一言不发，让办公室主任拿来相机，“咔嚓，咔嚓——”从不同角度拍下这些“残兵败将”的影像。

转天，正赶上常规的每周一、三、五学习，我眼睛眯得像小布什，不慌不忙地从笔记本中拿出预先准备的照片。

“同志们，今天我们学习会上搞一次‘选美’活动。”

“哈……”

话一说出，会议室内一阵嬉笑，笑声轻松又充满活力。大家你看我，我看你，仿佛在寻觅最美的人。

“这些照片，大家看看，哪张最美，哪张最丑？”我边说边递过去一叠照片。

“这张拍得最好！室内整洁雅致！”刚来的大学生初生牛犊不怕虎，指着打理整齐的一张会议室照片，第一个说道。

“呀！这不是咱们的会议室吗，那还有黑松林标志。”技术科的“四只眼”小王，发现了照片中的门道。“同志们，还是老总的用心良苦啊，这哪是选美，是老总用7S管理中的定点拍摄方法，通过选美丑来提醒我们，每次开完会不要忘记将椅子塞进桌洞啊！”小王慢条斯理地说。

毕竟是搞技术的，观察细心的小王一语中的，泄了天机，一语惊醒梦中人。

每个人对美丽的事物都有着渴求，用另类选美吸引员工眼球，震撼员工心灵，会让员工明白，这不是一场简单的照片选美会，而是一场用心打造的素质教育风暴。俗话说“浇树要浇根”，我相信“另类选美”会像一个充满魔力的盒子，打开了就再也无法关上。

我对打乒乓球没有研究，但我总觉得打乒乓球最难打的是擦边球。这种球似乎出台了，但又略微擦一点边，叫你无可奈何，接也不是，不接也不是。对我这个管理者来说，乒乓球技如何不重要，但对管理中的那些擦边球，我不但要接，而且要研究怎么接好才能赢分。

十天前，我在车间平台巡视，总觉得安装在反应釜口的那个自行设计的防护罩有些别扭，像个穿了新衣的少妇，却围着一条脏乎乎的围裙站在灶台边炒菜，很不协调。车间副主任小严正好在身边，我便让他换掉。小伙子说话很直爽，拍着胸脯打包票，马上行动。

几天后，我出差回公司，再到车间平台时，那些“围裙”面貌依旧，我看了看，什么也没说，心里却像喝了一杯凉开水，不得劲。回办公室的路上，小严恰巧从生产科出来，我俩碰上了。

“小严啊，一个多星期前我让你做的事，做了吗？”

小严看着我，左手摸着头：“老总，什么事啊，你说白了好吗？”

“反应釜釜口上的罩子换了吗？”我开门见山地问。

“哦，老总，不好意思，这几天太忙了，我都给忘了！”小严嘴一咧，朝我看了一眼，有点不好意思。

看着眼前这个“嘴上没毛，办事不牢”的年轻人，我长叹一声，心里酸溜溜的。这个小伙子已经有两三次忘事了，我得让他尝尝被忘掉的滋味呢！

“小严，下班后在公司等我，到‘一品香’喝酒。”我给小严发了一条短信，看着远去的电波，我忍不住笑了。“今晚你等着喝罚酒吧，饥饿是忘不掉的！”我自言自语，骑着车回家了。

“老总，你在哪？我在公司等你两个多小时了。”

“哦，对不起，我太忙了，把这事给忘了，明天赔酒道歉！”我短信对短信，麦芒对针尖。

管理学上有一个归谬法，说的是欲指出对方之谬时，先假定对方的论题为真，然后从这个论题引申，推导出更为荒谬的结论。员工的一些习惯性老毛病，就像管理中的“擦边球”，尽管不是什么疑难杂症，然而用常规的方法来解决的话，有时像用药，用多了就会产生抗药反应。

现代管理需要用心治心。用“忘记”治“忘记”，比用棒打在身上要难忘，想想又痛，摸摸又痛，毕竟，肚子饿了谁能忘得掉呢？

工厂有句谚语：死车工活钳工，不三不四干电工。电工小王眼睛不大，白眼珠一翻黑眼珠就靠边，半天不说一句话，有时还来点给人看手相的“绝活”，往往说得人哭笑不得。一次安装设备过程中，小王不小心摔了一跤。借工伤，他在家一歇就是40多天。生产部派人去探望，他装腔作势地不肯上班。一天，公司召开生产调度会，有人提到这件事，并说看见小王在家忙着搞第二职业，帮他父亲维修摩托车。看来这事不解决是不行了。

第二天下午，我叫人将小王请到办公室，一见面我就笑嘻嘻地说：“听说你会看手相，来，今天给我看下，算算命，转转运。”边说边伸出两只手，“看哪只手？”小王双眼直直地看着我，不知道我葫芦里卖得是什么药。“怎么啦？不好意思？我也学了点周易八卦，来，把手伸出来给我看看，男左女右，对不对？”小王怯生生地伸出左手。老茧依旧，并没有脱皮。再看看他手心的纹路，隐隐地还有丝丝油污，特别是指甲缝里，藏污纳垢，黑漆漆的。我心里完全明白了，于是收起笑容，一字一顿地说："小王，这些时日在家干什么呢？不说实话，苍天在上，响雷打头。"小王慢慢垂下了眼皮。"嘿，手上还有机油味，修车的手艺不错吧！"小王的脸唰地白了，左手也猛地抽了回去。"明天就上班，我不处罚你！"小王于是服服帖帖地走了。

什么事情都要一分为二，从正反两方面着手。管理过程中，我们在观察、思考、处理问题的时候，往往习惯于从正面入手，久而久之，原有的方法就会成为定式，对新的问题就会听而不闻、熟视无睹，或者一筹莫展。小王因工受伤，拾到了有理的"票子"，不抓住他的麻筋，打攻心战，他就会强词夺理，不吃你这一套，说不定事情不但解决不了，反而会加深矛盾，产生对抗情绪，从而削弱管理功能。心理学研究表明：在一般情况下，单独讲清道理比单独使用惩罚的效果好，而两者结合起来使用的效果更佳。我在管理过程中，用说服原则，明确告诉小王问题所在，用他的矛刺他的盾。一回看手相，惊醒梦中人，也惊醒了我们管理者，思想教育不能吃大锅饭，需要因人而异，把各个管理要素艺术地联系起来，形成穿透力，抵消人的消极因素，增强企业的核心竞争力。然而，在管理过程中，我们得不到新的只因为舍弃不了旧的啊！

第五节　授人以渔

在曹德旺的《心如菩提》一书中看到他降本的故事：为了计算每平方米夹层玻璃的单耗，他自己下车间调研，采集工厂的各项生产指标，生产线上的每一道工序，都要蹲上十天左右，仔细观察并算出成品率，了解每个工位的需求和每个人的职责。根据三个月深入采集记录的数据汇总，计算出了具体结果。为了保证产品质量与成本控制，他还亲自起草了夹层玻璃各生产工序的作业指导书。之后，找来各工厂的厂长、车间主任、班组长“授人以渔”，教给他们使用统计、分析等管理工具，使得福耀的生产水平全面提高。“福耀第一次的管理革命”就这样成功地推行了。

所以，在以德育人方面，除了管理者自己做好工作外，还要教会下一级管理者树立正确的管理思路，将通过精细化工作培育员工职业素养的能力一级一级地传递下去。

一篇《小细节彰显大品质》的文章介绍了康奈集团从每个细节入手、塑造人品、打造产品的故事，给我的印象非常深刻。康奈集团原总裁郑秀康说：细节无处不在，关键看你怎么去做。

一天下班后不久，我和车间主任小丁从车间四楼往下走。刚走到三层，就发现刚刚拖得干干净净的豆绿色的地坪上有一串长长的灰白色痕迹，看起来就像一串长长的“省略号”。到一层细看，原来“省略号”的源头是墙角的水池。我心里明白了，“省略号”是班后现场保洁人员没洗干净的拖把留下的。

“这个保洁区谁负责？”我问旁边的小丁。

“大老王。”“哦，还真是个虎头蛇尾的马虎王呢，小丁，这串‘省略号’你留着端上明天晨会的餐桌吧。”小丁尴尬得张着嘴，一时间不知说什么好。

这是一件小得不能再小的事，如果不在意，在日常管理中几乎是可以忽略不计的。然而正是这样的小事，积累起来就会由量变转为质变，不知不觉地成为管理的隐患。管到极致是简单，把一件简单的事通过辩证复杂化，把一件复杂的事通过统一简单化，像清洗拖把之类不负责的小事，我们既需要近距离看国画那样关注细节，又需要远距离看油画，给管理层压力，让他们养成同样关注细节的习惯。

“想大问题，做小事情”是一种心态，也是一种执行力，更是一种良好的品质。为了推进 7S 活动，下班前，我带领督查组到车间进行特别检查。刚跨进水基车间，我们督查组就感觉眼前一亮。宣传展牌生动活泼，回收箱红、绿、黄分类标志吸引了我们的眼球，物品堆放井井有条，工具摆放符合标准，车间主任小丁边引导，边不时凝神注视着我，等待督查组的现场评分。看着现场，看着小丁，我心中感慨：员工总是在管理者的注视下一天天长大的啊！

“很好，很好，毕竟是咱们的样板车间。”我边走边说，来到工具堆放区，三台磅秤齐排排地立在标准线内。“小丁啊，一切都非常好，但是对照 7S 标准，这里好像还差一点点，你看看差距在哪儿？”我指着秤肩上那排列不整齐的秤砣，让小丁自己找问题。“哦，我知道了！”小丁边说边敲着头，将几个秤砣按大小顺序排列好。

我没有阻挡，耐心地看着小丁像打理自己的新房那样，按顺序整理好了三台磅秤上的大小秤砣，小丁边整理边朝我们几个人看，眼神如泉水般清澈。“小丁啊，你是车间主任、管理者，自己动手整理固然很好，但这不是解决问题的办法，更不是真正解决问题。真正解决问题的好办法，是避免类似问题再次出现，是按 7S 标准化要求，让责任人持之以恒！”“老总，放心，明天的晨会上我就将此事作为案例，进行 7S 活动实施过程的典型教育。”小丁的话中洋溢着喜悦，点亮了他自己，也点亮了我的心。

管理企业，随时都会有很多新问题出现。对车间现场进行特别检查，其实就是一个严格对标判断现场是否合规的过程，其目的就是“发现偏差、指出偏差、纠正偏差”。管理者只有深入一线，弄清现场的真相，才能提出可行的改进和完善要求，才能对现场管理的持续提升提出建设性的意见，才能促进现场管理越来越好。一个优秀的管理者，在现场检查过程中，千万不要把员工当作等着灌充的煤气包，而是要把员工看作让我们点燃的蜡烛，在小事上培养员工自我管理的好习惯，从根本上帮助员工找差距，从能改变的地方开始改变，从最小的事情做起，用心去做，坚持去做，彻底地引导员工更好地解决问题。

五四青年节那天，我到车间参加“让我们交心”的青年座谈会。支部书记对所有青年表示节日的问候后，就围绕主题“青年如何提高技能，做适应时代发展的排头兵”，请年轻员工谈谈自己的想法。好半天，会场上鸦雀无声，静得掉下一根针都能听见。大家你看着我，我看着你，全无了青年人的朝气，像木头一样静坐着。我知道，主要是有我这只“猫”在场的缘故，有些员工本身就腼腆，有的谨小慎微，想发言又生怕讲不好、说错话，就干脆做了收音机。“有没有哪位先带个头？”支部书记话还未说完，就有几个青年低下了头。看着静默地坐在那里的一群青年人，我发话了。

“你们平时很活跃，是不是因为我们在场大家有点拘束？”我微笑着问道。

“告诉你们，今天既然来了，我就不走了。你们不发言没关系，谁不发言今天就请客。”我边说边笑，大家也跟着一阵嬉笑。会场顿时被笑声渲染得热闹起来，笑声驱散了年轻人心头的恐慌，结束了刚才紧张、尴尬的局面。其实“谁不发言谁请客”是幽默，是轻松管理的催化剂，所产生的效果立竿见影，殊不知有着传统古训的中国人谁想因不发言而去请客，在众目睽睽下做这个冤大头呢？一席话点燃了员工发言的热情，有些员工发挥得相当出色，讲得非常深刻。

心理学家爱丽斯曾做过一个测试：一组人观看幽默喜剧片，另一组人员观看数学教学片，比较两组观众看影片后回答难题的情况。结果发现，前一组人员的答案更有创意。我说出“谁不发言就请客”，是用幽默的方式改变会场上谁都不发言的冷场局面，缓解员工紧张的精神压力。我们不扮演高高在上的权威角色，而是适时适人适场合地创造一个轻松的会议环境，与员工心贴心地交往，与之共思维、同快乐，聆听见解，在共同积极参与的会议过程中，做参会人员的知心朋友、欣赏者，消除上下级之间的隔阂，调节人与人之间的关系，缩短人与人之间的距离，缓解了员工纷乱、紧张的心理，解决了会议中的一些形式主义、人在心不在等现象，取得会议目标效果。

一个星期天，我在朋友家喝茶。朋友的女儿拿着数学作业本问：“爸爸，你能替我解这道应用题吗？”“如果爸爸替你解了，你自己又怎么能学会呢？”听着朋友的回答，看着小女孩一双亮亮的眼睛，我的眼睛也忽地一亮，企业管理不也是如此吗？

那天我在办公室给签字笔注墨水，一不小心墨水溅得满手，我来到水池旁洗手，地上有一汪水，让我难以伸脚。打开水龙头，仔细一琢磨，哦，原来水盆出水的软管从套管内移位了，下水全都从跑偏的软管中流到了地上。看着地上的水，我深思了片刻，不动声色地故意设计了一道题。

解决问题，不同的人会从不同的角度去审视，我若无其事地在水池不远的地方和办公室主任小胡闲聊着，眼神却留意着来来去去的人，一个人、两个人、三个人……前后经过水池边的有五六个人，他们宁可踮着脚，绕过水，也无一人停下来，将跑偏的塑料管塞入下水口，实际上这只是举手之劳。

“老总，想请你到现场看一下新设计的车间布局图。”生产科丁科长的话打断了我的注意力。“哦，胡主任，咱们一起走吧！”我走在前面，有意拐了一个弯来到水池旁，朝着地上的一汪水踏上去。“老总，脚下有水！”我只当听不见，弯下腰正欲将露在外面的塑料管塞入下水口，眼明手快的小胡已经抢在我前面伸出了手。

卡耐基曾说过：不要害怕把精力投入到似乎很不显眼的工作上。每次你完成这样一件不显眼的工作，它都会使你变得更强大。如果你把这些不显眼的工作做好了，大的工作往往就迎刃而解了。人眼水平的视野范围有 180 度，但通过训练、培养，我们可以学会以 360 度的视角来看待事物。管理中一些看似不起眼的小事情，有时却决定了企业的生存与发展。只有我们打开视野，带着责任心思考问题，才会真正了解事情的原委，找到真正有效的解题方法。

好习惯是培养出来的。管理者应该多想一想，看透培养习惯的实质，有针对性地找到可以改变的地方，把自己的思想传递给企业每位员工，就像让小孩自己去解题一样，真正的培养不是说在嘴上，而是发自内心地举手之劳，是行动，是言行一致。一个企业能把优秀变成一种好习惯，形成一种文化自觉，就会像一个人走在新路上，行走的次数多了，路就能很快被踏平而有利于行走，这有利于企业健康持续发展。

是啊，改变员工习惯，就能够改变企业命运。教育好员工，就是企业家最重要的事业，也是企业家要向管理者传递的最重要的信息。

岁月洗礼，企业部分厂房的外墙皮已脱落。那年迎国庆，我们重新涂刷。涂刷后的厂房像穿了件新衣裳，精神了许多。然而，涂刷过程中滴落流淌到地边墙角的乳胶漆，看上去总有点不顺眼。

我在市场部看到几名回公司休整的营销员，就跟他们开了句玩笑：“你们看墙边落下的乳胶漆，多像漂亮脸蛋上的雀斑呀！”市场部部长心领神会，来了个紧急大动员，安排在公司的营销员找来水桶、清洁球等工具，把滴落的乳胶漆收拾干净。

起初，大家还挺认真，一个个埋头苦干。一个多小时后，“臁疮腿看戏——站不长”，有的搬来凳子，有的干脆拿来报纸垫在地上，坐下来东一榔头西一棒子地说起了“山海经”。我坐在办公室，无意中瞥见了几位营销员的懒散，那个“高级”营销员小王更是说得眉飞色舞，旁边的几位听得捧腹大笑。

待我处理好手头的事，小伙子们仍在闲谈。我没有走过去批评他们，毕竟是义务劳动。我欣赏法国思想家蒙田说的：在开启一颗脆弱的心灵、一颗为了荣誉和自由而锻炼的心灵时，我反对一切粗暴行为。我拨打内部电话，让人将小王请到我的办公室。一眨眼的工夫，小王笑嘻嘻地来了，我忙站了起来，给小王递上一杯水，笑眯眯地指着我的椅子说：“小王，今天坐一坐老总的椅子，沾点官气、灵气。”小王疑惑地朝我看了看，极不情愿地坐了下来。“这窗户像不像摄像机？换个角度，朝窗外看看。”小王顿悟，忙从椅子上站了起来：“老总，今天不干好，我没脸见你。”说完便一溜烟地跑了。

松下幸之助先生说过：对部下说明原委，充分表达信任的期待，管理者的目标就一定能实现。是的，当一种想法与另一种想法成功交融时，它的答案就是“1+1 ＞ 2。调动年轻人的积极性，让他们参与管理更是因势利导教育的好方法。

员工小庄，日常工作中常犯些“三分钟热度”、时冷时热的毛病。一次，我带督查小组抽查车间责任区，见到小庄的管理区一塌糊涂，督查员立即给了他一个红牌警告。第二天，督查小组“老虎钳拧螺丝——不放松”，又继续跟踪复查。效果是立竿见影的，小庄整理得不错，美中不足的是忽略了洒水扫地时溅在桌柜上的星星点点的灰尘。见微知著，我沉思片刻，当即决定来个“放大效应”，让督查组在现场开个促进会，会上让小庄围绕现场管理谈意识、谈细节、谈持之以恒，以此增强现场管理意识。毕竟肚子里有点墨水，小庄讲得有知、有识、有方法，最后表态时说的几句话，让我感触很深。“小事是大事的根，从今以后，一定努力，从现场做起，养成好习惯，做好细节，一丝不苟。今天从我做起，先管好自己，才有资格去管别人。”小庄的一番话让我眼睛一亮，“能否在车间组建个管理督查小组，让员工参与管理？”促进会上，我提出了自己的建议和想法，得到了大家的赞同。一流的挑战才有一流的管理，果然，车间组建了管理督查小组后，现场管理还真的给力，产生了明显效果。

用心管理，管到心里。企业家应该是爱的智者、智的爱者，用自己的爱心唤起员工的德行，用自己的智慧唤起员工的理性。

第六节　无为而治

北京财贸职业学院原院长王成荣教授来黑松林公司调研“心力管理”时曾对我说：“好员工是教导出来的，不好的员工是企业纵容出来的。我是教育学生的校长，而你是培养员工的企业大学‘校长’，我们都肩负重任！”

王教授的一席话让我回味无穷。办好企业靠的是优秀的员工，而一流的员工是不断学习和磨炼出来的，心力管理的目的正是造就一流的员工。在培养员工的过程中，我发现，除了上面说的方法之外，有时候对员工的不良行为来个默不作声、“无为而治”，效果可能更好。

“无为而治”是老子提出的重要主张，认为人的行为应该效仿

“道”，遵循自然规律。“无为”不是不作为，而是不妄为，就是不违背事物的自然规律和本质，不随意地、过度地干预。在员工管理方面，“无为”强调的是对人性规律的尊重和遵循。

那天，开发部在试制新品，我悄然走上车间二楼平台。顺着楼梯往上攀，头刚露出平台，就听见“噔、噔、噔”一串急促的脚步声。我循声望去，通往三楼的梯子上，一个人影向上一蹿，还能看见两只脚，心里顿时明白了。我快步走到操作工小王面前，来了个先发制人：“是不是有人串岗？”小王听了我的话，愣了一下，脸唰地红了。

我随即来到三楼平台，悄悄站到操作工小沈身后，看着他心不在焉的样子，什么都没有讲。回到办公室，我用信封装了一份《守卫你的岗位》的文章复印件，并随手附上一句“请小沈读后写一篇心得”。我在信封上写好小沈的名字，让开发部主任下班前交给他。

《守卫你的岗位》这篇文章，说的是瑞士一家大酒店，负责接待客户的琳恩娜忙完了手头的工作，离开接待室去楼下吃了份早餐，20分钟后，她返回办公室。她不在接待室期间，两次电话无人接听，一支旅游团队就这样与她失之交臂。对琳恩娜一直信任有加的酒店老板不得不挥泪斩马谡，辞退了为酒店服务了近6年的琳恩娜。琳恩娜是流着懊悔的眼泪走的。

第二天，公司宣传栏内出现了《守卫你的岗位》的文章复印件和小沈的学习心得，全公司员工议论纷纷。

实施管理工作时，可以根据实际把握员工的心理，采取及时、有效的方法去做好工作，既不能故作高深，絮絮叨叨地净讲大道理，搞形式主义的东西，又不能粗暴训斥，大声吆喝，搞“军阀主义”那一套，而应以“无为而治”为上。

在企业，上班时间离岗、串岗是个普遍问题，普遍问题就不能用普通方法解决。将小沈的学习心得公开并非小题大做，这样做的效果让人印象深刻、久久难忘。否则，即使将员工吊在裤腰带上，也看不住他们的心啊！

责任心是一种财富。瑞士那家酒店因为琳恩娜擅自离岗损失了一笔钱，而琳恩娜因此失去了心爱的工作，她一定终生难忘。而我们是幸运的，小沈的离岗串岗并未给企业和个人造成什么损失，但会给企业的安全生产带来隐患，这不能不算是一个深刻的教训。小沈又是幸运的。一篇文章加一份学习心得，能不能起到辞退琳恩娜那样的效果呢？大老张的故事似乎给了我们答案。

机修工大老张技艺超群，就是有点自由主义，时不时地犯点小毛病，人送雅号“浪打浪”。要让这样的员工改变行为习惯，着实需要下一番功夫。

一天下午，赤日炎炎似火烧。大老张打着赤膊，骑着摩托车风一般地从远处驶过来。亏得他眼尖，见我和值勤的大江站在门口，一个急刹“嘎——”地把车停住了。大老张低头推车，不好意思抬头看我。大江忍不住了：“大老张，你就热得多了一层皮啊，快把工作服穿上！”那架势，那威严，就像长着鹰眼的猎人。大老张自是不敢怠慢，赶紧套上了工作服，抬起头来，那双眯细眼，让人弄不清是睁还是闭。

一波刚平，一波又起。正当我和大江往回走时，又见到大老张肩上搭着一条毛巾，手里拿着工具正往车间晃，脚下那双人字拖很是惹眼。“人说他‘浪打浪’还真不为过，得给他点教训，我去开罚单！”大江眼里可容不得沙子。看着大老张散漫的样子，我顿时有了主意，吩咐大江：“先不用开罚单了，麻烦你去买双凉鞋来。”大江眼睛一亮，我们不约而同地笑出声来。

买回了鞋，我和大江立即给大老张送了去，效果还真是立竿见影。事后，大老张逢人便说，老总用心良苦，送鞋比用鞋打在他身上还痛。

俗话说，一娘生九子，连母十个样。十个手指头伸出来还有长短呢，何况一个企业，千人百姓万脾气，一剪子齐可不是好方法。制度的严肃性不容置疑，但如果我们引导的方法巧妙一点儿，往往会事半功倍。给大老张买双凉鞋，既让他从内心知道自己错在哪里，又给了他台阶，他会觉得公司领导是尊重自己的，他会从内心审视自己，看到自己的毛病，并暗暗下决心改正。聪明的大老张，响鼓不用重锤敲。不用“重锤敲”的，还有市场部的小周。

一个夏日的下午，市场部小周忙得焦头烂额。电话才挂断，手机铃声又响起，忙得大汗淋漓，他也顾不上擦。这一切被站在门口的我看在眼里，暗地里为他的敬业精神喝彩。

“请问谁是市场部部长？”一位客户走到门口问我。

“那位戴眼镜的就是！”我朝刚放下手机的小周指了过去。

“你是周部长？”客户走上去问。只见小周抬头看了一眼，像个冰棍似的冷冷地点了下头，又埋头拨起电话，全然不顾这位走进门的客户。

看着这位客户站在他面前，像做错算术题的学生似的一脸不自在，我心里酸溜溜的。不应拒绝上门的客啊！

“来，请到这边椅子上坐一下！”我边说边递给他一支烟，打破眼前的尴尬。小周见状挂上电话，急忙起身，跑过来递茶，客户连连感谢，脸上立即从阴转晴，露出了笑容。我一言未发，只是朝小周看了一眼，对视中，小周已读懂了我的眼神。

晚上，我正在看《新闻联播》，突然手机铃声响起，打开一看，是小周发的：“老总，我错了，事情再多再烦，我不该冷落客户！”

管理中不必因为员工每犯一个错误就惩罚他，人生的路上，没有人能够不摔跤就一直攀登到顶峰。尽管我心里明白，但为了让小周这个年轻人记住这次教训，我没有立刻回复他的短信。我要让他知道不理睬他等于打他，打击一下他的情绪，让他在反思中迸发更多的力量。

记得小时候我有次犯错，母亲用木棍打我的屁股，木棍都打断了，但母亲当时说的话让我似大伏天吃冰水，点点滴滴记心头，想想也痛，摸摸也痛。虽说教育员工不可能用木棍去打，但反向思维，用中国人的“不理睬他等于打他”的理念来一场心灵对话，并注意掌握火候，让他知道“不打上门客”的道理，用另类力量改变员工，使员工在保持自尊的前提下，认识到自己的过错，这其实也是一种激励。

根据园艺师的经验，种下植物后六个月不打理园子，园子就会一团糟。因为杂草长得很小的时候，园丁没有除草。管理如园艺，培养员工也必须像园丁打理园子那样全心投入。

那年春节到得真早，元旦一过，就要掰着指头倒计时算过年了。为了赶时间谈项目，我带上两个驾驶员，天还没亮就往北京赶。生意谈成已是华灯初上，我们满怀喜悦，感受着北京璀璨温馨的夜色，无比陶醉。

第二天一早，三人来到宾馆餐厅，准备吃完早饭就往回赶。自助餐就是自在，萝卜、青菜，各人选所爱，喜欢什么就挑什么。但是自助餐也有自助餐的规矩，就是千万不要浪费食物，食物吃掉不可惜，倒掉才真可惜。驾驶员小吴是开大车的，这种场合见得少一些，这么丰盛的一顿早餐，难怪他一进餐厅就念叨不停，“毕竟是四星级的，太高级、太豪华、太有档次了”。

斯文不在饮食。小吴年轻，工作辛苦，饭量又大，眼见他装了满满一盘，笑呵呵地走过来，同桌的人都乐了。小吴也顾不上许多，一屁股坐下来，三个指头捏起一个茶叶蛋，放到圆桌边上敲敲，三下五除二把蛋壳子一抹，脖子一仰，鸡蛋就下了肚。蛋壳碎片散落在洁白的桌布上，特别刺眼。我没有吱声，悄悄取了一个小空盘，放到小吴面前，说：“蛋壳剥到盘里。”小吴一愣，朝我看看，赶紧用筷子将一块块蛋壳像拾米粒一样拾进盘子里。

在员工眼中，管理者既像父母又像朋友，既要像父母那样无微不至地关怀员工，又要像朋友那样心悦诚服地启迪员工。不管在企业内还是企业外，都要有心、有效地帮助员工改正不良习惯。一堆蛋壳拿来说事是不是有点小题大做？要知道，如今企业与企业之间，表面的、硬件的差距容易拉近，而深层的、文化的差距却不太容易缩小。企业之间的竞争是一场永不落幕的田径比赛，要想在激烈的竞争中取得好名次，不仅要看爆发力，还要看恒心和毅力。而爆发力也好，恒心和毅力也好，都来自良好的基本功，这就是我们通常所说的习惯。习惯左右成败，要想成功，必须时刻审视自己，养成规范良好的习惯。

一次，我从包装车间走去聚合车间，老远就听见“哐当”一声巨响，像个就地爆炸的哑炮。我正寻觅声源，又听“哐当”一声，是在第三层平台上。哦，原来是新来的小王在整理周转桶。年轻人手脚重，拎起桶来像个小吊车，放下去又像打架子鼓。我一声不吭地跑上平台，站在小王身后欣赏着他的“演奏”，分明感受到工作也是一种快乐。

小王侧身看到了我，动作一下子轻盈起来，快快拎起，轻轻放下，像夜猫子般敏捷无声。

“小王啊，你得赔我一个胆！”我边说边走上前去。小王瞪着我不解其意。我只好挑明：“看你搬个桶，像个雷公上灶台，弄得锅动瓢响碗儿摇，把我胆子都吓坏了！”小王一听，不好意思地笑了起来。

“赔一个胆”只是个玩笑，可又不是玩笑，我在提醒小王，干事不要那么毛手毛脚。细节决定成败，作为管理者，我有责任纠正小王这样不文明的生产动作，从而帮他培养出好的习惯。事情虽然小得不值一提，但我还是没有放过。也许，我这个老板有点太婆婆妈妈了吧？

《细节》一书的题记写道：大事留给上帝去抓吧，我们只能注意细节。是啊，培养员工良好的习惯在于细节，也许改变只是瞬间的事情，但发现和纠正绝不止于瞬间。

审视自己，好比照镜子，取决于你把什么带到镜子面前。

凌晨五点出头，我被一阵雷声惊醒，紧接着雨点像炒豆子似的噼里啪啦地落下来。约莫一个小时后，暴雨像吵累了的妇人，慢慢歇息下来。我急忙起床，往公司赶去。

通往车间的路上，走着新来的大学生小顾，她穿一双白色的凉鞋，有节奏地走着，头上那束马尾辫随着节奏一蹦一蹦的，显现出年轻人的青春活力。车间大门口，老工人大薛握着一把大扫帚，正在清扫门口的水洼，看着她那被汗水浸透的衣服，我由衷地在心底向她致敬！

车间门口，几个早到的工人，有的在用拖把拖积水，有的在搬移被雨淋过的堆物，忽然，一阵哗哗的水声响起，循声望去，只见刚进车间的小顾像一只丹顶鹤，一只脚立在地上，另一只脚翘在水池上，正用自来水冲着脚，还不时地用手抹抹，看着她的举止，我有一种吃苍蝇的感觉，但还是停下脚步，耐心欣赏着小顾的“保健足疗”，用眼睛“录”下这洗脚的全过程，不时地与拖地、搬物的老工人对视。水声停了，小顾的脚洗好了，她甩手转身，看见了站在一边的我，头低得像成熟的稻穗。

我一句话没说就走了，听见身后小顾怯怯的声音：“老总看见了吗？”“老总在门口一直看着你呢……”一位工人轻轻地应答。

事后，我收到小顾的一条短信，全文如下：老总，很抱歉。您宰相肚里能撑船，您用爱心和耐心教我如何做人做事，谢谢您！

鲁迅先生说过：医心比医病更重要。现代管理提倡感化教育，而不提倡指责教育。小顾大学毕业，看起来有知识无文化。她有的是书本上的知识，缺少的是“爱企如家”的优秀企业文化。用这样的文化氛围熏陶员工，要比什么“魔鬼训练”管用得多。

俗话说，种树容易护树难，对年轻员工的管理教育，一靠“熏”，二靠“哄”，而不是靠批评或训斥，因为有时他们更像孩子。熏陶，用“心”培养，他们才会有“心”效仿，用“心”成才。企业管理，有时要有那种“酒饮微醉，花看半开”的感觉，美好的东西只要浅尝即可啊，留待日后在记忆中慢慢品味，才会真正品出味道来。

孟子说：“以力服人者，非心服也，力不赡也；以德服人者，中心悦而诚服也，如七十子之服孔子也。”中国传统文化主张培育人的道德，鼓励人们在社会活动中自觉地按照道德准则做事。因此，为政以德、修身正己、以人为本的思想在中国管理思想中始终占主导地位。“富有之谓大业，日新之谓盛德”出自《周易·系辞传》，从字面理解，“业”是成功、功业，“德”是德行、道德。也就是说，什么都有即“大业”，每天都在进步，就是“盛德”。让黑松林的员工都拥有这样的“盛德”，就是我的追求。

智慧是启迪内心的重要工具。很多时候，最好的管理或行动方式并不是强行改变或控制，而是顺应事物的自然规律。这要求我们具备观察、理解和尊重自然规律的能力，学会在适当的时候放手，让事物自行其是。在现代社会，我们往往倾向于过度干预和控制，以为这样才能达到我们想要的结果。然而，无为而治提醒我们，过多的干预可能破坏事物的内在平衡，导致意想不到的后果。学会适时地“无为”，反而能促成更好的结果。无为而治并不是消极地无所作为，而是需要极高的智慧和耐心。它要求我们面对复杂多变的情况时，能够保持冷静和清醒，准确判断何时应该采取行动，何时应该静待时机。心之正邪，德以正之。

第四章

以情感人

第一节　将“薪”比心

有一次，连云港市企业文化学会组织200多位企业高管到黑松林交流，领队的李万来会长问：“在黑松林工作感觉如何？”我们员工很率真地说：“我在黑松林工作很幸福！”这番比较随意的对话，却是对企业的最佳褒奖。这之后，我总是不吝于在各种场合反复提及这件事，因为在我的心目中，一个能让员工产生幸福感的企业，就是一家幸福企业！我认为，员工的这种幸福感源于各个方面，而企业在物质层面对员工的“以诚相待”则是第一位的。

古人云：民以食为天。企业唯有不断发展，不断创造财富，让员工工资收入水涨船高，企业才具有基本的吸引力，员工才能全心全意地投入工作，幸福企业才不会沦为无源之水、无本之木。正如华为高级顾问田涛老师所说：“华为多位接受我访谈的人认为，华为的成功是人性管理的成功，‘老板把人性琢磨得很透，不光分好了钱，也基本分好了权，同时老板也是荣誉激励的大师’。”

当下，很多企业管理者经常在“降本增效”和“增效降本”之间纠结。也有人鲜明地指出，“降本”未必能达到“增效”的目的，只有真正树立“增效”的指导思想，“降本”才有可能真正实现。多年来，黑松林在员工激励方面，就是从“增效”的指导思想开始的。

1997年，黑松林改制初期，为了给员工吃颗“定心丸”，我们推出“双工资制”，即在一线员工中推行“双周工资制”，在中层管理者和特殊岗位员工中推行“双薪工资制”。让一线员工做了工就能拿到钱，半个月就发1次工资，员工看得见实惠，工资赶得上家用，解除了员工的后顾之忧；让管理者和特殊岗位员工按能力水平和贡献大小享受报酬，坐什么位置拿什么工资，拉开差距，促动其将心比“薪”。第二步，改革工资制度。引进工资协商制，员工收入与绩效挂钩，同时根据个别员工的实际情况，设立个性、弹性薪酬。

2010年年底，为了积极响应国家员工工资倍增计划，我们提出，未来五年，员工每年加薪幅度不低于15%，并由我郑重签名，以承诺书的形式在公司醒目处张贴。令人感动的是，承诺书很快得到回应，几位员工自发写了一份倡议书，号召全员努力工作，同心合力将企业建设得更好。后来，我们所有员工都在倡议书上签了名，让“倡议书”变成了“决心书”。这次互动，上下同欲，让我们的士气空前高涨，让大家的心靠得更近、贴得更紧。

君子一言，驷马难追。大家心里都清楚：企业的收益不是从天上掉下来的。只有把饼做大，才能实现薪酬的大幅增长。五年内收入翻番的薪酬管理目标不是由“如何说”决定的，而是要靠“如何做”来实现。

1984年，东京国际马拉松邀请赛中，名不见经传的日本选手山田本一出人意外地夺得冠军。他说：“每次比赛之前，我都要乘车把比赛的线路仔细地看一遍，并把沿途比较醒目的标志画下来，比如第一个标志是银行；第二个标志是一棵大树；第三个标志是一座红房子……这样一直画到赛程的终点。比赛开始后，我先是以计划好的速度奋力地向第一个目标冲去，到达第一个目标后，我又以更大的信心向第二个目标冲去。40多公里的赛程，就被我分解成这么几个小目标轻松地跑完了。”目标是一种持久的热情，是一种深藏心底的潜意识，它能长时间调动人的心力。和山田本一跑马拉松一样，我们的增薪计划也应该进行目标分解，分步实施，一年一个里程碑，在实现一个个增量目标的基础上，激发员工更大的激情和信心，产生一种原子能般的动力，最后实现五年大目标。

2011年是我们提出工资倍增计划的第一年。围绕“如何调，怎样调，调多少”的问题，我们拍脑袋不拍屁股，努力去协调、去控制、去平衡，将增薪与人才战略相配合，采取多元化的调薪政策，在年度普遍调薪的基础上，跟特岗人员再签订一份为期五年的特别岗位合同来调动核心员工的积极性。

新的薪资制度在征求意见的第一天，新员工小顾径直来找我，他带着年轻人特有的直爽，说起话来开门见山：“老总，合同内容我看了几遍，在我们的生活保障、年收入递增等方面，您考虑得十分周到。”忽然他话题一转：“但绩效目标和奖惩方案中没有充分考虑竞争的因素，这样的话，我们这些新毕业的大学生，合同一签五年，青春卖给了公司，年龄也大了，还谈得上什么发展啊！”我一直认真地听他讲话，没有打断。是啊，调动员工的积极性，帮助他们更好地理解薪酬管理目标的可行性，物质利益的驱动固然重要，但还得关注这群特殊员工的自身发展啊！很多时候，除了给他们加薪，还得增加他们工作的挑战性和成就感，这就需要领导者善用企业愿景的激励，与员工进行有效的沟通，将公司的薪酬理念、人力资源战略、整体经营思路和企业发展愿景告诉他们，形成共识，给大家一个梦想，有梦想才有动力。

我心领神会地走上前，紧紧握住小顾的手：“小顾呀，谢谢你。你的意见提得太好了，我们一定会采纳的！”“谢谢老总，谢谢老总……”小顾感动得不知所措，轻松的谈话在笑声中画上了圆满的句号。

工资上调的当年，员工多拿了工资，个个打心底开心，员工小严感动地说：“一定努力工作，否则拿回家的工资买盐都不咸。”大家心往一处想，劲往一处使，这一年公司产销率同比增长了 30% 以上，第一年就打了个大胜仗。

2012 年，我们在前一年工资上调的基础上，继续跟踪调薪后的变化，进一步明确薪酬竞争策略，让员工将个人需要、个人规划与企业的战略目标相配合，统一思想，进一步挖掘他们内心的动力，运用绩效考核这个杠杆，让各个层面达成共识：天上不会掉下林妹妹，锅里有，碗里才会有，只有大家同心同德，共同努力，将工作做好，实现企业目标，才能年年涨工资。“五年内工资翻番”的承诺发挥出了最大的价值，这一年我们又获得了大丰收，取得了公司建立以来营销的最好业绩。

人心是肉长的。连续两年工资增幅都在20%，员工的积极性极大地被激发出来，显著提高了企业的两个竞争力：一是企业发展的核心竞争力，二是员工薪酬收入的相对竞争力。

激励员工自主性的基本准则就是要充分考虑员工的利益，只有在日常的工作中把“目标”和“激励”结合起来，员工才会从被动式地完成工作任务变为主动追求，参与企业发展，自觉自发地奉献汗水和智慧。2013年，公司继续兑现承诺，以20%的增幅上调了员工工资水平，使黑松林的基本工资达到地区较好水平，企业形成了宽松、祥和、健康、文明的人际环境，调动了员工自身的内在动力。

记得一天清晨，离上班时间还差十多分钟，我看到机修工大老王已经开始工作。他扛着两根角铁晃晃悠悠地走向车间。须知，一根角铁有几十斤重，通常是两个人抬一根，而大老王竟一个人扛了两根！我快步走向他，正欲冲上去助他一臂之力，被突然转过头来的大老王发现了。他憨厚地一笑：“老总，没关系，习惯了。”边说边熟练地放下角铁，“哐当”一声，角铁落在地上。在寂静的清晨，似清脆的钟声，在我的心中震响……

搬运角铁是一个重体力活，一无技术，二无乐趣，简单、乏味。为什么大老王提前上班，而且自觉地加大负荷呢？就是因为他在思想上、心理上、感情上对企业产生了认同感、归属感、公平感、使命感和成就感，这些感觉最终使老王自觉地额外付出，一句“老总，没关系，习惯了”，既揭示了他同我亲如家人的和谐关系，又说明了这种行为是企业深耕人心开出的花、结出的果。

2015 年年初是兑现员工收入翻番的时刻，我们举办了工资发放仪式，按人头逐一认真核算金额，连元、角、分都不马虎。拿到工资的员工笑逐颜开，开开心心地在印着自己头像的笑脸墙上签下自己的姓名。五年内工资翻番的目标已经实现！ 2015 年，北京科技大学经管学院副院长魏钧教授来公司参加第五次“心力管理研讨会”，走到我们的笑脸墙时说：“我特别喜欢黑松林的笑脸墙，工资五年内翻番，这就是承诺。用企业对员工的承诺来唤起员工对企业的承诺，能让员工有动力，有思想，全心全意为企业做事情，这就是心力的输送，从领导者到员工，从员工到领导。”

此后，公司继续发文，规定每年的 12 月为“工资协商月”。在这个时间段，我将亲自和员工交流，了解每个人对工资水平的预期。同时，我们还建立了激励基金制度，专款专用，鼓励员工多为企业发挥主观能动性，多做贡献。直到近年，我们每年均以 3% ～ 5% 的幅度增长工资。即使在受大环境影响，公司业绩增长有所放缓的 2024 年，员工工资增幅也达到了 3% 以上。

企业既是创造财富的社会机构，也是员工维持生计的组织。也就是说，在管理工作中，管理者必须调和两种不同的经济体系：一方面，企业把员工工资当成本，希望尽量减少、降低；另一方面，员工则把工资当成养家糊口的收入，当然希望越多越好。表面看，雇主关心低成本，工人关心高工资，两者彼此冲突甚至天然对立，在管理中必须加以协调，这也是所有管理话题的“重中之重”。在《科学管理原理》中，科学管理之父泰勒曾提出一个著名的观点：科学管理的关键，是工人和雇主都必须进行一场“精神革命”，把关注重点由分饼转变为把饼做大，相互协作，努力提高生产效率。泰勒所谓的“精神革命”，就是“劳资双方都不把盈余的分配看成头等大事，而把注意力转移到增加盈余的量上来，直到盈余大到不必为如何分配而争吵……他们共同努力所创造的盈余，足够给工人大量增加工资，并同样给雇主大量增加利润。”

遗憾的是，泰勒所希望的这种“精神革命”很少在企业管理场景中出现，原因很简单：劳方和资方都很难“不把盈余的分配看成头等大事”，劳方总想大量增长工资，资方则总想尽量降低人工成本，从而大量增加利润。只有老板把员工看作自己的伙伴和亲人，看作最宝贵的人力资本，持续增加工资，把企业的发展和员工的发展捆绑起来，激发出他们的劳动热情和内在动力，提高效率，增加盈余，把饼做大，这种“精神革命”才可能出现。这种“心力”的形成和“发力”，是通过员工心灵的力量来实现的。

美好的东西往往都是和谐的，或是产生于和谐。幸福企业之所以幸福，是因为企业内人人都感觉到幸福，而不仅是老板、中高层管理者或企业中的一部分人感觉到幸福。

马斯洛的需求层次理论指出，人有生存、安全、社交、自尊和自我实现等五个层次的需要。生存、安全基本属于物质需要，可以靠工资福利等满足；社交、自尊、自我实现属于精神需要，则要靠优秀的企业文化去滋养。

黑松林的薪酬制度夯实了幸福企业的基础，因为稳定的工作和工资作为员工生活的物质保障，可以满足他们的生存需求和安全需要。但是，赚取薪酬、改善生活，只是员工的“初心”所在，而更高的境界是，员工体会到自身的工作意义，看到企业发展的光明前景，把自我实现与企业愿景统一起来，努力在企业的发展中建功立业。也就是说，企业要把给员工多分饼的物质激励转变为员工把饼做大的热情。

基于这样的思考，我们黑松林着力营造家庭式的温馨文化氛围，聚心凝力用爱耕作人心这亩田，让员工心情愉悦，互相关爱，快乐工作，共同构建幸福和谐的大家庭，每个黑松林人都发自内心地喊出：在黑松林工作很幸福！

第二节　“家”，应该是让人放心的地方

如果你有 6 个苹果，请不要自己都吃掉，因为这样你只能吃到一种苹果的味道。若把其中的 5 个苹果分给别人，获得其他 5 个人的友情和好感，将来你会获得更多。

人都是社会中的人，无论在什么年代、什么地方，适当水平的物质生活是人类赖以生存的必要条件。在世界经济还不是非常发达的今天，工作首先是一种谋生手段，即通过工作获得必要的物质以维持生存。把所得报酬（物质）与其工作成效挂上钩，就形成了物质激励。所以，物质激励对鼓励员工创新、勤奋有着直接和明显的作用。大部分企业家注意到这一点，并将之运用于管理中。王安说：“士气总是受公司对雇员福利关心程度的影响。如果一个公司不想让自己的雇员成为赚工资的奴隶，那就必须给他们适当的物质奖励。”

曾被誉为印尼“木材大王”的黄双安就把员工的生活福利作为一件大事来抓。他对员工的生活非常关心，专门为他们盖了漂亮的宿舍，还配备了完备的生活设施。一位著名的摄影师参观后赞不绝口，说这是他所见过的设施最齐全、最完美的员工宿舍。黄双安还实行一般公司望尘莫及的优厚退休金、良好医疗保健和适时休假等福利制度。每逢年节，

即使再忙，他都要带上大批礼物去和员工一起欢度。一位员工的妻子卧床多年，家中经济困难。黄双安知道后，不仅为他解决了全部医疗费用，而且还慷慨解囊，帮助他渡过生活难关。

春秋时期，人本主义思潮兴起，“仁”的使用开始增多。许慎在《说文解字·人部》中说：“仁，亲也；从人，从二。”仁是“人”“二”两字的合写，二人成仁，本义指人与人之间的亲爱之意。“仁”是儒家思想的核心内容之一，秉承中国优良文化传统的企业家，都能把“仁”字奉为自己人生处世的信条，以“仁”待人、以“仁”处事。把这种“仁爱”之心应用到企业管理之中，就是在企业中善待员工，从工作和生活的细微之处入手，时时处处关心员工、爱护员工，并且想方设法地为他们解决一些实际困难和问题。

北京大学光华管理学院教授马力认为，如果对企业存在的目的、经济发展的目的有误解，我们只看到数字、只看到钱，没有看到人心，就会误入歧途。

在发展过程中，黑松林管理团队尽可能地站在员工角度看问题，帮助员工解决实际问题。比如，在黑松林，员工有自己的洗衣房。这是因为操作工的工作服污渍较重，不宜和家人的衣服混洗。单独洗的话，又会额外增加员工家庭的水电费开支。为此，公司专门购置了洗衣机，设立了洗衣房，并安排了专人为员工清洗工作服。员工们说：“公司能从洗工作服这种小事上想员工所想，在这样温暖的大家庭里工作真幸福！”

在黑松林，员工关爱计划有从 1 到 10 的“十字连环”举措，而且内容与“花样”与时俱进、不断翻新，以适应员工的物质与精神需求。其最新版的内容是这样的。

一座花园——公司一如既往地打造花园工厂，重视安全生产和环境保护工作，保障员工职业健康权益，各项管理规范有序，厂区环境亮丽，闻不到一丝化工气味，为员工提供了优美、健康、舒心的工作环境。

两项津贴——营销员、驾驶员只要每月出差满 18 天，当月就可以享受到每天 10 元的家属津贴。

三种物资——每月实施“员工物资分享计划”，发给员工 10 斤食用油、20 斤大米、30 个鸡蛋的实物补助，以平抑物价给员工生活带来的影响。

“四苦”帮扶——员工本人及直系家属的“生、老、病、死”，均予以 200—1000 元的资助。员工遇到特殊困难，企业精准施策，给困难员工送上企业“大家庭”的温暖。

五级助学——每年 9 月 1 日，有子女上学的员工，可领取一笔数额为 200—800 元的员工子女助学津贴。

六（五）十返聘——根据自己的意愿，退休员工返聘后可以继续在黑松林公司工作，且同工同酬，享受企业的一切福利待遇。

七节放假——除了国家规定休假的春节、清明节、端午节、中秋节等节日外，在元宵节、中元节、冬至节等中国传统节日，企业给员工放假 1 天。

八月月饼——每年八月十五中秋节，黑松林为员工和客户送上以公司标志为图案的定制月饼，月饼表面写着“黑松林祝你们花好月圆”的美好祝愿。

九九尽孝——每年九月九日重阳节，企业给父母健在的员工放假 1 天，发 1 份伴手礼，让他们回家尽孝心，发 1 份伴手礼传孝道。

贺十聚餐——员工年龄逢十过整岁生日时，公司举办大生日聚餐，全体员工共同送上诚挚的生日祝福。

最有意思的是，这样成体系的员工福利制度，很多都是从一件小事开始的。比如，“一”，最早是“一顶头盔”，这已是多年前的故事了。

营销员小张的兄弟姊妹多，家境不富裕，从农村走进工厂，算是从糠箩跳到了米箩。进公司不久，他从一线考聘到市场部，从事营销工作。凭着浑身的勤奋劲，加上嘴甜、腿勤、脑瓜儿活，不到一年他的收入就超万元了。手头有了钱，小张就买了辆摩托车。大伙儿看着他那辆“太子车”，打趣地说：“有了‘太子’，找媳妇总会比别人好找一些。”听了这话，他脸一红，只是一笑。

一天早上，天下着毛毛细雨，小张没带雨具，骑着他那辆新车，飞一般地朝公司驶来。见我在公司门口，一个急刹车，他忙从车上跳下来，笑嘻嘻地推着车进了公司大门。看着他满面春风的笑脸，我的心里直打鼓：年轻人少不经事，雨虽不大，可路滑易出事啊！

下班后，我让行政科科长买了顶头盔送给小张，并带给他两句话：保持头脑冷静，家人盼你早归。小张接过头盔，动情地说：“老总把我们当儿女一样看待，比亲生父母想得还周到。”自此，凡公司员工买了摩托车，我们总是送上一顶头盔，另加两句叮嘱。这个规矩已延续了好多年。

在黑松林，家属是可以拿津贴的。不信吧，因为闻所未闻。其实，这项制度也源于一个故事，或者说一场事故，这是被“逼”出来的一项制度。

一天下午，已到了下班时间，营销员小王的爱人行色匆匆地朝我办公室走来。看着她涨红的脸庞、额头沁出的汗珠，我心里就明白了几分：家里出什么事了。果然不出所料，“小王的父亲骑三轮车被一辆卡车撞倒，已送医院了。”小王的爱人边说边抹着眼泪。我递过去一条毛巾，安慰着她，叫她先回去照应，答应即刻打电话给小王。可小王的爱人怎么也不依："这个家，我里里外外一个人，小王长年累月不在家，我拿你公司的工资啦？今晚你们非要叫小王回来，他是当家人。"说实在的，小王出差在北方，就是坐飞机今晚也赶不回来。但救人如救火，我马上叫来办公室主任，三人一起赶到医院。

还好，小王的父亲只是皮外伤。处理完这件事已经很晚了，我蹬着那辆半旧的自行车往家走。夜空中的星星眨着眼，仿佛在点化我、启示我。"我拿你公司的工资啦？"这句有点儿"不讲理"的大实话，一直在我耳边回响。

常言道：一个成功的男人背后有一个支持他的女人。一个成功的企业背后又何尝没有一群默默无闻地关心、帮助、支持企业的人呢？"你的生活是我的，我的工作是你的。"在这个管理理念的推动下，我灵机一动，制定了《关于发放营销员、驾驶员月度家属津贴的决定》。一个月里，营销员、驾驶员只要出差满 18 天，每天就可享受 10 元的爱人津贴。这种调动员工家属积极性的有效办法，花钱虽少，但"千里送鹅毛，礼轻情意重"，有效地促使家属们做好贤内助，给员工一种温暖的内心体验，用"黑松林"的精神粘合剂"粘牢"人心。

那年八月的一天，下班铃响过，工人们陆续脱去工装出门了。我准备去一位员工家祝贺，他的孩子高考获得了好名次。刚要出门，员工大老陈手里拿着一张字条站在门外，欲进不进，好像有什么话要说又不好意思开口。我忙招呼："大老陈，怎么下班了还不回去？"大老陈递过字条，腼腆的脸像落山的太阳，结结巴巴地说："老总，真不好意思。孩子马上就要开学了，今年又新翻了房子，手头拮据，想，想预借八月份的工资！"了解了大老陈的来意，我的心在翻腾。虽说这些年企业忙好了，员工的日子也好过了，但大多数来自农村的员工，家庭底子薄，到了八月就要为孩子下学期开学缴费的事犯愁，靠有限的工资还是捉襟见肘。我边安慰大老陈，边深情地说："大老陈，这钱就不用借了，明天就发工资。从今以后，每年的八月提前半个月发工资！"所以，每年九月开学前，黑松林都会提前发放工资。

情感交流是双向的，你考虑别人越多，别人自然心中有你。建设"幸福企业"需要用心、交心、换心，心心相印。我有句口头禅：把我的真心，放在你的手心。企业家要学会用你拥有的去换取对企业来说更重要和更深远的东西，那就是人心。

当然，这样由偶然事件促成的福利制度，不仅表现在上述方面。比如，《中华人民共和国劳动法》仅对女员工休产假有明确规定，直到近些年一些地区出台了条例，明确男员工可以休陪产假。在我们黑松林，男员工早就有长达一周的陪产假待遇，这让他们有充足的时间从容适应人生的新角色。关于这项规定的出台，也有个小故事。

一天，新来不久的大学生小王向我报喜："老总，我抱儿子了，这是送给你的喜蛋，吃了身体健康！"他嘴虽笑得合不拢，可一脸憔悴，放下鸡蛋就急急忙忙告辞："老总，我还要找生产厂长批几天假陪老婆。几晚都没睡好觉了，小家伙一哭就是一整夜，像我欠他的债似的！"看着小王走出办公室的背影，我触景生情，想起几十年前自己女儿刚出生的那些日子。换位思考，将心比心，黑松林男员工享受陪产假的规定应运而生。

卡耐基说过：以你希望别人对待自己的方式对待他人。这个时代需要以常人的性格、常人的平常心态对待他人，我们才能得人心啊！自2012年1月开始，公司决定除了女员工有产假外，男员工可享受一周的陪产假，伺候家人和孩子。"爱"字不是键盘上轻轻一敲就会蹦出来，也不是简单几笔就随意草草写出来，"爱"字应该用心、用一言一行具体做出来。

一个星期天，我在公司接待一位大客户，走在绿树红花映衬的厂区大道上，迎面正好碰上新品试制小组的小王。

“小王，什么时候从北京回来的？”

“昨晚10点多到家的，老总，谢谢您的安排，让我全家逛了一趟北京，儿子第一次去北京，可开心了。”

“开心就好，开心就好。今天是星期天，刚刚回来，不休息一下？”

“老总，陪儿子去北京五六天，手上的小试延误了，这两天一定要将外出旅游耽误的几天补回来。”

看着小王的脸笑得像开着的花，我不由得想起10多天前凌晨4点多接到小王微信的那一刻。

6月25日凌晨，我像往常一样伏案读书写文章。忽然手机响起，来了一条微信，打开一看，是小王发来的。小王告诉我，他儿子已被扬州大学医学院录取，第一时间向我报喜，感谢我的关心。看着微信，我为小王的儿子高兴，也发自内心地祝福这个孩子好好学习，天天向上。看着看着，我不由自主地“倒带”，翻看前些日子与小王微信互动的一些内容。

“向阳，早上好！今天是高考的日子，预祝您儿子高考顺利圆满、心想事成。”

“谢谢老总，借您的吉言，谢谢您！”

“老总，儿子考的成绩不太理想，只有346分，谢谢！”

“好的，祝贺上个好学校！”

“从江苏省教育厅召开的发布会上了解到，2018年江苏普通高校招生第一阶段各批省控线公布。据悉，今年江苏高招本一文科337分，理科336分；本二文科281分，理科285分。”

“向阳，祝贺你儿子达到一本分数线，向你及全家祝贺，选个喜欢的好专业、好学校！”

公司有规定，凡是子女考上大学的，可以奖励员工全家去北京旅游一次，于是有了和小王见面的对话。爱要大声说出来。爱其实很简单，说白了就是有心、用心，要真正有善心。

莎士比亚说：善良的心，就是黄金。这与中国儒商文化理念十分契合。中国儒商内部管理的伦理原则，归纳起来主要是“仁”与“和”两个方面。“仁”主要是雇主对员工的伦理态度，不仅在利益上给予合理报酬，而且在精神上给予关怀，在人格上给予尊重。“和”是处理内部各方面人与人之间关系的伦理原则，其基本要求就是群体内部的各个方面、上下左右之间都要团结协作、和衷共济。

我在管理实践中的体会是：如果“爱”没有“心”做基础，如果“礼”没有真挚的“情”做基础，即使再多的物质也是乏味的。我认为，企业与员工是打不断的“连柄斧头”。企业要与员工心连心，心换心，上下同欲，找到企业与员工之间焊接的焊点。所以，关爱员工没有终点，将心比心，以心换心，是心力管理的基本要义；以爱出发，把员工当家人，是心力管理的核心。以感恩为中心，人会活得很踏实；以知足为中心，人会活得很快乐。

第三节　关爱，是一项永不竣工的工程

大诗人白居易曾说：动人心者莫过于情，情动之后心动，心动之后理顺。我总认为，人是有自尊的生命体，真正可以调动其潜能的，只有他自己。世间的感情，向来都是相互的，要想收获回报，自己必须先付出努力。企业管理者只有发自内心地用爱去影响周围的环境，尊重、关

爱员工，与员工肝胆相照，带领大家一起用爱来营造温馨家园，让员工真正感到自己在企业就像在家那样被尊重、被关心、被爱着，才能点燃员工心中的激情，让他们焕发出高涨的工作热情和持久的忠诚度。

在企业管理实践中，“爱心”是积极的正向情感，表现为尊重、信任、关心、宽容、帮扶等。在管理过程中，管理者以真挚的、积极的情感感化员工，增强与员工之间的情感交流，可以引导员工向共同的组织目标迈进，因为人心才是企业的未来。正如著名企业文化专家刘光明老师所说，中国传统文化是一种伦理型文化，伦理型文化往往要依赖情感的纽带来维系。实际上，中国古代先哲对情感管理的作用有许多精彩的论述，从“爱民”到“视卒如爱子”的倡导，种种见解与现代的情感管理理念如出一辙。情感管理的本质就是尊重人的尊严与价值，尊重人就意味着有效满足一定对象在特定情境中的合理要求。

那一年的大年初三，趁春节放假，公司对现有设备进行填平补齐的技术改造。我一早就拨通了项目负责人老丁的手机，准备送上我的新春祝福和慰问。

“丁主任，新年好！新年开头，你们就战斗在一线，谢谢啦！”

“老总，应该的，你放心，初五一开工，保证设备正常运转！”电话那头老丁沙哑的声音，似缺了润滑油的轴承，咔呲咔呲的。

“丁主任，喉咙怎么啦？怎么沙哑成这样了？”我关切地问。

“哦，昨天吊装设备出了一身汗，可能是脱衣服受凉了。老总，你放心，没关系的！”

“哦，咱们的‘国宝’可要注意保重身体呀！”我肃然起敬，慢慢放下电话。

假日的公司，寂静无声，车间内偶尔闪耀着道道电焊弧光，响起阵阵清脆的敲打声。“慢，再往左边来一点！慢……”还未踏上通往操作间平台的楼梯，我就听到四楼老丁那破竹子般的沙哑声音。“老总，你好！”面对着楼梯口的老何第一个发现我，立刻招呼起来。“大伙儿新年好，大家辛苦了！”我边说边双手作揖，惹得众人哈哈大笑起来。“谢谢老总！”老丁声音沙哑地说道。“这是给你买的胖大海，另加两盒润喉片！”我眼神透着牵挂，边说边打开润喉片，剥下两粒送到老丁的嘴里，“谢谢老——总——”老丁声音很小很小，余音却很长很长……

很多时候，生活中的一个小小的细节常常会让人感动，不经意的两粒润喉片、一句话、一个微笑，甚至一个不易察觉的眼神，都能打动人心。因为它来得突然，又来得自然，员工就会在一瞬间被爱征服。

安德鲁·卡耐基曾经说过这样一句发人深省的话：如果一个人不能在他的工作中找出点“罗曼蒂克”来，这不能怪罪于工作本身，而只能归咎于做这项工作的人。温暖，是一种深入人心的力量。打一个电话就可以表达的心意，升华为在第一现场的感动。一包胖大海让情感在一线涌动，真爱在心中流淌，热情在春天里怒放……一个管理者要在日常工作与生活中保持关爱员工的心态，需发自内心地从点点滴滴的小事做起。

中国传统文化以“情”为特质，提倡以情感人。把传统文化应用于心力管理之中，倾听员工所言，关注员工所行，关心员工所困，了解员工所思，能够帮助缓解员工心理压力，促进员工心理和身体健康，使员工感受到人与人之间的关爱。因此，只有当管理者不是把员工当作没有情感需求的冰冷机器，而是在管理中随时“用心”观察、及时采取措施，在员工最需要的时候，从细微之处关心，以真情实意去对待，才能抓住员工的心，抓住企业的未来。

一位知名企业家曾对我说：企业管理者就是员工的船，为了将员工渡上岸，自己却一生都在水里。我风趣地回应：“渡别人上岸，其实就是渡自己上岸；帮助别人，就是帮助自己到达‘心之岸’。”

那是一个冬日，滴水成冰，我和生产厂长小丁一道来到炼胶车间了解新型号胶片的试用情况。刚从办公室走出来，一阵冷风吹得我直打战。“老总，请换一下工作鞋！”小丁麻利地从鞋柜拿出一双崭新的工作鞋递到我的面前。

“嗯，质量意识蛮强的，很好，很好！”我边夸奖小丁边换着鞋。哇！暖和的脚伸进了冷冰冰的工作鞋，双脚似钻进冰窟，我不由得想到，寒打脚上起，员工每天都要这样换鞋，换上多次，是不是应该改一下啊？

吃晚饭时，我和老伴聊起了车间换鞋的事。“哎，你们可不可以用鞋套？”老伴的一句话让我眼前一亮。“是啊，进车间套上一双鞋套，外出时脱下，既保暖了脚，又防止异物带进胶片，这可是两全其美呀！”

心力管理在于有心，在于换位思考，心中有员工。亲手将几双布制鞋套送到员工手里，虽微不足道，但这种“爱的精神”能将温暖之舟驶入员工心灵的港湾。《孙子兵法》中说：视卒如婴儿，故可与之赴深溪；视卒如爱子，故可与之俱死。管理者应该时刻关心自己的员工，善待员工，把员工当作自己的家人去爱他、疼他，不管在何时何地。

那一年，应成都某公司好友杨总邀请，我赴川考察了西南最大的家具市场集散地。仅新都区，在工商局注册的家具企业就有500多家，按每家企业每月用1吨胶粘剂来算，每月还有500吨的需求呢，年产能就达6000吨。真是“山外青山楼外楼”，好大的一片处女地啊！我心里打着算盘：优势互补，联盟掘金。

快速反应，马上行动。一个电话，我召来了公司两名营销老将，以需求搜集为中心，与杨总一起对市场开展调查。

“刘总，你真是个爱兵的人，连你们来人住的宿舍也要亲自到房间看一看。”

“不好意思，发展经济，保障供给，安居才能乐业呀，这些事情安排好了，我的工作才算完成了。”我哈哈笑道。合作方的小向点点头，若有所思。

“刘总啊，这两天你和我们一起跑市场很辛苦，明早你多睡一会儿，我们去机场接你们过来的人……”热情的小向和我商量起接机的事。

“不行，我现在就是后勤部长，明天早晨咱们一道去！”我斩钉截铁地打断小向的话。

“从深圳飞来的 ZH9573 次航班已经到站……”广播里传来航空播音员甜甜的声音。

“大周、老何，一路辛苦！”我走上前张开双臂拥抱着大周、老何。

“老总更辛苦，一大早还亲自来机场接我们，谢谢您！”

“应该的，应该的，在家靠父母，出门靠朋友，今天你们俩享受的可是元首的待遇啊，唯独缺少的就是红地毯！”我们谈笑风生。

感情是人与人之间交往的基础、桥梁、纽带，而关心、爱心、善心是拉近感情的有利元素。为员工送一个亲近的拥抱，不仅需要体现在具体的时机上，更应该是自然的、并非做作的、形式的“关心”演绎。

心理学研究表明：人越能认识自己行为的意义，行为的社会意义越明显，就越能产生行为的强大推动力。企业的一把手，在异乡亲自和合作伙伴到机场去迎接员工，这不仅是做人做事的方法，更多的是体现出对员工的尊重、关心，是一种理念和情感投资。一分机场关心，比平日公司的十分关心的影响力都大。相信一次机场接机的拥抱，日后会赢来更多的机会和市场拥抱。

收获的，就是种下的。我总说：关爱员工就像女人怀孕，时间久了才能让人看得出来。

一次授课中，我曾开玩笑地说："黑松林是个'贼'，他能偷走你的心。"爱是人类所追求的最高境界，是要把所爱的对象置于自己的眼前、身边，希望自己与对方融为一体。想要让员工爱企业，企业先要学会爱员工，有满意的员工才有满意的企业。向心力催生战斗力，培育向心力最基本的工作就是播种关爱。

多年前的一个冬日下午，一场大雪似神兵天降，让人措手不及。看着越下越猛的雪，正在主持部门负责人会议的我打断副总的发言，站起来宣布：暂时休会，通知全体员工，今天破例提前下班，让大家赶在大雪封路前到家。

全公司沸腾了，员工们纷纷拥出车间。一车间的小严第一个冲出来，双手挥舞着高喊："下雪了，提前下班了！"追逐他的小丁抓起一把雪朝他扔过去，好一幅雪中嬉戏图。我站在四楼会议室，看着这群生龙活虎的年轻人，笑容绽放在他们的脸上，透露出勃勃生机，我也不禁笑了起来。

大雪封路，提前下班，要是过去，这可是敢想而不敢做的事情，无例不可兴，有例不可废嘛。老总与员工，管理者与被管理者，楚河汉界，泾渭分明，一切按制度办事，没有什么可通融的。但时代不同了，提倡创建和谐企业，搞人性化管理，管理中有严格要求，更有点滴关爱，人心最重要。

宋志平说：管理者的真谛，就是点燃员工心中的火。如何点燃？凝聚人心是企业永恒的主题。在企业实践中，管理者不但需要满足员工的物质需求，还要懂得送出自己的感激。调动员工的积极性有两个方面：一是高薪、福利等物质类的外在激励因子；二是现代人更需要情感抚慰的内在激励因子，哪怕是一个紧急通知……

那是2008年1月27日，灯光下，我伏案写日记：星期日，天气阴转大雪……

突然，“嘀铃——”，来短信了。我点开短信一看，是市气象台发布的暴雪黄色预警，预计未来12小时内我市降雪量达12毫米以上，且持续对交通产生影响，提醒市民注意防范。放下手中的笔，我临窗眺望，漫天狂舞的大雪仿佛在向人们示威，一点没有停下来的意思，在黑夜的映衬下，透出一种朦胧的光，让人感受到凛冽的寒意。大地上，到处白茫茫的一片，路也找不到，偶尔一两辆汽车如同蜗牛爬行般驶过。

我看着大雪发呆，脑海里满是那些深一脚浅一脚走在上班路上的熟悉脸庞，那些在风雪中摇摇晃晃骑车上班的员工身影……这雪，到底要下到什么时候？

“丁部长，刚刚发布的暴雪黄色预警紧急通知收到了吗？”我拨通了生产部丁部长家里的电话：“请你分头紧急通知各车间主任，并转各班组长，明天不上班，请各自做好防范，确保安全！”“是！谢谢老总！”电话那头的回答令人欣慰。

经常听到一些管理者抱怨自己手头的“激励资源”太少，实际上他是没用心去寻找。看到这样一则故事。有一个穷困潦倒的年轻人，跑到佛祖面前哭诉：“佛祖啊，佛祖，我无论做什么事都不能成功，这是为什么呢？”佛祖告诉他：“这是因为你没有学会布施，不懂得奉献的道理。”这个年轻人听了佛祖的话，很惊疑：“可是我是个穷光蛋，一无所有啊，还讲什么奉献、布施呢？这岂不很荒谬。”佛祖摇了摇头，笑道：“并不是这样。即使没钱，也可以给予别人七样东西。第一，颜施——微笑处事；第二，言施——说赞美安慰的话；第三，心施——敞开心扉，对人和蔼；第四，眼施——善意地看着别人；第五，身施——以行动帮助别人；第六，座施——谦让座位；第七，房施——有容人之心。”

佛祖向年轻人一一解释七种布施："凡人有此七种布施，好运便会如影随形。"这个年轻人了解七种布施以后，依言而行，人生从此改变，最后成就了一番事业。

第四节　"真""诚"是一对孪生兄弟：创建和谐的劳资关系

日本经营大师稻盛和夫认为，企业应像一个大家族，彼此互相信任、互相关心、互相体谅、互相帮助。一个没有爱心的人，一定干不成大事；一个没有良心的人，一定成不了大器。我认为，管理者的"真"和员工的"诚"，其实是一对孪生兄弟。员工的忠诚是管理者用心换来的，只有管理者真心，员工才会诚心。在企业中，管理者与被管理者、上级与下级，尽管分工不同，但目标是一致的。管理者要创造最好的经济效益，员工要实现最大的人生价值和经济价值，大家都离不开企业这个大舞台，在一起工作是一种机遇，和谐相处更是一种难得的缘分。

那天，我来到新扩建的厂区，机修车间的小伙子们正在铺设规划调整后的蒸汽管道。"老总，你什么时候出差呀？"小江神秘兮兮地凑到我面前问。

"有事吗？"

"不，不，没什么事，16 号我儿子 10 岁生日，想请你喝杯酒。"

"我去祝贺！"我朝小江送去一个微笑。小江原本红红的脸就更红了，开心得像盛开的牡丹花。

身为公司主要负责人，有时总是身不由己。16 号天还没亮，我又出差了，车窗外的一缕阳光照进车厢，我的心似窗外的天，朗朗的。看看时间，我掏出手机，拨弄着短信："小江，早晨好！今天是你儿子的生日，祝他生日快乐，天天向上！祝你全家幸福美满、快乐！生日礼物我已请殷总代为送上！"随着短信的发送，一颗心远去，我眺望窗外，一派"喜看稻花千层浪"的景色，山在移，田野在走，房屋被甩在身后……

"丁零——"，来短信了，是小江的。"老总，十分感谢您的祝贺！您工作这么忙还没忘记我儿子的生日，小江没什么礼物送你，唯有将工作做好来报答您！"盯着小江发来的短信，我和他一样激情澎湃，看着前方沉思，想着自己常挂在嘴上给员工说的那句话：将工作做好，就是送给我的最好的礼物。一个好的管理者，要善于调动那些看不见、摸不着的文化因素，员工才能真正释放出潜藏的巨大能量啊！

一天，我在成都参加全国胶粘剂标准化会议，休会时打开手机，有一条司炉工小石的短信："老板，你好！冒昧打扰，我在新疆十多年的大哥明天回来，想借小车到南京接一下站。"短信收到的时间是两小时前，这条短信意味着小石对我的信任，我仿佛看到一个在海边守望亲人回来的主妇，看着大海，想着远方。短信发出去快两小时了，怎么还没回音？是可能，不可能……

老家有句俗语：人，但凡有点办法就不会向别人开口的。小石把我当家里人，有困难找"警察"，这是我曾经的承诺。在公司，"我的工作是你的，你的生活是我的"。我眼前好像浮现小石的身影，好像听到"你们的锅炉房打理得像厨房"的夸奖，是的，当承诺不是一句空话，感受后才会知道。此时已经过了两个小时，小石并不知道我在开会，也不知道我会关闭手机，他会想得很多很多。我一阵不安，赶紧将小石的短信转发给办公室，让办公室安排，并嘱咐代我送上一束鲜花，祝福他们一家团聚。发完短信，我那悬着的心如释重负。

管理中投入的感情，是平等的尊重，是衷心的信任。企业要提高效率，就得提升员工的士气。管理者要激励员工，就要用真心，表现出对他们的关心，只要用的是真心，有时候，即使是命令，也会觉得是甜的。

“老总，下午您用车吗？”午饭前，驾驶员小周走进我的办公室问。

“怎么啦？”我抬起头，看着欲言又止的小周。

“我，我想请半天假，到乡下看看姥姥，她生病了。”

“哦，去吧，忠孝两全的好同志！明天早晨六点老地方接我，去东台！”

“是！”到底是当兵的出身，小周回答得干脆响亮。

第二天早晨六点不到，小周已在老地方等我。坐进车里，凉风扑面，听着轻音乐，我擦着汗，忽然发现小周穿着长袖衬衫。

“小周，大伏天还穿长袖衬衫，是租来的吧？”我拿他打趣。小周疲倦的脸上强挂着笑容，一言未发。

“太热啦！还不快把长衣服脱掉！”

“老，老总，昨天晚上我从乡下骑摩托车回家，天黑没看清路上的一个洼塘，手臂摔伤了，我，我……”小周吞吞吐吐，一脸尴尬。

办完事准备回公司前，我让小周脱去衬衣让我看一看。好大一片外伤，深深浅浅的，皮开肉绽，血肉模糊。我心痛得掉泪，伤成这样，他还一声不吭，坚持正点发车，硬汉啊！

回到公司刚停稳车。“小周，将车钥匙放下，下午就到医院打吊针，休息！”我的一句话让小周起初莫名其妙，瞬间顿悟。“老总，没关系，过几天会好的！”

“这是命令！”

小周不情愿地递过钥匙，一张圆圆的娃娃脸看着我，眼睛瞪得大大的。

“这两条香烟，你最喜欢抽的，拿着。”我边说边把烟递到小周手上。

我曾经读过一个感人的故事。在一个风雪交加的夜晚，一辆小汽车坏了。正当司机焦急万分的时候，有一个骑马的中年男子路过此地，这位男子用马将这辆小汽车拉到镇上，当司机拿出钱来对他表示感谢时，这位男子说：“我不要求回报，但你要给我一个承诺，当别人有困难时，你也要尽力去帮助他。”在后来的日子里，这位司机不知帮助了多少人，但始终没有忘记告诉被帮助的人这句话。几年后，这位司机又一次受难，被洪水困在一个小岛上，一位少年帮助了他。当他表示感谢的时候，少年竟然也说出了那句他永远也不会忘记的话：“我不要求回报，但你要给我一个承诺。当别人有困难的时候，你也要尽力去帮助他。”这位司机的心里顿时涌起一股暖流。当员工有需要或有困难的时候，企业的管理者需要伸出温暖的双手，尽力去帮助他们，因为爱有多好，感知了才知道，用了才知道。

俗话说，“千军易得，一将难求”。企业选人才难，留住人才更难。

那是一个冷冷的冬日，傍晚下班时分，西北风呼呼的吹着，我从城里办完事往回赶，透过车窗看见一个熟悉的身影：新提拔的办公室副主任小顾。他缩着头，弓着腰，顶着风，蹬着那破旧的自行车。汽车飞快向前，小顾渐渐看不清了，可他那吃力骑车的身影一直在我脑海中浮现。这个没心没肺的小伙子，一天到晚一门心思扑在工作上，每天还得跑几趟十多公里的乡路，真让人心疼。

一个偶然的机会，我们几个老同学聚会，一位搞房地产开发的老兄无意中提到手头还有一套特价房，我不由得想起了小顾。“兄弟，敬你一杯，”我端着酒杯走过去：“这套房子能不能给我？”“你这人真是干胶粘剂的，一粘就粘上了。”“哈哈哈，喝酒！喝酒！”

第二天，我将此事告诉了小顾，小顾先是一喜，随后又耷拉下脸来。“老总，谢谢你的关照，我刚出校门，哪有那么多钱买房？”看着憨厚的小顾，我决定“定向爆破”，让小顾个人想办法先掏一点，企业给他借一点，去银行帮他贷一点，外加扛扛老同学的面子，让那位搞房地产开发的老兄给小顾再减一点，最后帮小顾将任务搞定，彻底解决他的安居问题。我把想法告诉了小顾，小顾的脸上泛起了羞涩的笑容。

多数企业在管理员工的过程中，都倾向于以严格的制度约束员工的行为，期望通过激励和奖惩措施来激发员工的工作热情。应当说，这种办法在一定程度上是有效的，但局限性也是明显的，就是很难激发员工发自内心的工作自觉性及对企业的忠诚度。因为中国人的感情取向与文化传统，决定了感情因素在中国人的心目中占有很重要的位置，甚至决定了人们的行动目标和方式。所以，企业对员工的管理更多采取的是道德感化的方式。儒家“仁本”思想强调，人的外在品行贵在发自内心、贵在自觉，而不是靠外在的压力。企业员工对工作负责、对企业忠诚等职业道德只有发自内心才是持久的、可靠的。

“我的工作是你的，你的生活是我的。”这是我对黑松林员工的承诺，这不是抒情，更不是口号和表面文章，这是我用心又不止于用心的爱，是我发自心底的话。我明白，员工安居才能乐业，生活安定才能安心工作。令我欣喜的是，我对员工的“真”，常常会转化为员工对企业、对工作的“诚”。

那是一个冬日的早晨，快六点了，天还黑乎乎的。习惯早起的我，迎着晨曦向公司走去。最近正在试生产与国外公司合作的产品，员工们以公司为家，技术人员甚至24小时连轴转，累了困了只能和衣打个盹。

公司的化验室里，灯还亮着，门留着一条缝，我轻轻推门进去，看见技术骨干小王像只大龙虾蜷缩在地板上，两手拢在衣袖里睡着了。他已经三天没有出化验室的门了，我实在不忍心打扰他，悄悄帮他把弯曲的腿放直，把吊着的裤管拉下，脱下身上的大衣给他盖上，凝视着他那张清瘦的脸，感受着那均匀的鼾声。在桌前的资料上，一串串检验数据清晰可见，一页页工作日记细致入微。眼前的真实让我感动。我回到自己的办公室，一气呵成写下了现场新闻报道《化验室里的"大龙虾"》。

那天后，公司的宣传栏里专门为试产小组开设了特别报道专栏，对这些日夜奋战在岗位上的员工进行跟踪报道。晨曦中，在"苦干六天六夜，确保试产成功"的通栏标题下，《化验室里的"大龙虾"》《夫人送来了军大衣》《半夜赶来的投料工》《快餐送到了锅炉房》……一篇篇报道令人驻足，一个个故事让人感动。

看过一篇描述中华老字号的文章，说清代文人朱彭寿作了一首《字号诗》，把中国商家常用的吉利的字眼基本涵盖了："顺裕兴隆瑞永昌，元亨万利复丰祥。泰和茂盛同乾德，谦吉公仁协鼎光。聚益中通全信义，久恒大美庆安康。新春正合生成广，润发洪源厚福长。"朱彭寿说，任何商铺从这 56 个字中随意挑选三两个字，都能组成一个吉利而又得体的字号。我想，源自中国传统文化的这些吉祥文字，不仅仅是老字号创业者对客户的承诺，也是对内部员工的承诺，唯有如此，老字号企业才当得起一个"老"字！

第五节　关爱员工要"有酒有肉"

你知道吗？在倡导"以奋斗者为本"的华为，"吃文化"居然是企业文化的一部分。

无独有偶，“吃文化”也是我们黑松林倡导的企业文化。有一年，大连企业文化研究会会长钟祥斌先生来黑松林公司调研，我灵机一动，让机修班的一群加班的小伙子陪钟会长共进晚餐。席间，黑松林员工大碗喝酒，大块吃肉。我离开座位，夹了一块肉塞进了焊工老何的嘴里。这本是我和员工在一起吃饭喝酒的寻常举动，却被钟会长大做文章，感慨黑松林劳资关系之和谐、心力管理之不同寻常。

企业家要成为一名成功的领导者，首先要将心注入，发自内心，掏出真心，与员工“共情”，进而使员工产生强烈的归属感。现在，就来说说黑松林生动诙谐的“吃文化”吧。因为“吃文化”既是心力管理的重要内涵，也是心力管理的实施路径。

在师傅老庄的传授下，新员工小蔡顺利满师。为了鼓励“徒拜师、徒尊师、师爱徒、师教徒”的风气，黑松林制定了“定期目标培训满师奖励”的规定。在小蔡满师的那天晚上，公司特意在小餐厅安排了一顿“谢师宴”。

“师傅，这第一杯酒敬您，一日为师，终身为父，感谢您教我炼胶的技术，更要感谢您教我做人！”小蔡一番慷慨激昂，双手捧杯，一饮而尽。“应该的，这是黑松林的传统。”师傅老庄一脸春风得意。“来，小蔡，恭喜你双喜临门。”车间主任小严举着酒杯凑上来。“谢谢严主任，感谢你的关心！”满脸通红的小蔡开心得一手举杯一手捂着嘴。我不禁发问：“小蔡，还有什么喜事瞒着我啊？”“老总，不好意思，前几天谈了个对象，还是大城市的！”“嘿嘿，眼光蛮远嘛，咱们先吃喜酒，后吃红蛋，喝——喝——”公司餐厅春意融融，笑声一片。

稻盛和夫说得好，持续经营心灵，能使你有意想不到的收获。对下属最有效的激励也许并不是金钱，而是触动心灵的爱。一个人心灵的温度和工作生活的热情是成正比的。时代需要我们做有温度的企业，一个人心灵的温度有多高，他对工作与生活就会有多高的热情，他所看到的前景就会有多宽广。

其实，“谢师酒”的重点不在酒，而在滋味，这是为明天而战的一把火，点燃新员工，释放新能量。人心的力量，并不是看见才相信，而是因为相信才看得见。

历经多年的实践观察，我们发现，成功的企业都是相似的，其中有一点就是管理者甚至领导者与员工的关系融洽和谐。比如，杰克·韦尔奇以“残忍”的“中子弹”闻名，但在与员工的关系上也自有他独特的方法，最为著名的莫过于“聚会”“突然视察”“手写便条”了。韦尔奇的聚会，就是安排与比他低好几级的经理共进午餐，让那些诚惶诚恐的下级经理近距离感受，原来老板的心跳和自己是一个频率的，从而感受到他的人格魅力，为公司奉献自己的忠诚。俞敏洪在《我生命中的那些日子》一书中也说：“事业要想不断蓬勃发展，除了精细化管理之外，骨干力量的狼性和豪放、斗志和勇气是必不可少的。这些东西讲是没有用的，需要通过活动训练大家。大碗喝酒、大口吃肉是一种气质，勇于策马飞奔是一种气质，在荒野中徒步是一种气质。这些活动都指向一个目的——打造一个奔放的勇于迎接挑战的团队。”

我觉得，在民营企业，这就是老板与员工互相熟悉、拉近心理距离、成为知心朋友的好方法。我经常与员工一起吃饭、喝酒，为他们夹菜，向他们递烟，给他们敬酒。这是与员工进行心灵沟通、建立亲密感情、营造家的氛围的有效活动，也是实践心力管理的重要渠道。

在黑松林，“吃文化”五花八门，一杯酒、一支烟、一杯茶、一个苹果、一个肉包子……在员工心中都是润滑油，都是精神动力。

黑松林有为员工过生日的传统。员工过生日，不仅会收到一份物质礼物，还会收到一份精神礼物。这份礼物也许是一句励志的名言，也许是一首幽默的打油诗。碰到员工年龄逢十过整岁生日，公司会设“大生日”宴，全体员工一起祝贺。

2024 年 9 月 30 日中午，一场特别的生日聚会在黑松林食堂举行。“各位同事，让我们共同举杯，祝贺周吉生、尹家红和王兰英生日快乐，家庭幸福！”我和全体员工为三位同事庆贺生日。

所有的桌子上都摆满了菜肴。员工们毫无拘束，如同兄弟姐妹，谈笑风生，大口喝酒、大口吃菜。

午宴进行了半个小时左右，我打了一个电话：“王科长，你在外辛苦了，祝你生日快乐，回来后为你补上。”生日宴会结束前，我和大家一边分享公司准备的生日蛋糕，一边趁人不备把蛋糕的奶油涂在同事们的脸上。我们个个成了大花脸，引得一阵阵欢声笑语。

费孝通在论述“差序格局”时打了个比方：西方社会以个人为本位，人与人之间的关系，好像是一捆柴，几根成一把，几把成一扎，几扎成一捆，条理清楚，成团体状态；中国乡土社会以宗法群体为本位，人与人之间的关系，是以亲属关系为主轴的网络关系，是一种差序格局。在差序格局下，每个人都以自己为中心结成网络。这就像把一块石头扔到湖水里，以这块石头（这个人）为中心，在四周形成一圈一圈的波纹，波纹的远近可以标示社会关系的亲疏。

在一个基于乡土的、有家庭氛围的小型企业，组织与个人双方容易达成长期的相互承诺。这种承诺可以使员工与企业的利益高度融合，而不只是一方给钱、一方干活，随时可以终止的纯粹短期交换关系。在西方职场，人情有时被视为对私权的僭越，而对差序格局、关系取向的群体文化尤为突出的中国企业，尤其是民营企业来说，情感的投入对管理效果的影响非但显著，更能激发出组织中人的觉悟、潜能，间接起到降低管理成本的作用。在黑松林，这一观点得到验证。

又是一轮设备扩产改造。黑松林设备科的小伙子们夜以继日、废寝忘食，在车间连续奋战十多天。试产成功的当晚，我在公司食堂举办庆功宴，款待参加设备改造的员工们。

“老高，一车间的那两台设备你功劳不小，我敬你一杯！”“多谢老总！”“小江，还记得你装的二车间那台十吨反应釜吗？手指甲都被砸紫了。”“老总，都七八年前的事了，你还没忘。那时我们是用‘葫芦’一米一米、一层一层拉上四楼的。企业发展到今天真不容易……”

酒不醉人人自醉。大家喝得酒酣耳热之际，我站起身，抓起酒瓶，将自己的酒杯斟满，双手举杯：“伙伴们，这些年你们是企业发展的‘当头炮’、活见证。昨天我们从三间茅屋、两台反应釜起家，走到现在，几十台设备，哪一台你们没洒过汗水？今天我酒瓶当勋章，敬大伙一杯！”说完，将杯中酒一饮而尽。“兄弟们，老总从来没喝过这么多酒，来，一起为企业兴旺发达干杯！”项目负责人小江有感而发。“嚯——”大家不约而同齐刷刷地站起来，“感情深一口闷”，一个个仰面朝天。

我请员工喝酒，这种不是工作的工作，不是下基层的下基层，不是调查研究的调查研究，不是解决问题的解决问题，就像一把钥匙钻进锁孔，轻轻一转，员工的心锁就“啪的”一声打开了。

也许，人所需要的不是快乐本身，而是快乐的理由。“乡下鼓儿乡下敲”，在黑松林，“大碗喝酒”这种原生态的豪情、趣味可算是快乐的理由。“大聚三六九，小聚经常有。”尽管有点儿“野路子”，但它确确实实是扑不灭的“激情火焰”。

一个冬日，快中午 11 点了，天还像刚醒来似的，阴沉沉的，车在宁合公路上奔驰，我坐在车上，习惯地看着书。“老总，前面是咱们送货的车。”驾驶员小周低声对我说。“按个喇叭赶到他们前面去。”我合上书，透过车窗，两眼盯着前方。“嘀嘀……”毕竟是自家人熟悉自家的车，前面的货车司机小吴也按响了回应的喇叭，“嘀嘀……”驾驶员用特有的方式相互招呼着。我摇下车窗，朝小吴大声说：“前面服务区见！”“哦……”小吴按着喇叭大声回应。

“来来来，小吴，这是你喜欢的鸭煲。小夏，这是你最喜欢的水煮鱼片……”服务区里我摆下了招待宴，不停地往他们碗里夹着鸭腿、鱼片。“烟酒不尝，吃菜的老王。来来来，多吃菜，暖暖身子！”我一边夹着菜，一边不断和同伴们嬉笑着。“老总，吃不了了……”小吴边说边用手捂着碗，“谢谢老总！服务区的这顿饭，我们不喝酒就已经醉了！”服务区的慰劳，你畅怀，他大笑，吸引了邻桌的目光。一位皮肤黑黑的驾驶员不停地用羡慕的目光看着他们，“嘿，这个老总真好……”

企业要持续、高效、稳定、健康发展，需要赢得人心，赢得员工的忠诚。忠诚的员工就会不躲避风险和困难，甘愿为企业付出辛劳和汗水。忠诚是相互的，忠诚的背后是爱，像亲人和朋友之间的爱，以及相互的感恩。按照中国人的风俗，饭桌正是进行这种亲密沟通的最佳场合。老板感谢员工，员工感谢老板，大家相互感谢，结成一个快乐的大家庭，吃饭、喝酒体现的正是这样一种家庭氛围。

一次，公司召集相关技术人员献计献策。大家你一言我一语，提出了好多“金点子”。理化室的小王一向沉默寡言，这次却从现有产品的选料、工艺、配方到可替代材料及工艺配方的改进，还有检测手段的调整配备，说得头头是道，可见下了一番功夫。

面对小王的设想，我暗暗选定了技术改造项目的主将。可劝将不如激将，我故意卖开了关子：“小王啊，你的方案虽说动了不少脑筋，但成本太高了，能不能兑现还是个问题啊。”小王一听就急了：“老总，您放心，我敢跟您打赌！如果新配方材料高于现在的成本，我三个月不要工资，但如果不高呢？”他和我较上劲儿了，边说边递给我一份成本测算表。“不高，我奖你三个月的工资，并给你摆酒庆功！”我边说边伸出小拇指：“来，拉钩，上吊，一百年不反悔！”大家一愣，随即发出了会心的微笑，在一片“拉钩”声中，小王这位年轻的主将披挂上阵了。

君子一言，驷马难追。一个多月后，我在家设宴招待了小王，并兑现了奖励他三个月工资的诺言。我打赌输了，却输得高兴，输得毫无怨言。说实话，这样的打赌，我巴不得每次输的都是自己。

茶品三道有味，饮酒微醉生情。赢得人心不仅需要强化制度与管理，还应用欢乐来调动团队成员的主人翁精神。辽宁省企业文化学会会长高立胜教授曾与我探讨什么是好的企业文化，我随口一句：“管用的、能解决问题的就是最好的文化！”高会长连连点头称道：“说得好，说得好！”

日本的净土宗高僧椎尾弁匡提出了一个著名的“共生运动”理论，他认为，生存不只是为了完成一件工作，而是要彻底地进行自悟和他悟。如果只是在优胜劣汰中度过一生的话，人生不过就是一场比动物更残酷的生存竞争。因为没有东西吃，没有衣服穿，所以我们自己织布自己耕种。这是为了获取衣食而工作。在这个过程中，效率得到提高并开始出现利润，于是人们为了获得利润而工作。还有就是为了获得名誉而工作。但是，这些工作都不能被称为“完全的工作”。完全的工作是与人的生命融为一体的工作。

蔚来、小鹏等中国初代造车新势力通过深度绑定用户需求实现共生；华为将5G技术应用于偏远地区的教育医疗，2025年其“数字包容计划”覆盖中国90%的建制村，技术红利向公共服务领域溢出；宋志平在重组中国建材时，整合2000家地方水泥厂形成“混合所有制生态”，通过共享技术和管理经验实现全行业升级。

我想，在黑松林，关爱员工要有酒、有肉、有吃、有喝、有心、用心、真心、诚心、全心，就是我们黑松林人的“共生运动”。有了满意的员工，才会有满意的企业，才会有满意的客户。当员工被感动，就会把企业的利益看作自己的利益，把企业的事当自己的事，努力工作，在所不惜。

多年前，贾春峰教授评价黑松林管理时写了这样一些话，我抄录如下，作为本章的总结。

人是管理模式的主体，
也是运行机制的主体。
从“黑松林”的故事中可以看到，
人的潜在智慧得到诱发，
人性中张扬起浩然正气，
人自身独有的亮点闪现而出，
人的主动性和创造性受到激励，
人的职业道德和责任心越来越强，
人的弱点和毛病正在改过丢弃。
于是：
“刺头”变得顺溜，
懒散变得勤快，
被动变得主动，
沉闷变得富有创造活力。
当然，
任何管理都不可能完美无缺，

世界上也不会有那种万应灵丹式的管理，
但有了这样的发展趋势和内在动力，
才称得上是富有成效和生机盎然的管理，
人本管理的最佳境界是心力管理，
心到哪里，
成功就到哪里。

第五章

以行塑人

第一节　将员工“锻造”成不普通的人

看树看皮，看报看题。多年前，我曾在《中国工业报》上看到一篇题为《工厂不能办成“猪圈”》的文章，可能是契合了自己那一段时间对员工素质的思考，至今难以忘怀。这篇文章中有一句精妙比喻。

> 一个工厂的管理者，可以花钱造出世界上最漂亮的厂房，花钱买来世界上最先进的机器、设备，但如果他将一群猪赶到工厂，那里仍然是猪圈，绝不可能是什么工厂，更不要说好工厂。反之，很旧的厂房、很旧的机器设备，仍有可能生产出世界一流的产品，而能够生产出世界一流产品的企业，就是世界上一流的企业。所以，企业的关键在于人，在于企业管理者和生产线的操作人员。

著名企业家宋志平认为，你怎样对待你的员工，你的员工就会怎样对待你的客户。企业真心实意对员工好，员工才能发自内心地为企业创造效益。所以，2000 年前后，北新建材面临人员调整问题，按政策可安排富余人员下岗，但宋志平认为，500 名员工的背后是 500 个家庭，企业倡导“以厂为家”就不能抛弃员工。于是企业不仅没让员工下岗，还扩大生产能力，创造更多就业岗位，既留住了熟练工人，也留住了人心，实现了企业与员工的双赢。但与此同时，宋志平也极力主张“不断修剪管理过程中的毛刺”，要让员工在工作中 100% 用心把控产品的质量，真正建立核心品牌，打造企业竞争力。

在拒绝“猪圈”“修剪毛刺”的过程中，有一个问题需要引起我们的重视，就是“员工满意”和“努力工作”之间，并不是一个简单的

“等号”，而是需要加上管理者在工作实践中的“耳提面命”，使员工真正达成“知行合一”。关于这一点，中华优秀传统文化中有较多可借鉴的内容。如《尚书·商书·说命》中有“非知之艰，行之惟艰”的说法。《荀子·儒效》中有“闻之而不见，虽博必谬；见之而不知，虽识必妄；知之而不行，虽敦必困”。《礼记·中庸》中有“或生而知之，或学而知之，或困而知之：及其知之，一也。或安而行之，或利而行之，或勉强而行之，及其成功，一也”。以倡导“知行合一”著名的王阳明，更是在《传习录》中说：“知者行之始，行者知之成。圣学只一个功夫，知行不可分作两事。”

在黑松林管理实践中，我们认识到，将理论下沉到管理实践中，要真正让员工“知行合一”，除了因关爱产生的“恩”字，还要用好中国传统文化中的“威”字，就是倡导用法律、法规、规章制度等去约束员工的行为，所谓“罚当其罪，为恶者咸惧”。这一方面，古代著名“兵家”吴起的做法给了我们很多启示：在军队管理中，吴起一方面爱兵如子，注重德治，在士兵中建立了广泛的群众基础和良好的口碑；另一方面，吴起也看到了人性的另一面——“厚而不能使，爱而不能令，乱而不能治，譬若骄子，不可用也”。如果过分厚待士兵却不能指挥他们，抚爱士兵却不能命令他们，士兵违法、乱纪却不能对他们予以惩治，这样的士兵就好像被宠坏了的孩子一样，是不能打胜仗的。这告诉我们，企业管理者应严格按照规章制度执行纪律，军有军法、家有家规，公司制定出来的制度不能作为摆设。因此，管理的精髓在于人，要管理好一个企业，唯一有效的途径是通过行为过程来改变人的思想观念和习惯。这正是一个漫长而痛苦的过程。

在大数据、智能化时代，随着客户需求的多元、极致并快速迭代，依靠领导的精英指挥和员工整齐划一的群体行动，已经越来越落后了。

环境的更迭，使得领导力迭代升级的层次明显增多，为确保员工的全情投入，管理者必须提升为领导者，以获得对员工的影响力。

在企业管理中，“恩”与“威”的运用是领导者管理下属、建立威信、提升团队凝聚力和执行力的重要手段。必须注意的是，“恩”“威”要适度。“恩”用多了，员工会把恩情视为理所当然，反而失去了施恩的效果；“威”用频了，员工会从畏惧变成不满。无论是施恩还是立威，都要点到为止，刚柔相济。同时，管理者应当成为团队中的楷模，无论是在工作态度、职业道德还是个人能力方面，都应成为下属效仿的榜样。

某年春节放假前，节日的气氛笼罩着小镇，也笼罩着公司。按照公司的规矩，春节放假前，公司所有生产设备都得进行一次一、二级保养。那天，我和设备科科长来到车间进行节前检查。顺着楼梯走上二楼平台，刚露头，就看见新来不久的机修工小朱套着一副乌黑脏得刺眼的手套，拎着一桶机油，油桶的“V形”嘴上积了一层黑黑的垢，走近一看，还隐约可见一些沉淀的杂物。“你这油干净吗？按‘五定’‘三过滤’的要求操作了吗？”我板着脸问道。设备科科长和小朱两眼相对，眼睛睁得大大的，呆若木鸡。“没有。”小朱声音小得像蚊子叫。“小朱啊，你饭都吃到脑子里去啦！这些杂质进入油箱等于研磨砂，你不是在要设备的命吗？”我的嗓音来了个高八度，小朱敲打着自己的脑袋：“怪我省事，怪我马虎……”“年三夜四的，真该打了你守岁，年轻人，既然你自己打了，我就饶了你这一次。”“是，是，是，下不为例，下不为例！”小朱一边像店小二似的给我鞠躬作揖，一边拎起油桶溜下了平台。

日常工作中，人们在规定和习惯之间做出选择时，很多人总是不由自主地按习惯去做。就拿加机油这件事来说，每一个机修工都知道加油前需要检查一下机油的清洁度，但有时为了省事、图方便，往往省略了检查的程序。事实上，就是这些不良的工作习惯，给自己留下隐患、种下祸根，让最先进的设备“安乐死”于自己的“无意”之中。

管理者懂管理不等于会管理。管理者可以把知识、方法带进公司，但不可以把“习惯”带来。对管理中出现的问题，我们要告诫自己：是事错了，而不是人错了，这样你就可以给别人一个完整的机会。要打造一家百年企业，关键是着眼于未来，对员工的工作理念和文化习惯加以引导和不断改进，否则，我们就是把“猪”赶进了公司，把企业当作“猪圈”。

“今天的‘7S 再学习再提升’培训，从一辆工具车开始！”负责培训的办公室主任小胡话音刚落，屏幕上即放出了水基胶车间里一辆红色工具车的照片。工具车分两层，放着按规格大小排列的扳手、紧固螺栓、工具盒、密封垫等日常使用的工具与材料。

“这辆工具车，是我们公司 7S 管理的标杆，其中每件工具的白色线条是我们节点员工的创造，曾得到很多来公司参观学习的管理专家、同行精英的赞许，今天请大家结合 7S 管理，给这辆工具车挑挑刺、找找碴儿！”小胡一脸严肃，像一位资深管理培训师。

看着小胡这别开生面的培训方法，我打心底高兴，思路对了，往往能事半功倍。

“上层第三支扳手放得不规范，尾部未完全放在定置线内，根据 7S 管理中的要求，虽合理放置在定置中，也能符合在最短时间内找到工具的管理要求，但尾部的这一点点踩线，用打篮球的规则来说就叫犯规，不符合标准与要求。”灌装工小尹点到了这个问题。

“小尹的第一炮打得准，说得正确，讲得到位，给他点个赞！”小胡说。

“顶层的白色密封胶带没有合理放置与区分。扳手是常用的，放在顶层是对的，密封胶带是预防备用的，应放置在底层，而不应放在顶层，这是放置不合理，整理不到位。”操作工小印戴着一副黑框眼镜，不紧不慢地道出整理的个中细节。

“咱们小印用‘四只眼睛’看问题，说得有理有据，很好！此时应该有掌声。”“哗哗……”一片掌声响起。

“还有那油壶，已成‘出土文物’了，壶身灰尘未能擦拭干净，未能按照 7S 清理要求做到无灰尘。清洁生产，不但要做到外部干净整洁，更要加强内部素养的提升。”老师傅大王像在给徒弟讲解操作规程，有板有眼。

“讲到素养，工具车是看得见的，而素养有时是看不见的自觉。”坐在后排的灌装工老项接过话题：“我说我见到的一件事吧。前几天，机修工老何修理升降机，他先将电源切断，后将一块‘升降机维修中，注意安全’的牌子挂上。他不但将该做的做了，而且将一些细节做得很到位。而我感触最深的是他的一个细节，在拆卸开关盒前试按了按开关，没问题了再拆开，以防万一。老何注意到的这些安全细节，说起来是一件小事，安全制度、7S 素养中也没具体规定，但 7S 管理再提升，我认为在素养方面我们要向老何学习，像老何那样十几年如一日，不但要将安全挂在嘴边、做在手上，更要将安全生产内化于心，根植于日常工作行为之中。”

听着老项的发言，看着眼前“7S 再学习再提升”的培训现场，我不由感叹，管理的目的不仅仅是修正员工行为，更重要的是引导员工“修心”。“7S 管理”需要召集所有人一起，在实践中与心力文化同频共振，不断在心上下功夫，素养才能不断提升。

中华优秀传统文化强调以“仁”服天下、以“严”治天下，从而形成群体行为的“规矩”与“方圆”。纵观中国历史和现实，凡是成功的企业，内部治理必定以严著称。比如，傅国涌先生在《大商人：影响中国的近代实业家们》一书中记载张謇创办的大生纱厂时说：大生的《厂约》，细到招待客人用几个小菜都有规定：平常饭菜二荤二素，休息天加四碟，二斤酒，另外每月犒劳两次；逢节日或招待来客，“五簋”“八碟”“四小碗”“一点（点心）”，不得超过这个标准。《厂约》之外还有25个章程，各类规范多达195条，当时，这已是中国人自办企业能达到的最高管理标准了。长期研究大生纱厂企业档案的肖正德先生说：大生有老职员回忆，他们发信、写便函、记账，对用笔、用纸、用墨和书写格式都有严格的规定。保留至今的大生会计档案，百年后仍字迹清晰。从大生纱厂的案例看，企业的科学管理之所以成为一切管理的基础，原因就在于它变放任式管理为规范管理，变无序管理为有序管理，变经验管理为科学管理，从而使管理形成基本的结构和框架。

黑松林生产区安全轮值表的一侧，挂着一段老化了的橡胶管。说起它，还有一段故事呢。

那是多年前的一个早晨，刚上班不久，我在车间办公室和生产科科长等人商量扩产的事儿。突然，“嘣”的一声，像从天上落下一个火球，一道橘红色的光闪过，随即又消失了，本着职业的敏感，我们几个不约而同地冲了过去。

现场，氧焊工大何一手拿着焊枪，一手擦着额头上的汗，站在那里，呆若木鸡。旁边的老项面如土色，眼睛瞪着地上的砂轮机，不知所措。

“怎么回事？”车间丁主任喘着大气问大何。

“是，是割枪的橡胶管老化，有一点漏。”大何吞吞吐吐。

“哦，那怎么会有火球呢？”

“一上班，我就把氧气、乙炔拉到平台，用割枪割这滴加桶，老项配合我，用手提式砂轮机把平台上的焊疤打磨，谁知才打磨了第一下，砂轮机的火花碰上了氧气、乙炔，就，就燃起火球了。我赶紧关了阀门，才没闯下大祸。”

听完大何陈述事情经过，我一声叹息，一言未发。看着眼前被吓得魂飞魄散的两个人，再想想突如其来的意外，我感慨：生命的长短，很多时候是我们不能控制的，但在我们拥有生命的时候，是可以将生命的过程完全控制在自己手中啊。如果切割之前能按操作规程检查一下，注意一下细节，不就完全避免了一个安全隐患吗？

纵观古今中外，有多少安全事故就是因一根橡胶管的老化、一根电线的老化、一个小小零部件的缺失……导致的呢？事后，我们围绕一段老化的橡胶管，对照安全操作的每一个环节，在全公司开展了“四不放过”的反思，并决定将它挂在墙上作为典型的安全案例，警醒每一个人，警醒每一天、每一分钟。

“纸上得来终觉浅，绝知此事要躬行。”安全生产的重要性越来越被大家认知，但行胜于言，有时我们在行事中并不能真正明白、真正懂、真正用心去做。一个人只有经历了一些事情，或听多了、看多了、明白了，才真正懂得以前看似明白的道理，不在于说，而在于行，时时、事事、处处用心去做。

一段挂在墙上的橡胶管，是一根长长的戒尺，重重地敲打我们的神经，拷问着我们的失职，它会时时刻刻敲响每个员工心灵的安全钟。

由这一类的案例我也想到，所有组织中的人，首先是需要通过持续迭代的行为，来塑造自己的工作态度乃至信念，而不是像我们日常思考的那样，通过态度和信念来塑造行为。也就是说，仅仅思想通了，行动上未必做得到；只有行动上真正持续做到了，才是思想上真正“想通”

了、记住了，正如王阳明所说“知而不行，只是未知”，所以他提出“知行合一”，强调认识事物的道理与实行其事是密不可分的。认识指导实践，实践又反过来推动认识的发展，只有坚持知行合一，才能在工作和生活中不断取得进步和成功。

黑松林厂区有一条“法治治近，德治治远”的格言。法治的特点是将人管住，而德治就是修养人心，关注人的各种需求，做好人心的养育，尊重人的主体地位，这是现代企业管理中的重要内容。心力管理是以“道”为中心的管理，“以文化人”是心力管理的核心，同时配合必要的制度和法规，运用恰当的手段和方法，并注重审时度势，乘势而为，无为而治。爱尔兰诗人叶芝说：“教育不是把一桶水注满，而是点燃一堆火焰。”要想点燃这把火，需要一种力量，而这种力量就是内在的驱动力。

一天，我和新到营销部的大学生小黄一同去安徽调研市场。我们出发的时候天还没放亮，上了车我就迷迷糊糊地睡着了，待到睁开眼，天已是霞光万丈。

揉了揉睡眼，我对一边的小黄说：“真是个阳光灿烂的好天气啊，第一次和咱们大学生同行，缘分呐！”

“老总，在家靠父母，出门靠朋友，这次出差我就靠你了！”毕竟是有文化的新营销员，会说话。

“既然我们一起出远门就是朋友了，不存在谁靠谁，是志同道合！”我朝小黄笑道。

“小黄啊，像你们这些年轻人，从校门到厂门，起早贪黑跑市场，出来闯荡，真不容易。”看着小黄清瘦的脸庞，我关心地拉着家常。

“谢谢老总，创业总得要辛苦，我就怕吃了苦找不到路，白吃苦。”小黄一边说一边用水灵灵的大眼睛看着我。

“是啊，是啊，路对了，就不怕山高水远。小黄，刚刚你睡了没有？”

“没有，一路在看从黎明前的曙光到太阳升起时的大好山河，真美！”

“是啊，改革开放几十年，祖国日新月异，无处不风景啊！”我似老顽童与小黄对起了不是对联的对联。

“小黄啊，这一路你看到了些什么？”

“老总，我看到生机盎然的树木花草、诗情画意的荷塘，还有白云深处有人家！”

“哦，咱们的秀才文采不错嘛，再说说，还看到了些什么。”

小黄抓着头，天真地看着我，大眼睛一闪一闪地，就像一个期待老师提示的孩子。“老总，你看到了什么？”小黄问我。

“哦，我刚刚睡了一个好觉，好景看多了也就那么回事，这一觉让我梦见了泥土没有睡着，灵魂没有睡着，时光没有睡着。”我说起了抒情诗。

“小黄，一路美景不可不看，但如果你将这自然风光当成背景用心去看，去展开联想的翅膀，你就会找到路，摸进市场的大门，看到更精彩的无限风光，来来来，你看！”我指着窗外不远处越来越清晰的一排排刚封顶的新小区：“我看到这儿会需要很多建筑装饰胶！”小黄眼睛睁得圆圆的，透着亮，看着我又转向窗外。“你再看，这边有个家具厂，规模真大，肯定会用到我们的木工胶、贴纸胶等产品！”我指着路边一个开发区内的一块大型厂牌淡淡地说。

“一个人在哪儿、在干什么，并不重要，重要的是心在哪儿，就像在车上，有人看到的是湖光山色的美景、变迁着的城市、乡村等，而有心人会将使命置于心中，就会看到潜在的市场、外部资源，就会得到大市场。”我像一位导演在给演员分析戏中情节，小黄眨巴着眼睛，听得那么出神，进入了角色。

“小黄！听过‘九马画山’的故事吗？”我问小黄。

“老总，我去过漓江，还听过有关传说，当年周恩来总理和陈毅元帅来到这座山前，周总理看了那山的纹理，只用了35分钟就看出了9匹马，而陈老总看了半个小时，也只能看出7匹来，所以陈毅老总打趣说：‘这样看来，你是总理，我是副总理还是有道理的’。就好比你是老总，我是营销员，也是有道理的喽！”小黄来了个太极功，说得还真有张力。

“不过，小黄啊，民间有谚语：画马画得好，一匹也不少，常人能看到两三匹，秀才能看到五六匹，看出七匹是很少，能看九匹不得了。市场就如这‘九马画山’，你能看得出几匹呢？”我话里藏着针。

“老总，听你一席话，我胜读十年书啊，姜还是老的辣。我明白了，市场如山，看马得用心，人在哪儿不重要，重要的是追求者有没有把身心融入市场之中啊！”

我朝小黄笑笑，目光从他的脸上滑过，滑向窗外，只见车窗外蓝天如洗，天高云淡……

汽车在高速公路上奔驰，我和小黄在这流动的“办公室”中边看景边侃境，从一个地方奔向另一个更远的地方。

精进不分老少，用功只在当下。企业要在竞争中胜出，就要看到常人看不到的地方，要透过山的纹理看到马，不但要看到马，而且要看到更多的马。

有人认为，中国文化强调道德，而制度管理难以达成目标。其实这是一种错误言论。孔子曾说：“吾尝见君子之德行于泰山而躬于小丘也。”意思是说，如果你自认为是“君子”，就应当把高尚的品德落实到具体的行动中，即使是在小的事情上，也要躬身力行。孔子的教诲，无论对管理者还是对员工，其实都是极有道理的。我多年前到新加坡参加泰兴市境外企业经营管理培训班的经历，就很好地诠释了这一观点。

干净、富裕、有序，这是我从报纸和电视上得来的对新加坡的印象。但这样的认识毕竟与现实有一定差距，总有些幸福可望而不可及的感觉。

那天一下飞机，城市全没有想象中的喧闹，安安静静，如贵妇人般雅致。坐上大巴，沿途青青的草地、红红的九重葛、如伞的大雨树，满眼尽是柔和与活力。接站的张小姐告诉我们，在新加坡，除了行车的路，只要露天的地方总是绿色的。“你们看！”她指了指前方路边的几只小鸟：“这里的鸟儿悠闲得很，一点也不怕人。”

穿行于绿色草海，煦风拂面，心旷神怡。一路上，朝气勃勃的人群、井然有序的车流忙而不乱，大家很有礼貌，礼让三先，几乎没有塞车。在这里，任你眼睛睁得再大，也找不到戴着红袖章的大爷大妈，更没有一脸威严的交警，只有红绿灯在无声地指挥。我为新加坡的公民意识所折服，敬佩之情油然而生。

同行的焦先生不止一次拉着我的手发表感慨：“这么多房子，竟没有一件衣服晒在外面！”一边的大佘也说：“找了半天，也没找到一块‘城市牛皮癣’！”大家七嘴八舌，叹服不已。我边点头边思考：当管理到了不需要管理的时候，是因为习惯、素质，还是文明？看来，一个城市，只有走近她、走进她，才能聆听她最强烈的心跳。

在新加坡，到处可以见到一句广告语：非常新加坡。用“非常”形容新加坡，确实恰如其分，新加坡的确与众不同，非比寻常。不过给我印象最深的还是新加坡的公民意识，从小开始，老师就采用非力量的方法教育孩子爱国、守法、知礼，按规则办事，这很重要。现在的新加坡，规则已深入人心，人人自觉，事事自觉，久而久之，国民素质自然很高。

狮城无处不非常。在新加坡感受到的不仅是现代化的南洋岛国风情，还有无处不在的提醒、温馨的提示和友善的忠告。在京华酒店门口，喷水池雕塑的旁边是放置塑料袋的小立柜，上书“酒店管理层提醒：请拿一个塑料袋装好你的湿雨伞”；停车场没有专门的收费员，只有一块会说话的忠告牌：“你的停车费缴了吗？”……大家都知道新加坡是个用重典的国家，被外界称为“罚出来的美丽”。这不，同行的几个“烟鬼子”实在憋不住了，又有所顾忌，只能在车停靠在路边时，在垃圾桶旁猛吸几口烟过过瘾。看来，这次学习的收获还真不少。

说到制度与规则的作用，清华大学社会科学院心理系博士后余玲艳老师在评价心力管理的文章中说：“在管理一个团队时，特别强调的是对员工的关爱。但是，不讲规则的关爱，就不是有意义的关爱，就不是管理层面、教育层面的关爱。最重要的是，在团队发展过程中，通过领导者的关爱，要让员工感受到他‘被看见，被听见’。我从黑松林的管理故事里，看到了这一点。”余老师说得对，文化管理的形式是外圆内方。所谓“外圆”，就是创造良好的企业氛围，让员工心情舒畅地投身于工作；“内方”就是使企业制度内化于心，使员工自觉做好执行纪律的模范。因此，所谓“文化管理”，一定是“制度约束下的自由、无须提醒的自觉”。

南开大学商学院王学秀副教授也认同这样的观点，他认为，心力管理的核心是“用心管理，管到心里”。其中的“管理”，不仅仅是品德的塑造与情绪的感化，更包括以契约、规则为指向的科学管理，唯有将科学管理作为底座与基础，心力管理方可行稳致远。

第二节　现场有“神明”

最近读了一篇小文《千分之一的误差会造成什么后果》，看得我瞠目结舌：因为千分之一的误差，每小时会有1.6万个邮件在邮寄途中丢失；每小时会有2.2万张支票被存入错误的银行账户；每星期会有500万例错误的手术；你的心脏每年会停止跳动3.2万次……

“答案在现场，现场有神灵”，这是稻盛和夫应对管理中此类问题的经验总结。稻盛和夫几次遇到无法解决的问题，都是亲身去现场得到的灵感，从而解决问题，就像得到了神灵的启示一样。实际上，在企业管理实践中以行为塑造员工，也要强调现场感。

现场管理是企业一切管理的基础，是企业最好的营销员，是企业运营中不可或缺的一环。通过科学的方法和手段，对人员、设备、物料、环境等要素进行合理配置和有效控制，可以实现生产或服务活动的顺利进行。同时，有效的现场管理可以为企业带来更高的生产效率、更好的产品质量和更强的市场竞争力。

有位管理界人士说，看一个企业的管理，只要看厕所就行。那年，我们对厕所进行了改造，并建立了值勤、巡检和督查的三级管理制度。我运用体验管理模式，在新整修后的厕所里开了个故事会，讲了一个小故事。某场战争前，A国间谍乔装后到B国军舰上侦察。当时B国的军舰在吨位、火力、数量上都胜过A国，B国国内一片陶醉，认为这场战争B国必胜。然而A国间谍看到B国军舰的炮塔上居然横七竖八地晾着短裤、袜子，就把这个细节写在情报里，认为这是一支纪律松懈、管理混乱的军队，不会有很强的战斗力。果然，海战中B国败了。这个故事打开了员工心灵的窗户，一位员工深情地说：“在这样的环境里讲这个故事，我们服气。现场真的能够决定成败啊！”

很多时候，问题的答案并不在会议室内，也不在报告中，而是在问题发生的现场。

几年前，氯丁胶车间新增了一台大型炼胶机，生产厂家派了专业技术人员来公司指导安装，我看着一老一少两个技术人员，一个侧卧在托盘底下紧固螺栓，一个正仰着头接吸尘管，不由自主地点点头，对着一旁的车间主任小丁感慨："如今真是服务到家啊，卖设备的还帮你安装、调试。"

边走边说，来到操作平台，我习惯性地四处看看，突然发现了问题。"这个放料釜的盖怎么没盖上啊？来来来，丁主任，你过来看看！"借着窗口射进来的阳光，溶剂正一个劲儿地向上蹿，似一层薄薄的雾在挥发，我有点恼火。

一旁的小王听见我说话，赶忙拿来一块塑料布蒙上。"盖子去哪了？"我不甘心地继续找问题。结果在小王拿塑料布的位置，找到了已经积满灰尘的釜盖。"去把生产科科长、质检科科长找来！"一旁的小丁听罢，一溜烟地冲下了操作平台。

小事是大事的根。当天，我让行政科科长买回了几张方凳，将生产科科长和质检科科长的椅子撤掉，换成了方凳。我没有将我的管理者搁起来，更没有甩着鞭子让他们奔跑。

麦当劳创始人克罗克"锯掉靠背的椅子"，是美国管理史上的一个经典案例。他不喜欢整天坐在办公室里，大部分时间都用在走动管理上。那个时代，当克罗克将好端端的椅子靠背都锯掉的时候，许多人不理解。然而不久，大家便悟出了克罗克的一番良苦用心，纷纷走出办公室，开始实行"走动式管理"，及时了解情况，现场解决问题。将好端端的椅子锯掉了椅背，锯出了一个经典故事，铸成了一个百年老店。

借鉴麦当劳的案例，我将舒服的椅子撤掉换成了搁屁股的凳子，并且把这个经典案例讲给管理者听，让他们看到凳子，就想这个案例，多一点走动管理，少一点问题成堆。

一种好的习惯，就会演变成一种职业精神。而这种好的习惯，一定来源于工作现场，来源于“滚石不生苔”。

曾经在《泰州晚报》上读过一篇题为《滚石不生苔》的游记，说的是在武夷山九曲溪两岸，临水崖壁上长满了绿色的苔藓，而沿途溪水中的鹅卵石个个光溜溜的，不沾一点苔丝。其实，管理亦如此，只有在动态中不断创新方法，企业才能基业长青。

一天上午，我收到广州原永大胶粘制品厂有限公司［现为永大（中山）有限公司］何汉健老总寄给我的《永大报》，翻阅中，看到一篇《如何理解安全文明“7S”》的文章，便聚焦此文，认真通读。深受启发的我，读罢立即起身，带上此文的复印件向车间走去。

毕竟是经过了十多年的习惯养成，车间亮亮堂堂，地面干干净净，周转桶排得整整齐齐。“严主任，送一份精神大餐与你共享！”我们边交流边向前走。只见一边的几排周转桶外有挂胶，没有及时清理干净，像机体上生的疮，很是刺眼。我若无其事地与小严边聊边向桶边走去，走到桶边，我什么话也没讲，用手像抚摸伤口那样摸摸上面，小严的脸顷刻红得像喝了半斤二锅头。“老总，我明白了，你这一伸手，就像打了我一记耳光。晚上收工会上一定结合这篇文章继续学习，努力提高！”我朝小严看了看，笑了笑，点了点头，一言未发。

在现场管理过程中，要想彻底解决问题，必须学会透过现象看本质，这要求管理者具有批判性思维和深度分析的能力，不被表象所迷惑，而是有心、用心挖掘隐藏在问题背后的真正原因。

中国人民大学邓荣霖教授来我公司调研“心力管理”时，给管理人员做了一场《用心管理与用力管理的结合》的专题报告。谈及管理的艺术性，邓教授说，管理学的实践应用价值，在于具体地运用管理知识和管理原理来解决管理过程中的实际问题，包括人与人之间和人与物之间的问题。从事管理工作，必须在企业实践和市场竞争环境中摸索、体验、感受、经历，既难以事先灌输，也难以事后复制，更无法归纳于千篇一律的固定模式。邓教授的一席话像一盏灯点燃千万盏灯那样，让我感慨很多很深。

“泾溪石险人兢慎，终岁不闻倾覆人。却是平流无石处，时时闻说有沉沦。”唐代诗人杜荀鹤说，面对激流险滩时，人们常常谨慎处之，总会有惊无险；看似风平浪静时，人们往往掉以轻心，结果事故频频发生。现场管理，就是防止问题出现、借助情境塑造员工的最好方法。

公司储罐区有一道移动式安全门，像士兵的岗亭，提醒大家“罐区重地，闲人莫进”。一天下午，投料员小鞠与小王从储罐区拉了一桶溶剂向车间走去，正巧我和设备科的老丁站在斜对面说事，目睹了他们操作的全过程。只见小鞠弯着腰，检查桶上的标签，一边还向小王比画着说了些什么。紧接着，小王将专用推桶车往前一靠，利索地将原料装上了车。他们两人一个在前面拉，一个在后面推，配合很默契，离开时却忘记了将安全门关上。

待两人走到面前，我来了个“欲擒故纵”，故意问：“小鞠，你屁股后面有什么东西啊？”小鞠下意识地摸摸身后，有点丈二和尚摸不着头脑。“后面长尾巴了！你看看安全门怎么没关好呢？”我边说边指指储罐区。小鞠下意识地拍一下脑袋，拔腿就往回跑。看着他被汗水湿透的后背，我一阵感叹：“勿以恶小而为之，勿以善小而不为。”做好安全管理工作，让员工养成好习惯，需要用心不断强化啊！

小时候犯一些小错，母亲常常用“拎耳朵”的方式教育我们。企业在安全管理过程中，对工作与生活中的一些小事，也要对员工“拎拎耳朵”“敲敲脑袋”，及时进行安全教育，从而使“忘记”变为“铭记”，这是防患于未然的一种好方法。

有一次和清华大学的张德老师讲到这件事，张老师拿荀子的话评价说：“凡百事之成也，必在敬之；其败也，必在慢之。”在工作现场，管理者要不断教育员工对安全制度、安全理念、操作细节充满敬意，高度重视。因为一百次中的每一次，都会决定一百次的整体质量，因此，一就等于一百。

俗话说，把戏人人会玩，各有巧妙不同。在企业，管理方法有许多种，但智者只采取适合自己的一种。

原有的锅炉是燃煤的，从环境保护的战略高度考虑，我们毅然决定实施锅炉“煤改气”方案。我们紧锣密鼓地干了两个多月，土建、移装、燃气接管一切顺顺当当，还有几天就要试通气了。

傍晚，天边出现了火烧云，红彤彤的。我和机修节点点长小江来到锅炉房察看投运前的准备工作，走着，看着，新安装的一只分气缸，刚刚用保温网和水泥砂灰粉刷好的保温层，就像刚刚写好的毛笔大字，还带点儿潮，这种昨天的深圳速度，如今已在公司开花结果，不由得让我肃然起敬，我的团队、我的兵真是好样的。为了走在时间的前面，这群小伙子不知度过了多少不眠之夜！

“哎，小江，你看那刚刚包装好的分气缸支架上怎么沾上了这么多的砂石灰呀？真像个淘气的小孩打了泥仗，沾了一脸泥巴。”我诙谐地说。

“老总，是泥水工不小心沾上的，我还给他们说了，干完活儿要清理干净。”小江一脸尴尬地说。

“小江呀，现场管理关键是你这个管理者，不是你说没说，而是你怎么让部下做好。现场管理就如洗碗，吃完粥后将碗洗干净，放在指定的地方，这叫好习惯，不耽误时间。你看看这糊在上面的砂石灰，就像未随手洗干净的粥碗，黏在碗上，要想清理干净，起码要花十倍的时间，你说是不是？”

“是，是！”

“小江啊，记住：有些事说话的时间就办好了，眼怕手不怕呀！”

小江满脸通红，慢慢低下了头，似反躬自问。

一个企业的生产现场管理是一个长期塑造的过程，粗放式的管理如何走向精细化控制，走内涵式发展的路子，关键是管理者本身。然而，企业生产现场的一些似乎无关紧要的小毛病，就像长在设备上的癞疙瘩、皮肤病等，却是看得见、摸得着的不足，往往得不到现场管理者的重视。看一个企业，你不可能看到它的全部，只有亲自沉下去，走到一线，深入了解实际情况，才能准确把握问题的脉络，找到最有效的解决方案。

日本丰田公司有一句管理名言：答案永远在现场。培植优秀的现场文化，使现场管理常态化，需要我们从管理者自身抓起，用心发现、改善、培养良好的行为习惯，影响员工，提升员工素质，让员工在优秀的现场文化的“磁场”中悄悄“磁化”，而不是等吃完后的粥碗干了，再去花力气、花时间清洗。张瑞敏讲过一个故事。他参观一家日本工厂的生产线，陪同的日本企业总裁指着一名贴商标的工人说，做一个合格的贴商标工人，需要三年时间的磨炼。当时张瑞敏不以为然，思索一番后，他大彻大悟。事实上，新上一条生产线是一个复杂的系统工程。正是因为复杂，我们往往注意大的方面，一些简单的环节往往被忽略，最终造成缺憾。其实，很多工作是简单动作的重复，如果员工在一些细节上粗心大意，就有可能被简单绊倒。贴个商标也要磨炼三年？没错，不要惊讶，我们有时缺少的正是这种认真的态度！

《大商人：影响中国的近代实业家们》一书中提到近代著名企业家范旭东领导的“永久黄”团体：员工的“待遇极优”“生活丰富而有秩序，绝无其他工厂劳资生活悬殊之恶习”。工厂有工人宿舍、面包房、消费合作社，免费看病、理发、洗澡。1921 年 3 月，永久联合办起工人读书班，后来还办了外语补习班、艺徒班、成人义务教育学校和幼儿园等。与此同时，范旭东和“永久黄”管理层对员工工作方面的管理极其严格，产品质量与绩效要求甚高，以至于有少数工人和职员在背后说范旭东是“希特勒”。对此一位同人感慨道：“人们都习惯于随俗浮沉、得过且过、迁延复迁延的作风，如果没有敢于这样负责的人，可能长此光阴虚度，卒至一事无成。”

只有站在工作的现场，才会真正发现这种“习惯”和“迁延的作风”，并及时纠正，这是所有管理工作的重要前提，是解决问题的关键环节，更是每一个管理者不能忽视的必修课。

第三节　执行制度毫不含糊

说起中国传统文化，很多人容易将其脸谱化，认为中国传统文化就是以德服人、以情感人，而在制度方面不甚重视，其实这是一种误解。中国传统经典中，《管子》就是强调制度作用的重要代表，《管子》将制度的确立看作管理最为首要之事，认为“法者，天下之仪也”，“令者，人主之大宝”。在实践中，管理者必须确立制度化管理，使人既“知所必就”，又“知所必去”，则“百官之事，案之以法，则奸不生；暴慢之人，诛之以刑，则祸不起 ”。这样的法律确立后，“则民之用者众矣”。基于此，《管子》特别强调，“凡将举事，令必先出”。

纵观历史，在很多中国企业家看来，严格的制度、等级和融洽的上下级关系与群体情感，其实是并行不悖且能够相得益彰的，就看你怎样处理其中微妙的关系。企业管理中严格执行制度，不仅关乎企业的运营效率、员工权益保障和企业形象提升，更是企业稳健发展、创造竞争优势和防范风险的重要保障。比如，近代天津著名企业家宋棐卿就对感情与制度的关系进行了辩证分析与设计。他认为，企业管理中要把握好规则、理智与感情之间的关系："我国风俗是三分理智、七分感情，应当先用感情规劝。"一个人若不会运用感情，可以说当管理人的资格不够。感情和理智都很要紧，可是感情也不是滥用的，应在法律范围内讲感情。因此，他提倡要"制裁犯规之人，奖励有功之人，以便赏罚公平"。同时强调"铁一般的规律"——"将各人之起居、饮食、睡眠、工作、游戏等，均作成简易之规律，各人必须实行。另外指定专人分组考查之"。正如华为高级顾问田涛所说："制度与理念是相互嵌套的匹配关系，制度因理念而生而存，二者不是彼此分离的'两张皮'。"

说起来，这是近三十年前的一段往事了。一天快 11 点了，我和副总、车间主任来到新征的一块仓储区，进行现场布局规划。斜对面水基胶车间后面三个人影不经意地闯入我的视线。他们肩靠肩，依偎在墙边，像孩童时代做的"挤麻油，晒太阳"的游戏。

"丁主任，你年轻人，眼睛好，看看那几个靠着墙边的是什么人。"

"哦，是我们车间的。"丁主任边说边往车间方向走去，距离越来越近。不知是谁先发现了我们，刚刚还在墙边的几个人一溜烟地不见了。"老总，我去调查个所以然出来！"丁主任边说边揣测我的心思。我笑笑，一言未发。

下班前，公司"批评与表扬栏"中贴出了一份通告：今天上午，张××、严××、王××三人聚集于车间后面偷懒晒太阳，经研究决定，放她们三天假，回家晒够太阳，希望全车间引以为戒。墨汁写的通告在夕阳的映照下，黑字似镀了金，我由衷赞叹车间主任处理这件事的管理艺术：放假三天，闭门思过，让有了细菌的思想晒晒太阳，就像大伏天晒衣裳。

我听过一个母亲教育孩子的故事。一个小男孩喜欢玩打火机，一下子烧掉了一个草堆，幸亏没造成大的损失。孩子的母亲非常着急，看着满不在乎的儿子，举起的手又放下了，孩子才 4 岁，打又有什么用呢！事后，母亲想了个法子。她拿来一些旧报纸，让孩子用打火机点燃后，抓住他的小手往火上靠，离火越来越近的时候，小孩的手被火烤得很疼，害怕得直往后缩，母亲问“疼不疼？”小孩说“很疼”，母亲又问“火能不能玩？”小孩直摇头说“不能玩了”，问他为什么不能玩，小孩说烧人会疼。“那烧到东西呢？”“会烧坏的。”小孩闷声回答，打那以后小孩就不再玩火了。

这个故事教育了孩子，也教育了我。“给你三天假，回家晒太阳”，用事实的钥匙去打开问题的大门。一个企业，将员工的思想常晒晒太阳，企业就能在阳光下健康茁壮成长。

无独有偶，“门官”的故事，是给管理干部的思想“晒晒太阳”。那一年，我同时担任两家企业的一把手，每天都要处理许多事情。一次，门卫大老张血压突然升高住院了。第二天一大早，行政科科长就向我汇报了情况，我示意门房的工作由他协调。可当天下班我走出公司大门时，发现门卫还是值白班的老李。我特意问了句：“老张住院，谁换你的班呀？”

“科长说今天你忙，待明天请示你后再定，今天我连轴转。”老李实话实说。

听着这番话，我心里直打鼓。是我没放权，还是行政科科长没有履行自己的职责？我想起了托马斯说过的一句话：他们总是职责不清，因此就很容易失去责任心。

第二天一上班，我还未来得及找行政科科长，他主动找我来了。“老总，昨天你很忙，我没有打扰你。门卫大老张需要住院一段时间，关于门卫代班的事我想请示你一下。”

“那不是要我做行政科科长吗？”我不紧不慢且又非常严肃地说：“既然你要我做科长，我可要摆正自己的位置，就决定让你做这个门官。”

行政科科长易职做门官，这件事在公司沸腾了，员工们议论纷纷，管理层更是在讨论中反思自己的依赖性，考虑自己的职责，继而主动挖掘自己的潜力。易职的影响比开一次全公司员工大会更震撼和更有效。

管理者是少数，但关键的少数制约着处于从属地位的多数，当你通过别人的力量完成某项工作时，你才是一名合格的经理人。后来，行政科科长“官复原职”，工作有了很大的起色。但在当时特别情况下，让行政科科长当“门官”，并非一时冲动，而是“以刚克柔”，唤醒管理人员的管理意识、责任意识，找到管理者与下级的最佳结合点，这是一个企业管理扎实的基因所在。管理大师杰克·韦尔奇说，管理价值观正成为 21 世纪管理者的基本功，管理者要通过培育企业核心价值观，潜移默化地影响员工，从而使其产生有利于企业目标实现的行为和意志。是的，制度的底蕴是文化。企业员工对制度的理解和执行，本身就是一种文化，时间长了就会形成习惯，就会凝练成素质，员工就会趋向一致，朝着一个方向努力。有时候，制度建设最难的并不是纠正缺点，而是良好习惯的持之以恒。如果有制度不去执行和维护，那就等于没有制度，甚至比没有制度还要糟糕。

1997 年年底，我兼任一家濒临倒闭企业的厂长，走马上任才一个多月就过年了。放假前我在收工会上明确规定：正月初五上班，迟到者罚款 50 元。正月初五早晨，全厂有 192 人迟到。要不要罚，众说纷纭，许多人认为法不责众，也有人前来说情，说是正月初五财神日不能让人破财，更有人说这一次罚款近万元，厂长不能靠罚款过日子，等等。事情摆到面前，我没有急于表态。我要让大家讲，而且要大讲特讲，待你讲够了，我最后就给所有的迟到者送新年“礼物”了：处罚兑现，一点情面也不给，一分钱也不能少，并贴出了“警钟长鸣”的告示牌。正月里让 192 名迟到者破财，这是一种特殊的处罚，是将爱藏起一半的特别行动。道是无情胜有情，纪律是制度的保证。有些企业今天开门，明天关门，往往就是因为不良行为的反复出现。我兼职的这家企业，管理混乱、纪律松懈，工厂大门随进随出。这样的企业怎么能有凝聚力来发展生产呢？我处罚 192 人就是给违规的人亮亮红灯，给全员思想晒晒太阳：违规必究，没有和牌。

实践告诉我们：惩罚的作用在于抑制不良行为，特别是避免被同一块石头绊倒两次。对特殊企业、特殊时候的特殊处罚，既是猛药，又是清醒剂，更是一剂有效的强心针，会使员工深刻地体会到企业的管理规则是铁的纪律，不容违反。然而，在实际工作中，有些违规并不是故意的，而是一种随意性，是由于对规则的认识不够造成的。管理者如果不能真正坚持原则，就会给员工行为导向提供一种矛盾的信号，导致员工行为和认识的混乱，造成“干的不如看的，看的不如说的”“先来挨打，后来挨骂，不来作罢”的局面。刘伯承元帅有一句名言：慈不掌兵。企业的生存，必须有铁的纪律做保证，从而让人体验到铁的制度不可冒犯。

那一天快下班时，我从安徽回来，车到公司大门，自动伸缩门紧闭着，一动不动。“嘟嘟”驾驶员小周按了按喇叭，门房还是不见动静，远处的值班员看见有车子被挡在门外，小跑赶到门房，按下遥控器，车子慢慢驶进了公司，我摇下窗户向值班员点头致谢，只见门卫大老朱两脚像踏了风火轮，大老远朝门房跑过来。

下班了，我走过门房，大老朱见我来了，手拿一张罚款单对我说："老总，不好意思，让你在门外久等了。刚……刚离岗是因为一名来客手里拿的东西太多了，我帮着送到办公室的……"大老朱口吃般地说着，罚款单在手里捏来捏去。"哦，原来咱们大老朱学雷锋，做好事才离岗的。"我提高嗓门把尴尬打破了。"来来来，我刚从安徽回来，拿一盒黄山去抽抽，顺顺气。一品黄山，天高云淡。不要在意了，制度不讲理由，请理解！"我边说边从包里拿出一包烟递给大老朱，"这，这……"大老朱被我这突然的"烟疗"感动得不知说什么好了。

那年在日本参加"盛和塾第十五届全国大会"，中日企业家交流时，一位日本企业家在归纳他的经验时说：管理，有时需打一巴掌，给个甜枣吃吃。这位企业家说，对员工批评或责罚，使他警醒于自己的错误，又要恰到好处地给他一点甜头，引导他朝正确的方向走。多么精辟的话语！纪律制度面前管理者和谁都不是朋友，谁违规都会受处罚，但有时做好事吃不到甜枣，反而吃巴掌，以致员工在委屈中产生不愉快的感觉，这是管理者领导成功与否的另一半。心与心之间的路很难走，我们彼此需要尊重和体谅。

俗话说得好，骆驼可以忍受沉重的负担，却不能忍受不舒服的绳子。管理学说，管理的目的只不过是在维持一种秩序，然而，管理者在实践中更要关注被管理的一方，关注员工是快乐、感动，还是厌倦乃至咒骂。

我认为，如果想改变果实，首先就需要改变其根；如果想改变看见的，那就必须改变看不见的。这一点尤其重要。企业在实施制度管理过程中，管理者的职能其实不是管理，而是维持组织的正常运转，理顺复杂的员工关系，建立员工与企业交流、沟通与认同的心理渠道。优秀的管理者，只有像春雨那样润心、润叶、润根，才不会伤害主干，独木才能育成林；也只有让员工从内心深处真正认识到制度和领导者执行制度的必要性，制度才能真正“落地”，也才有真正的“持之以恒”。

所以，管理的一半是拥有员工，而不是管理员工。

大老高和我是20世纪70年代的老同事，那时他学刨床，我学车床，我们又同住一条街，每天上下班同行，俨然一对亲兄弟。后来我当上了黑松林的负责人，他所在的工厂经营不善，他下岗在家。一次偶遇，大老高便来到我的公司干起了老本行。

一天早晨，公司组织学习，只见大老高匆匆忙忙拿了个记录本，从办公室门前一闪而过，去了会议室。我下意识地看了一下挂钟，离规定时间已过了几分钟。

中午时分，我到车间办公室，车间主任小严正在和副总谈大老高早上学习迟到了3分钟的事，按规定要罚30元钱，可大老高坚决不承认迟到，说他是准时到公司的。他俩见我来了，想听听我的意见，我朝他们瞟了一眼，丢下一句话，“按规矩办！”转身就走了。得到我的支持，小严像领了尚方宝剑，开出罚单，并张贴于车间旁边的小黑板上，以示警醒。待我转了一圈要经过小黑板时，大老高正在闹情绪，显然心里不服气。

巧得很，我前脚刚跨出车间门，又碰上了大老高。我来了个先发制人，笑道：“大老高，好久没和你聊天啦！”

“你是老总，忙呢！”大老高话中带刺。

“如今老总不好当，忙肯定忙哦，你今天心里不开心，连与老朋友的感情也变色啦！”我话中有话。

“今天学习，我准时到公司，到会议室，却说我迟到了3分钟，要罚30元，不是钱的事，我心里不服！”大老高气呼呼地来了一通连珠炮。

“哦，这么个小事，跟我走，咱们聊聊天，消消气。”我边说边朝河边的那片银杏树林走去。

“官官相护！”大老高一字一顿地说，朝我看了一下，目光忽然滑向地面。

“大老高，现在只有我们两个人散步，今天早晨上班你可能确实没有迟到，但今天的学习，你到会议室时确实迟到了。企业雷打不动的全员学习，迟到不迟到，不是以你到公司的时间为准，而是以你坐到会议室参加学习的时间为准，明白吗？”我停下脚步，看着大老高。

“我们几十年的哥们，到了你公司，你怎么总是对我这么严格，一点小事，批评的总是我，唉……”大老高一声叹息。

“哈哈……谁让你是我的朋友呢，是我的好朋友就要坚决支持我的工作，就得严格，就得承受。给你说个故事。”我和大老高肩并肩，边走边说：“春秋战国时期，耕柱是一代宗师墨子的得意门生，不过，他老是挨墨子的责骂。有一次，墨子又责备了耕柱，耕柱觉得非常委屈，因为在许多门生之中，大家公认耕柱是最优秀的，但又偏偏常遭指责，让他没面子。”我边说边看着大老高。大老高双手反背，像在沉思。

“一天，耕柱愤愤不平地问墨子：‘老师，难道在这么多学生中，我竟是这么差劲，以至于时常遭受您老人家责骂吗？’墨子听后，不动声色地说：‘假设我现在要上太行山，依你看，我应该用良马来拉车还是用老牛来拖车？’耕柱答道：‘再笨的人也知道要用良马来拉车。’墨子又问：‘那么为什么不用老牛呢？’耕柱回答：‘理由很简单，因为良马足以担负重任，值得驱遣。’墨子说：‘你答得一点也没错，我之所以时常责骂你，也是因为你能够担负重任，值得我一再地教导你，匡正你。’”我停在路边那棵大银杏树下，望着远方的蓝天，一群白鸽在自由飞翔……

“老总，感谢你的故事，感谢你这十分钟的散步沟通！你是在推动我成为更好的自己，我马上就去财务科交罚款。”大老高顿时豁然开朗。

有时候，员工不高兴、不舒服，抱怨企业管理严苛，甚至觉得自己被“为难”了，这些恰恰说明我们的管理在做对的事。

一年的正月初五，企业上班第一天。根据年前计划安排，安全环保复工培训也将在这天启动。

一大早，公司的几个负责人就提前到班，开始常规的班前碰头会。开工的第一天，信息较多，我讲起话来不禁忘记时间，离培训的时间差几分钟时，坐在一边的副总打开手机朝我一挥，我顿时心领神会，赶紧休会，和几个负责人匆匆赶往会场。

职工书屋内，员工已是一个都不少，坐得整整齐齐，安环员老陈稳坐主持席，俨然一位教官等待开讲。我一阵不安，待我坐定，掏出手机一看：超时 2 分钟！“各位同事，今天是新年后第一天上班，首先向大家拜年了，初五是中国传统的财神日，其实也是‘破五’之日。今天我和管理团队集体迟到 2 分钟，是我这个头带得不好，除向大家致歉外，5 个人累计迟到 10 分钟，按照规定，迟到 1 分钟罚款 10 元，我代罚 100 元，请大家监督。”我边说边将 100 元现金交给财务老王，随后，深深一鞠躬。

行动是语言的先生，做是说的注脚。一个企业，要做到“规则面前人人平等”，不能因为你是领导，就忽略自己的错误或者下不为例，这种现象一旦步入恶性循环的怪圈，就会摧毁团队的纪律性和执行力。

制度外化于行是留给别人看的，只有内化于心，从头做起，知行合一，制度才能起到看不见的深远效应。

不管什么时候，在什么场合，我们的管理者千万不能将制度当狼狗，只咬别人不咬自己，只有管好自己，身体力行，做出榜样，才能影响别人。

心力管理，需要管理者放下自我，用心动形成心力，并驱动心力的传递啊！

第四节　小施惩戒效果更好

现代管理大师彼得·德鲁克在《管理实践》一书中说：管理是一种实践。它的本质不在于知，而在于行；它的验证不在于逻辑，而在于结果。

在管理过程中，没有哪个员工一到公司就想好今天该怎么去捣蛋，能做什么错事。然而有时一不小心，非属本意的行为就会在不自觉中发生。这些小错无伤大雅，有的还因制度空白，找不出惩罚的依据，但要解决这些不上台面的小问题，却很有讲究。

传统经典著作《尚书》以“中”表示合宜，而首先将“中庸”二字并用的是孔子。中庸既为修德的最高目标，也指行德的具体方法。中庸是一套基本对人、事、物的感知框架，视世事为许多具有价值取向的“一维两极”的动力状态。具有中庸思维的人，会细察自己行动可能涉及的所有其他人，以及自己行动可能给这些人带来的后果，会根据整体情况选择一个“恰如其分”的方案，从而使得自身与所处的商业生态系统最终达到动态和谐状态。

有一天，我路过大办公室，老远就看见市场部的小张和小周两人靠在门边，手背在身后，咬着耳朵。“老总来了！”我的突然出现，使小张和小周有一丝惊慌。两个人挤挨着往后退。“啪”的一声，一只皮鞋掉在了地上。我看看地上的鞋，再看看小张和小周，问：“谁的？”小张见纸包不住火了，实话实说：“是老殷的，这个不自觉的‘坏东西’，刚从外面回来，脚闷得起火，鞋一脱，整个办公室臭烘烘的，我悄悄拿出来了，想让他赔点‘精神损失费’。”

“还真是两个‘吃匠’咧，想敲竹杠是不是？还不赶快张贴招领启事！”我灵机一动，借题发挥起来。小张和小周听我这么一说，脸上立即多云转晴，“不敢、不敢！”两人哼哼叽叽。“哼，为什么不敢？还不快去办公室寻找失主！”我假装板起面孔。“是、是！”两人似有所悟，转身就往办公室跑，嘴里大声吆喝：“招领启事，本人拾到皮鞋一只，请失主认领。”一下子，大家的目光都聚焦到小张手中的鞋上。正在埋头整理出差票据的老殷抬头看看小张，再看看站在后面的我，转眼朝脚下看去，头深深地埋了下去，老半天都没有抬起来。

《中庸》说：“君子戒慎乎其所不睹，恐惧乎其所不闻。莫见乎隐，莫显乎微，故君子慎其独也。”就是说，君子在无人监督时，更要谨慎自律。但在日常生活中，即便我们都懂这样的道理，做起来却很难。的确需要别人不断地“旁敲侧击”。但如果对一些小事无端地上纲上线，又不是一种好的选择，于是，善用幽默、小施惩戒就成为我日常管理的选择。

一天清晨，我早早地来到公司，大老远就看到财务科前面的草坪里有一团废纸。出于习惯，我将纸团拾了起来。打开纸团，原来是驾驶员小吴已结清账目的一张标有7000多元的作废借款单。回到办公室，我没有将纸团扔进废纸篓，也没有急于找小吴，而是与财务科策划了一出双簧戏，趁机“教训”了一下小吴。

上班后，小吴又要填写借款单，准备出差了。办完批准手续，他到财务科借款。财务接过借款单一看，不紧不慢地说："前账不清，后账不理，你上次借的7000多元还没有结清，怎么又借钱啦？"小吴虎头虎脑，有点恼怒："怎么没有结清？不是昨天下班前刚结过嘛！""那你看看这是什么？"小吴看着有点皱巴的借款单，急得脸红脖子粗。"退给我的借款单怎么又到你手里了？你坑人，存心不良……"听到争吵，我走了过来，忙安慰小吴："别急，别急，到底怎么回事？"小吴见我来了，像看到了救星，哭丧着脸，连珠炮似的将情况告诉了我。我不慌不忙、一板一眼地说："你想想，昨天晚上结账后借款单退了没有？当时有没有别人在场？""退肯定退了，营销员小周也在场。""那退的借款单呢？到纸篓里找找，别急！"财务科的几个人见我一本正经的模样，忍俊不禁。小吴见状，心里明白了几分，右手摩挲着后脑勺，不好意思地对我说："老总，退还的借款单昨天晚上被我扔到草坪里了，谁知道还闹出这么大的笑话！"

在管理实践中，经常发生员工拒绝缺乏感情支撑、"抽象化"的制度管理，而让员工融入亲身感知的鲜活事，在是与非中省察辨别，从而自我反省、自我认识、自我提高，是一种好办法。所以，这次我就借用激活教育的手段，借用"私凭文书公凭约"的古训，用小吴的矛戳他的盾，以他随手扔掉的借款单向他追款，还真的让小吴惊出一身冷汗，眼泪都急出来了。天哪，7000多元，一个月的工资，他怎么会不急呢？也只有这样重重地"打击"他一次，才能让随手扔纸团的小吴反省自己的不良行为，他才会想想痛，摸摸也痛。这种教育对小吴来说是终身的。

看到华为的不少资料，其中印象深刻的是"熵增定律"，这是热力学第二定律的一种表述，指在一个孤立系统中，熵会随时间推移而增大，系统会从有序走向无序，最终达到最无序的平衡态。华为认为，企业在持续发展过程中也存在熵增的趋势，从组织到员工个体莫不如此。

因为，激发员工个体的生命活力，克服人的惰怠和熵增问题，就是华为管理的重要任务。这种“熵增”，在你我身边随时可见。这不，连常年在我身边工作、兢兢业业的司机小周也未能幸免。

前一天下班前，我通知司机小周，早晨 7 点送我去市里参加一个会议。可 6 点 55 分了，还不见小周的人影子，我尽量克制怒气，耐心安慰自己，7 点还差 5 分钟呢！

“当……”准点报时钟敲响了 7 点的最后一下，我的心似钟声有点沉，“怎么搞的，小周一向准点的，今天怎么啦？”我拨打小周的手机，“嘟……嘟……”无人接听。又重复了两次，还是无人接听，我的心也空荡荡的。

“老总！”电话回拨过来了，听筒里传来小周急促的声音。“车子今天一早怎么也发动不起来，汽修工说电路有点故障，现在还在检修！”我抓着手机，心里直打鼓，怎么会有这种怪事，刚买不到 6 个月的品牌新车，几天前才到定点维修站保养过，昨天中午还好好的……我心里冒出一串大问号，一脸无奈。妻见我满头大汗，递来一条毛巾：“别急，擦擦汗！”我朝她看了一眼，什么也没说，慢慢擦了起来，心也平静了许多，连火气也擦掉了不少。我看了看时间，当机立断：“打的！”夹起皮包冲出家门。

“老总，今天早晨委屈你啦！”会议结束，小周接我回公司。他一边开车，一边偷偷地从后视镜里瞄我。我沉思半晌，吐出四个字：“怎么回事？”

“电瓶接头不……不知怎的松了，电全跑光了。”小周回答得结结巴巴。

“哦。”为了让他开车有个好心情，我故意换了话题：“有没有轻音乐？咱们都轻松轻松！”瞬间，《泉水叮咚》的旋律在耳边响起，回荡……

后来，我弄清了情况。电瓶里的电跑光并非接头处松动，而是前一天中午小周出差回公司后，急着去吃饭，忘记将钥匙拔下来，电源一直开着。

和我朝夕相处的驾驶员，因为粗心大意耽误了公事。如果在他开车时对他进行批评，谈制度、讲态度，只会影响他开车的情绪，搞不好结果会适得其反。反过来，如果闷着盒子摇，不闻不问，让小周说个谎，他也不会接受教训，反而会滋长不诚实的习气。

在处理问题的过程中，从发现问题、分析问题、制定方案，到执行实施，每一个环节都需要精心设计和严格管控，确保问题彻底根除，最终形成闭环。

过了两天，我将小周请到办公室。“小周，你的驾驶证给我看一下。”小周丈二和尚摸不着头脑，很不情愿地从口袋里掏出证件，双手递给我。我慢慢将驾驶证打开，轻轻地将那天乘坐的士的发票夹到他的驾驶证内。“小周，这张‘的士’票，就交给你保管了，你会记住这个有警醒意义的故事。”小周朝我看看，恨不得挖个地洞钻进去。

一张“的士”票、一个故事，寓意会变得深刻起来，因为它时刻提醒一个人，办事要认真，讲话要诚实，粗心大意要不得。

企业规章是员工共同的行为规范，是确保效率和秩序，引导员工实现企业目标的基本手段。在同一项制度面前，如果“看菜下饭”，区别对待，就会涣散人心，导致公正失衡、文化破损。

一天清晨，雾蒙蒙的。员工们陆续推着车走向车棚，我透过绿树丛中的栅栏，看着员工们英姿勃发地走向车间，不由露出会心的微笑。突然，通往车棚的禁骑区内，一个湖蓝色的影子一闪，一辆摩托车径直开了进去。我揉揉有些老花的眼，定了定神，往停车棚方向走去，一探究竟。

远处，副总没精打采地向我走来。我站在厂区二门口，边和走向车间的员工们点头问好，边盯着迎面走来的副总。只见他眼睛有点肿，给人一副刚刚痛哭过的样子。

“老总，你早，回来啦！”副总声音低低的，与我打个招呼，便低着头朝办公室走去。

“请到我办公室来一下！”听着我的话，副总“瞎子吃馄饨——心中有数了”，抬头朝我瞟了一眼，跟在我后面垂头丧气地走着。

“刚刚是你骑着摩托闯禁骑区的吗？”

“是的，老总！请原谅，这几天我身体一直不舒服，很想休息几天，只因你出差在外，厂里一摊子事我一直在坚持，今天早上连扶车的力气都没有。”副总一副委屈的样子，有气无力地说着，眼泪都在眼眶里打转了。

看着眼前的副总，关爱只能藏在心中。“我很感谢你带病坚持工作，这些日子厂里搞改造，确实事多，但你骑摩托闯禁骑区我不能原谅你，你看看，身后有多少眼睛在看着我们的一言一行啊！制度不能因为你身体不好再修订一套啊，我的助手！”我边说边从口袋里掏出十元钱放在桌上。

副总朝我看了一下，心领神会：“老总，晨训时间到了，我领操去！”

我点点头，看着他的背影自言自语：“打铁还需自身硬，身正不怕影子歪啊！”

晨训会上，副总领完操，主动检讨了自己骑车闯禁骑区的事，并掏出 10 元的罚金现场交给财务。站在最后旁观的我顿时一阵轻松，心里感动极了。

火车跑得快，全靠车头带，这就告诉我们一切制度的落实必须抓重点、抓头头。人的行为受习惯的影响，有时一纸规定未必能真正成为人人遵从的行为规则，然而高层管理者率先示范，身体力行，可以对制度的执行起到巨大的推动作用。打了屁股再说事，其实是对高层管理者的严格要求。一个企业，制度外化于行是留给别人看的，而只有内化于心的制度才能起到看不见的深远效应。

有一个“鱼缸法则”，说的是鱼缸是玻璃做的，透明度很高，不论从哪个角度观察，里面的情况都一清二楚。将鱼缸法则运用于制度管理中，就是要求管理者与员工一样，在制度面前人人平等，情感上我们可以变通、让步，而在纪律和制度的执行面前，管理者不能退让半步，否则，再好的制度也是一纸空文。

我看过这样一个故事。有位农夫靠放羊为生，常常要往返市集卖羊肉和羊奶。从他家去市集有两条路：一条在屋前，可以直通市集，但是被一块巨石挡住，不好走；一条在屋后，曲折盘绕，要花几个钟头才能到市集。农夫决定移开屋前的巨石，可是和儿子辛辛苦苦半年，几乎没什么进展。有一天，儿子干活累了，坐下来休息时突然大喊：“既然移不走这块大石头，我们为什么不能把家搬到石头的另一面呢？”农夫恍然大悟。不久，农夫的家就安在了离市集很近的地方。有时候，一条路走到尽头看似无路可走，但其实只需拐个弯就能豁然开朗。变通不是放弃，而是寻找更好地解决问题的办法。无论大事小情，坚持到底是一种精神，但有些时候，学会拐弯也是一种智慧。

技工学校毕业的小蔡，原先的工厂离家太远，不方便照顾父母，前些时候跳槽来到离家较近的黑松林。这个小伙子年轻，脑袋瓜儿活，加之有点文化，他到炼胶车间拜师不到一个月，就如鱼得水将活儿干得漂亮。我打心眼里喜欢。

那天是我们“厂区除草日”。全公司员工和往常一样，提前一小时，自带工具往东厂区的绿化带去了。初春的阳光暖暖的、金灿灿的，看着远处阳光下银杏林里辛勤劳作的员工，我一阵感叹。环境好，心情就好，生活在这样的环境里，难怪来到黑松林的人都说咱们公司的员工状态好。

就在这时，小蔡骑了一辆摩托飞一般地过来，一个急刹，车子定在了停车线前，他似玩杂技般从车上一个鱼跃跳下，扶着摩托匆匆向停车棚走去。这一幕尽收眼底，我走上前去："小蔡，知不知道今天是除草日？"

"知道，昨天下班前严主任通知我了。"小蔡是巷子里扛木头——直来直去。

"哦，来来来，到我办公室抽支烟！"我微笑着边说边往办公室走去。

"来，今天我只和你谈一支烟的工夫！"我递上一支"中华"烟。

"今天怎么就迟到啦？"我吸了一口烟，朝小蔡看了看，微笑着。

"老总，一早送女朋友了，觉得是义务劳动，没在意！"小蔡重重地吸了一口烟，慢慢低下了头。

"小蔡，你今天没有按规定时间到公司义务劳动，是违规了，是不是？"

"是！按规矩办，老总，我自罚！"小蔡干净利落，抬头朝我一看，一副小偷现场被抓的样子。

"小蔡，今天破例只罚你 2 元钱，怎么样？"我笑道。

"谢谢老总，罚 2 元，你还亏了，一支中华烟 2 元 5 毛，谢谢老总，我去除草了。"小蔡吸完最后一口烟，站起来就往门外走。

"等等，今天你就不用去除草了，这么多员工看着你多尴尬。你回车间'劳动改造'，自己去除心灵的'杂草'！"我站起身朝小蔡肩上拍了两下，边说边笑。

"谢谢老总，你的话似春风把我说清醒了，谢谢！"小蔡双手作揖，一股年轻人的朝气扑面而来。

复旦大学管理学院苏勇教授评价黑松林管理时说："作为一个老板，

他应该怎样与企业员工以心相交。无论是对员工的行为不当，还是高管违反了企业的管理制度，或者对于有缺点的员工提供帮助，刘总都有自己的考虑。为什么人心难测？因为人与人不一样，歌德讲过，世界上没有两片相同的树叶，也没有两个相同的人。对于不同的人，怎样去沟通，怎样从心理层面做到以心相交？这样的理论经验与实践探索，是非常的不容易！”

第五节　“文化养成”是关键

参加世界胶粘剂大会期间，会议组织者安排去西卡公司访问。途中，我们一行人在苏黎世城区就餐。三下五除二，匆匆吃完饭，我和营口吕氏集团的吕总、湖北应城的金总同到山坡下散步，领略一下这儿的自然风景。

刚走到路边，前方急急驶来一辆奔驰车。欲穿马路到对面的金总立即来了个退避三舍。人还未站稳，飞快行驶的车子突然停在老金的面前，车窗里一位四十来岁的帅哥伸出手示意我们先走，我和老金也示意车子先走，“礼让三先”是中国人的优良传统嘛，结果让到最后，司机还是执意让我们先穿过这条不宽的马路。待我们穿过马路，我转身向车中的帅哥微笑示意感谢时，车中的帅哥朝我们闪了一下大灯，笑了笑驾车离开了。盯着远去的红红尾灯，我想到了有些国人遇到此种情况的可能争先恐后、“冲锋陷阵”、“奋不顾身”……不由一阵思绪涌动。

漫步在苏黎世河畔，路边一排排高高的梧桐，吐着新绿，相隔不远那绽放的玉兰花红红的、粉粉的……呼吸着新鲜的空气，我轻松惬意，为这里的自然风光赞不绝口，更为那开着奔驰车主动谦让行人的这种发自内心的行为美而感动。

“刘总，你看那辆宝马车多漂亮！”吕总指着不远处慢速驶来的一辆宝马，金总说：“世界上最富莫过苏黎世，这里不但有名车，而且这里是世界上有钱人最多的地方。”“那我们合伙到这儿开中国餐馆，你看这么大的城市仅有两家中国餐馆，吃饭时生意多好哇，要排队等座！”我们谈笑风生，醉在春天里。

“哎，刘总，宝马车是不是接你来了，怎么停下了。”金总见宝马车停在了我们对面的几只大塑料桶前，和我开起了玩笑。我朝着宝马车看去，一位三十岁的年轻人从驾驶室走下，棕色的头发，红润的脸庞，他不紧不慢地打开后备厢，从中拿出一个大大的纸袋，走到塑料桶旁。接着，从纸袋中拿出一个可乐易拉罐，往大塑料桶里放去，“嗵”的一声，二、三……我数着共五个。接着，年轻人又从袋中拿出一个个葡萄酒瓶，朝另一只桶内放去。最后，年轻人将装瓶的袋子塞进了另一只塑料桶，井井有条，悠然得很。一切完毕，他打开车门钻进驾驶室，宝马车慢慢离开了我们的视线。目睹此景，我们三人交口称赞，打心底佩服：这位年轻人能自我管理到如此地步，罗马不是一天建成的啊！

很多美妙的事都是因短暂的偶遇而倍感珍贵。我随身携带的数码相机记录下了开着宝马车送垃圾的珍贵照片。看着相机里的画面，我的心似河水奔腾，“竹中一滴漕溪水，涨起西口十八滩”。社会的进步在于人的进步，真正的美德价值和高贵之处在于现实、细节和习惯的养成啊！

心力管理分为三个阶段：一是认知阶段，明白什么该做，什么不该做，什么是底线；二是认识阶段，认识并接受企业价值观，思想向企业靠拢；三是认同阶段，认同企业的价值观，并将思想转化为行动，继而演化为习惯。价值观是推动工作、生活、事业发展的精神动力。心力管理主要的价值观是“以心换心”，不断给员工机会，让其依靠“内力”自我反思完善，通过各个管理细节、小事，将人文关怀传递给员工，把企业办成大家庭；员工把企业的事当作自己的事，处处体现主人翁精神，才有利于企业持久发展。

早春三月，寒风凛冽，远处稀稀拉拉的爆竹声，隐隐约约透着年的余味，上演着节日“最后的疯狂”。在工厂食堂陪来访的某公司老总吃完晚饭，已近九点，正准备回家，忽然远处厂区有一道手电光在黑夜中晃动。“哟，怎么有人在那里？”我自言自语着，警惕地向闪着手电光的地方走去。“谁在后面？”我扬着嗓门问道。“老总，是夜间安全巡检员小严！”“哦，小严啊。”我明白了。

春节的这段日子，四乡八邻的老百姓有燃放孔明灯祈福的风俗，虽说屡被禁止，却总是禁而不止，夜间偶尔会有孔明灯掉在东厂区的那片银杏树林里，为了预防可能发生的意外，春节期间我们增加了夜间安全巡检，不怕一万，就怕万一。雪亮的手电光下，小严一副憨厚的样子，一脸对工作的热忱，多像夜空中绽放的焰火，灿烂无比。

安全生产是企业发展的前提和保障。在工厂，员工有什么样的思想，就会导致什么样的行为；有什么样的行为，便会导致什么样的结果。安全第一，预防为主。诸如节日期间放飞孔明灯，从表面上来看，夜空中的几盏孔明灯刚好飞经厂区上空落到工厂的概率很小，由此引发安全事故的概率也可说是微乎其微，然而安全管理中的一些不起眼的“小事”“小疏忽”“小过失”，往往隐藏着巨大的危机，如果“甩大袖子”，掉以轻心，不注重这些“小事”，不愿在做好“小事”上花功夫，不把“小事”当回事，最终“小事”就会酿成“大事”，以致“一失足成千古恨”。

意识决定行为，参与度是预防的关键。一个企业的安全生产，如果员工在思想上没有充分认识和理解，就不会有行动上的自觉和主动。如果离开了全员的参与，就不能称为“全员安全管理”。安全重于泰山，不能只是口号、形式，而应是企业全员的共同责任，说得好，不如做得好，做得好才是真正意义上的落实。安全管理过程中，只有多一些夜间闪动着的手电光，多编织几道全员参与的安全网、防火墙，将安全责任意识深化成一种理念，做到将有心、用心、细心转化为责任心，我们才能有备无患，防患未然。

实践告诉我们，安全文化需要我们将文化特点和规律应用于日常工作的管理中，提高员工素质，培养员工的行为力量，自动自发地用心把安全工作做细、做实、做好，我们才能安全生产、安全发展！

很久前的一天，在朋友家喝茶看电视，朋友家的小孩走到我面前，拉着我的手，指着屏幕上的驯虎表演说："伯伯，爸爸经常说老虎吃人，为什么电视里的老虎不吃那个叔叔呀？"听着幼稚的童音，看着乖巧的孩子，我笑道："因为这个叔叔摸透了老虎的习性，就像你家那条狮子狗，它是不咬主人的。"小孩似懂非懂地点点头，又看电视去了。看着小孩的背影，我有一种未解释清楚的感觉。

人有人性，虎有虎性。驯虎者与虎为友，与老虎建立了感情，也摸透了老虎的脾气。生产中的危险源也是一只"老虎"，我们要像驯虎者那样熟悉情况，摸透规律，针对可能发生的事故，制订好应急预案，安全这只"老虎"亦可为友。

有一次我陪某化工机械厂的严总和他的十几个精兵强将在车间参观。走到配料间，看到一名员工戴着口罩，麻利地拉开一个化纤袋的封口线，然后拦腰一抱，将里面的松香树脂倒入一个特制的布袋。

"刘总，为什么要将原装袋拆开倒入布袋啊？是不是为了保密？"严总神秘兮兮地问我。我诙谐地说："房门都让你进了，对你还有什么保密呀！"

"那为什么要换包装袋？""为了安全啊，兄弟！溶剂型胶粘剂使用的溶剂都是易挥发、易燃的一级危险品，化纤袋在投料时有发生万分之零点一的静电概率，投料过程中万一产生静电就会引起火灾，甚至爆炸。”我一脸沉重，一声感叹：“兄弟，老虎的屁股摸不得啊！”

“是啊，化工企业如一座火药库，不出事故就是最大的效益！”严总深有同感。

安全生产不是口号、心动，而是行为、行动。它如同多米诺骨牌一样，一点轻微的晃动就会导致企业崩溃，甚至倾家荡产。静电也是老虎，而且隐藏于细节之中，更显可怕。然而只要你摸透了它的习性，事故完全是可以避免的。

事故猛如虎。工作的全过程我们不能有万分之零点一的侥幸，不怕一万就怕万一啊！

石榴花开的日子，我随连云港企业文化学会李万来会长一行人赴欧洲考察。经过 10 多个小时的长途飞行，飞机安全平稳降落在维也纳国际机场，此时已是国内深夜。

转天的行程中，我们坐在车上，沿途欣赏各式欧洲建筑，目光所及皆是风景。当汽车经过匈牙利的一座老火车站时，导游小丁给我讲起了在欧洲乘火车的规则。小丁说：“在这儿乘火车是无人检票的，你上车只要将票经过自动检票机检一下即可。这样节省了大量时间和人力。”看着小丁，我点点头。

小丁接着又平静地说：“虽说这儿没人检票，但制度规则却是很严格的，即使你买了票，如果没有经过机器检查，也会被视为故意逃票，就要按标准计算出应该罚款的金额。”“这种方法真好！没有规矩不成方圆。”我点了个赞。“自觉买票上车是一种诚信，靠自律。在这里已形成风气，但是如果你不买票乘车，一旦被查票员查出，除了按规定被高额罚款外，你的个人信誉还会上黑名单的，这谁还敢违反？”

听着小丁的话，我陷入深思，这是不可触碰的社会规矩的“高压线”啊！其实，无人检票并不是一种十分先进的管理方法，推广起来也并不难，但最难的是从制度文化进化为文化制度化，这个过程是路漫漫其修远兮。说实在的，制度没有过错，关键的是，一个制度一旦形成就必须具有不可动摇的权威性。

什么是制度文化？就是将文化理念通过制度载体转化为人的思维习惯，成为常识，以实现价值观的统一。但在执行过程中，规矩是一种底线，是将价值观转化为现实操作的管理制度的过程，能做到知行合一，明白哪些事做不得，真正在心中达到文化制度化的自觉，实现无为而治，却是冰冻三尺非一日之寒啊！

一大清早，还未到上班时间，门卫老孙和一个陌生人在吵架，他指着贴在门房墙上的两张50元罚单在给陌生人说着公司的管理制度。慢慢地，陌生人的声音由大渐小，我走过去的时候已经平息了。看着眼前的一切，我明白了，这就是“50元+50元=100分（满分）”的结果。事情还得从老孙两次被处罚说起。

一天早晨，天阴冷冷的，副总还未进公司大门，就看见一辆油罐车斜停在储罐区大门的路边，给上班过往的车子带来了不便，并且还是一个安全隐患。他到公司后让新上岗的门卫老孙安排车子先开进储罐区，驾驶员和押运员到休息室等待，上班后再办理卸货手续。十分钟后，走动管理时他突然发现储罐区内有两个陌生人在油罐车旁边指手画脚说着什么，经查询是油罐车的驾驶员和押运员，他立即走过去将这两人带到休息室，倒上一杯水，讲明了安全储罐区非工作时间不允许逗留的规定，这两个人很配合地表示理解。

安顿好外来的客人，他找到门卫老孙，问他为什么违反储罐区管理制度，未将送货人员安顿到休息室。老孙强词夺理，说驾驶员说外面冷，他们不想离开驾驶室，老孙觉得也有道理，心也就软了。在副总眼里，执行无小事，他感到这虽是小事，但小事隐藏着大患。一星期前，老孙因外来车辆进生产区未登记，刚被罚了50元，这次又违反了“非工作时间任何人不得逗留储罐区”的规定，又被开了一张50元的罚单。

连续两次的50元罚款，让老孙意识到安全无小事，执行制度手不能软、心不能慈。后来，他干脆将两张罚单贴在了门卫室的墙上，用老孙的话说，一是做镜子照，使自己自律，二是做他的“小喇叭”，宣传制度提升执行力。嘿，这个土办法还真管用。

在门卫老孙身上，我们看到了由制度生成的文化。而黑松林生产区的“大眼睛”，更是我们自我警示的长鸣之钟！

黑松林公司生产区的每个要害装置、要害设备、要害岗位的作业区，都贴有一只大大的眼睛标识，既是安全屏障，又是一道风景线。

一天，安全生产许可证现场审查组来到公司，老专家看着张贴着的眼睛标识问我，目的是什么。我笑道：“项庄舞剑，意在安全啊，眼睛标识能约束员工的行为。每当员工在生产区作业，只要看到眼睛标识就会提醒自己要安全生产。”

我们边走边聊。车间泵房内，真空泵哒哒哒地旋转着，一只眼睛标识亮亮地看着我们。“嘿，这眼睛还真会说话。刘总啊，你将心理学融入管理学之中，眼睛标识既醒目又形象，增添了安全生产的感情色彩，具有画龙点睛的作用，值得推广，值得推广。”老专家一脸灿烂。

其实，眼睛标识是英国人的发明。英国纽卡斯尔大学的心理学专家在校区设立了一台自动饮料机，连续十周，研究人员在饮料机上方轮流贴上眼睛和花朵两种标识，每周换一次，以观察这两种标识对人们行为的影响。结果表明，张贴眼睛标识的饮料机收入比张贴花朵标识的高出276%。数字表明，人们在取饮料时看到“眼睛”标识，会更积极地付钱。同样，用于安全管理，生动形象的眼睛也会发挥高于一般情况下的警示效果。

人们常说："心是你身上的一盏明灯，能够替你照亮前行的路。"确实如此，心里有什么，你看到的就会是什么。一个企业，优质的产品是员工用心生产出来的，一个人的良好习惯是通过管理和教育慢慢培养出来的。纠错是救火，是出现错误时纠正错误。防错是防火，是错误没有发生时采取措施，预防错误的发生。门房墙上的两张罚单是法治，是治标；而目视管理的眼睛标识是德治，是治本。有时候，成功者与失败者之间的唯一差别就在于他们拥有不一样的习惯。员工的一个动作、一种行为、一个习惯，均可体现企业的文化价值取向。工厂是员工成长的学校、好习惯形成的摇篮。文化管理需要员工从内心真正领会、理解、认同，进而变成习惯性动作。这就像我们用桶装石子，装了多少，中学生都能用公式计算出体积来。而在实际中，尽管知道理论上的体积，但装满石子的桶里还是有间隙的，还可放进沙子，加上水，这样才能慢慢填实，这才是真正地装满。

中国企业文化研究会理事长孟凡驰教授说：文化管理的本质是以人为本、以文化人。怎样体现这个"本"？文化怎样化人？知员工之心，与员工交心，尊重员工的人格，才能体现员工的主体地位；聚众人之心形成合力，才能使员工真正成为企业的主体；塑造员工向上向善之心，才能使员工形成健康的人格和优质的心态，达成文化养成之境界。

"大老张，还有两天就要退休了，该歇歇了。"

"老总客气了，不管退休不退休，我生是黑松林的人，死是黑松林的鬼！干完最后一天，我就打道回府！"大老张动情地说。"我说，您能不能带个徒，传授传授秘诀？"

"带徒？传授秘诀？老总您真会开玩笑，打扫厕所还会有秘诀？带个什么徒啊？”

“这么多年，厕所干净得没有一点污垢，这里肯定有秘诀。

“秘诀？”大老张瞪着我，慢吞吞地说：“要说秘诀，那就是干什么像什么，认认真真，别让人挑出不是来！”说完，又像哥伦布发现新大陆似的蹲下身子拾起墙角的一点碎屑。

这是我和即将退休的清洁工大老张在厕所相遇的场景。“干什么像什么，认认真真，别让人挑出不是来！”我重复着大老张这句话，越品越有味儿。

转天，在欢送大老张光荣退休的座谈会上，大家你一言我一语，对他平时工作中很平凡也很感人的点点滴滴如数家珍，愣是把一场座谈会开成了事迹报告会。最后，在总结发言时，我讲起了日本以刷厕所出名的邮政大臣野田圣子的故事：野田圣子年轻时进入东京帝国饭店工作，上司安排她先去洗厕所，开始每天擦洗马桶时几欲作呕，但她暗暗发誓，一定要走好人生的第一步！有一天，一位老员工给她演示擦洗马桶，擦完后从马桶中盛出一杯水一饮而尽，连眉头都没皱一下。从此以后，为了证实自己的工作质量，也为了强化自己的敬业心，野田圣子多次喝过自己擦洗过后的马桶里装的水。

讲完这个故事，我向大家宣布，日本有个洗马桶的大臣，我们有一个刷厕所出身的门官大老张——“大老张退休手续照办，继续留在企业转做门官！”我的话还没说完，就响起了一阵热烈的掌声。

陈春花教授说：好的教育是一种唤醒。其实，管理虽无对错之分，却有好坏之别和水平高低之论，其取决于个人目标和组织目标能不能完全融合。水平高的管理，可以让所有个人目标和组织目标保持一致，没有冲突；而水平低的管理，往往是个人目标和组织目标相互冲突，现代管理最大的挑战就在于此。

第六章

和谐组织

第一节 用“心力管理”打造和谐组织

企业管理中，既要用“德”，也要用“礼”（制度）。那么，管理的最终目的是什么呢？孔子说“礼之用，和为贵”，体现了中国传统文化中以礼仪制度达成组织或群体和谐的观念。“和谐”一直是中国传统文化的精髓和最高价值标准之一，体现着中国哲学的智慧。在中国传统文化中，“和”与“和谐”的价值历来受到珍视。

和谐是中国传统文化所追求的终极目标，既是一种社会理想，也是一种生命理想。清华大学教授张德说，“致中和”是中国传统的独特的方法论。所谓“中”，即不偏不倚，不过不及。有人在企业管理中喜欢走极端，“奖得人眼红，罚得人发抖”，效果不会好，应该努力在两个极端中间找到一个平衡点，才能做到刚柔相济。我很赞同张老师的观点。从现实看，家人相互包容、关爱，家庭就会成为心灵的避风港。工作中，与同事和谐相处能提高工作效率，创造良好的工作环境。追求和谐能让生活更加美好，也是社会发展的重要目标。

因此，企业的管理贵在人和，人和是企业成长的基础。在《三精管理》一书中，宋志平提出了“以人为中心”的理念。他刚担任北新建材厂长时，企业面临很多困难，最大的困难是人心不齐，士气低落，凝聚力差，组织没有活力。于是，宋总请人在一块大石头上写下“人和”两个字，放到员工每天上班必经的路旁。他认为，人尤其是人的积极性、凝聚力和创造力，是企业最宝贵的资源，只要大家从“和”字出发，遇事多想想别人和集体，就能处理并解决好诸多问题。儒家认为，管理的本质是“修己安人”，管理者通过“克己”实现自我管理，进而达到“安人”的目的，实现组织的和谐稳定。我理解，宋总说的这个“和”字，既体现在企业与员工的关系上，也体现在员工之间的关系上。在黑松林的发展过程中，我在管理中最大的心愿，就是用“心力管理”打造一个和谐成长的组织。

俗话说，莫谢锦上添花客，但做雪中送炭人。又要过年了，我这个“饱汉子”例行在春节前去乡下走走，去看看公司的那个特殊的“饥人”——大老王。

喜气洋洋的红灯笼给人送来了过年的感觉。来到大老王家门口，老远就看见她十三岁的小女儿坐在一只红色的塑料盆边洗几双脏布鞋。走近看看，小女孩通红的小手长满冻疮，着实令我心痛。跨进屋子，躺在床上的大老王撑起虚弱的身体，目光饱含感激，伸出双手：“谢谢老总，这么忙还来看我。”泪水悄悄润湿了我的眼角，掏出装满心意的信封，按住大老王的双手，笑在我嘴角绽开，心却哭了。

回公司的路上，大老王焦枯脸上的皱纹、孩子长满冻疮的小手……刚才见到的一幕幕影像，如同正在播放的幻灯片，在我脑海盘旋。是啊，纵使老总有天大的本事，一个企业的成功，终究还是离不开像大老王这般尽职尽责的普通员工。在春节前看看生病的员工、特困的员工、战斗在一线的员工，不仅是礼仪，也是一份牵挂和真情。这种精神“红包”在某种意义上，比厚厚的一叠钞票更值钱。爱到深处，企业就是员工的家，到那个时候，什么老板、领导，都可以统统放到一边，深入人心灵的只会是同事、朋友、兄弟……

有一年，公司招聘了几个灌装工，试用一个月后，车间主任小鞠找到了我：“新招聘的灌装工老陈，手脚不灵活，有点‘笨’，跟不上工作节奏，建议退回。”听着小鞠认真负责的话，我脑海中浮现出老陈的样子，40多岁，勤劳朴实的农村妇女，剪个“耳边毛”短发，曾经在一家私企打工，后被辞退……“一定要退回？”“一定，她和谁组合，谁都不愿意，怕完不成定额。”小鞠看着我，水灵灵的大眼睛一闪一闪的。

“小鞠啊，我听说，老陈手脚确实不够利索，不过人挺老实的，家庭也比较困难。”我顿了顿，朝小鞠微笑着继续说：“能不能将她调整到炼胶车间去剪胶片，将老徐换过来做灌装工，再给她一个月的试用时间？”我用商量的口气与小鞠讨论着。“好，可以让她再试一下！”小鞠眼里闪着亮光。

老陈被调配到炼胶车间后，听说了领导对她的关爱，知道找份工作不容易，硬是埋下头剪胶，即使手上剪出了泡也还是坚持着，终于剪出了她工作的精彩。小鞠见人就说：“用人之长，没有做不好的人，只有放错地方的人。”

员工的成长就是企业的成长，有的人能挑一百斤，有的人只能挑五十斤，只能挑五十斤的人，硬让他挑一百斤，就是强人所难，其结果是挑不起、不适应，最后走人。人无完人，但人总是积极向上的，这就需要管理者针对不同人的不同情况，合理调整，扬长避短，及时引导员工朝着符合企业需要的方向改变，从而使员工更加自觉努力，刻苦工作，产生更大的动力，产生最佳的工作效率。只有企业和员工一起成长，企业才能“人心齐，泰山移”。一批平凡的员工，或许创造不出惊天动地的业绩，但他们是企业和谐健康发展的基础。

清华大学张德教授评论这件事时说：人性假设是管理的前提，性恶论者把员工当工具，性善论者把员工当亲人。由此张老师认为我是“性善论”者，“性善论”也是心力管理的哲学前提。我不知道自己是不是“性善论”者，但愿意与人为善确实让我在工作中、从员工身上收获了很多。

中国传统文化十分强调“天人合一”，提出人们应该以和善、友好的态度对待大自然中的飞禽走兽、花草树木。同时，“和”与“谐”两个字，其实都是音乐的节拍，如《尚书·舜典》中说：“八音克谐，无相夺伦，神人以和。”和谐，在中国文化中也有“谷物幼苗生长”的意蕴，后来扩展为各种事物之间相互支持、相互促进的概念。从这个意义上说，假如企业是一棵大树，那么企业的领导者就是一名辛勤的园丁。这个园丁可以不懂公司里的任何事情，但只要认真呵护，当好后勤部长，去爱树、护树，企业之树就一定会长青长春。

出差回到公司已是夜里八点多了，停稳车，看见库房区还灯火闪烁，几个人影映在窗户上，好像一幅剪纸画。

我悄悄走过去，看见暗淡的灯光下几个小年轻正赶着卸一车原料。

“快点，手上搬豆腐啦！怎么这么慢？”站在车上的小庄朝推小推车的大冯嚷道。

“来了，来了，我衣服都湿了，还说我不着忙。”一边的老冯也不示弱。小庄边将袋装原料从车上放到小推车上边幽默地说：“快装，卸完货我请你们吃夜宵！”

“今天咱们庄师傅跑路拾到钱啦！”一旁的小吴来了个激将法。

“你们吃不吃？吃就给我拿点表现。”屁股翘得比头高的小庄弯着腰，边说边拎起包装袋。

“吃什么吃，你真请我们就吃，不吃白不吃。”不知谁插了一杠子。

“好，不请是小人，你们听着，卸完原料再将明天要送的货装上，我请你们吃三道大菜：第一道菜红烧酱油汤，第二道菜刀切西北风，第三道菜清蒸自来水！”小庄手不停嘴也不停。

“哈哈……说得好，这三道菜单开得好，我吃！”待在一边的我捧腹大笑。

“老总，你怎么来了？不好意思，我们在穷开心，说话干活两不误！”车上小庄猛一转身朝我笑道。

“嘿，咱们小庄真风趣，嘴打挂手不打岔，新潮！这样了，今天晚上活儿干完，所有的人都到大排档去，我不开穷心，来个真心，先品尝小庄的三道大菜，我只好搭几个下酒小菜喽！”“哈哈……”笑声打破黑暗中的寂静，似银铃、洪钟，更似粘合剂……

得人心者得天下。企业要持续、高效、稳定、健康发展，需要赢得人心。赢得人心不仅需要强化制度与管理，还应有欢乐精神来调动团队成员的主人翁精神。企业是一个快乐大舞台，需要员工快乐表演，只有让员工感到自己是舞台上最幸福、最优秀的演员，他才会尽心尽情尽力地把才华和热情献给这个舞台，演好每一个动作，做好每一件事，关注每一个细节，来感恩“根”的关爱和养育。

遇到过这样一件真实的事。多年前的一天，老同学带着孙子来叫我这个升了级的爷爷。玩着玩着，小男孩走到一旁的菊花前，指着像个烫着满头金发的花问我：“爷爷，菊花的果实在哪儿？”我朝小男孩看了看，一时语塞，无法回答这个问题。半晌，我蹲下身，抚摸着他的头，指着盆中的泥土说：“乖孩子，根才是最好的果实。”可不是吗？“员工的心，企业的根”，“根”才是最好的果实啊！

怎样用心力管理来打造和谐的企业组织？我认为，好的管理，是由内而外地影响一个人、一群人，这往往不是通过什么书面的东西来传递和实现，而是通过一些软性的途径，如在公司里流传的故事、比喻等。上面我讲的故事，在一定程度上感动了黑松林的员工，让大家真切地认识到自己和公司是一体的，也发自内心地愿意为公司做贡献；而下面的故事，来自员工的自发行动，真真切切地感动了我。

我 60 岁那年，员工得知我要过生日，纷纷送来红包、礼物，我内心除了感谢还是感谢。将这些礼金礼物如数退还时，我和大家说：“红包就免了，把工作做好，就是送给我的最大的礼包。”说者无心，听者有意。我生日的当天，真的收获到一份意外惊喜。那天正巧是周日，员工们瞒着我互相倡议，义务加班一天为我祝寿。知情后的我内心涌起一种无法言表的感动：做黑松林的老总也很幸福啊！

当下，有一些企业老板将对员工的付出，单纯地理解为金钱与物质，其实这只是完成了职责的一半。因为人对物质的追求永无止境，总会有更高的诱惑出现。我们还应关注员工是否能够快乐工作、受人尊重，有没有成长空间，身心是否健康，等等。员工的工作幸福感越强，忠诚度才会越高，工作激情才会越高，工作绩效才会越高。

中国企业文化研究会原常务副理事长华锐先生在一次企业文化峰会上提到黑松林管理时说：心之所及，力之所达；力之所达，业之所成；业之所成，才有幸福所依，最终打造幸福企业。在经济和文化高度发展的现代社会，建设幸福企业，需要“薪”和“心”。薪水、情感两者缺一不可，只有好话没有物质是空的，只有薪水没有人文是虚的。所以，企业与员工的感情只有建立在双方共同发展的基础上才会牢靠，老板和员工共同努力，每个人都将成为幸福的创造者和被眷顾者。这不，在司机小周的一束灯光里，我就成为那个“被眷顾者”。

那是一个冬日的夜晚，我从安徽赶回来已是十点多了，呼呼的北风似狼嚎，让人不寒而栗。“刘总，不早了，送你回家吧！”司机小周边开车边问我。

“好吧，你辛苦了！”车子很快开到我家巷子口。“小周，赶紧回去，早点休息。”小周笑眯眯地点头，可车子未曾开动。“快走吧！”我边掏钥匙，边连连朝他挥着手。这时，一束灯光直照进巷子，雪白雪白，将门上的锁洞照得亮亮的。门开了，我转过身，目送黑暗中的灯光渐渐远去，一份感动萦绕我心，不由哼唱起甲壳虫乐队的那句“爱，爱，爱……”

感动源于关爱。那一束灯光是雪中送炭、炎夏甘露，是同伴之间的纽带，是人与人之间的关爱，触动了我的心灵，荡涤了我身体与心灵的尘埃。爱这东西，往往隐藏着不轻易显露，一旦看到更深的东西，就像剥一层一层的洋葱一样，让你泪流满面。

2010年春节前，我与司机小周去外省拜访客户。从南到北，转战千里，加上天气变化无常，两人都有了感冒的预兆。每隔一段时间，我都会为他倒点开水。后来小周回忆道："一路上刘总总是为我倒水，叮嘱我多喝水对预防感冒有好处。我注意到他每次为自己只倒一点点，问他，他说倒多了水会凉。后来到了服务区，我下车打水时才发现水瓶是空的，他是把开水都省给我喝了。"其实，幸福就是一杯白开水，虽平平淡淡，却可以调成不同的味道。作家梁晓声写过这样的话：每个人都有心脏，但并非每个人都有心灵。一个企业就是一个家庭，一把手就是这个家庭的家长，一家老小的衣食冷暖都需要去操心。员工们期望的老总，不在于权力大小、钞票多少，而在于心中有没有员工。那一束灯光、一杯开水，根源于内心的善意，我不能精确计算它的价格，但它却要求我、激励我：义无反顾地做个好老板、一个厚道的带头人，不管明天刮风下雨，只要我的公司没有破产，这儿有你的铁饭碗！

第二节　人与人之间的和谐

在提倡集体主义的文化中，人们十分重视自身的社会适应性。在社会交往中与别人发生冲突，被认为是粗鲁的表现而不受欢迎。企业就像一个大家庭，是全体员工共同的家。在企业中，无论个人多么优秀，一旦破坏了人际关系与组织的和谐，就会受到排斥。

但就我的观察来说，员工之间发生矛盾和冲突，几乎是难以避免的。问题的关键在于，发生了这样的矛盾和问题之后如何处理。比如，有的管理者完全按照既有的制度来执行，就事论事，不愿意、不能够深入了解事情的来龙去脉，与当事双方缺乏深度沟通。这样做的结果就是，他的确是按照制度做了，但因为当事双方与管理者之间缺乏必要的信任，所以难以在冲突之后，同事之间能真正恢复或建立和谐关系。在工作过程中，我下了比较大的功夫来解决此类问题，力求做到孔子说的"君子和而不同"。

一天上班后不久，车间里传来一阵激烈的吵闹声，我走出办公室，循声而去。

"你这个主任是吃米田共长大的，没有锤子让我用拳头去砸啊，我砸你！"员工老项举起攥着的拳头，瞪着一双大眼，怒气冲天。

"找个锤子还要我找，吃饭还要我喂你啊！你砸砸看！"一边的车间主任小严涨红着脸，一手撑着腰，一手指着老项。

"别再吵了，这么个小事吵什么吵！"车间几个女工边拉边劝老项。

"老总来了！"

"老总来了怎么样，吃的是盐和米，讲的是情和理，老总也讲道理！"

"老总，事情是这样子的……"

"老总，他今天一早就像喝了高粱烧……"

两个人见我来了，都抢着说理，想来个恶人先告状。我又好笑又好气，控制住自己的情绪，眼睛盯着他俩说："这么大的事情，用什么拳头，保卫钓鱼岛要用导弹！"我学着母亲当初劝架的幽默。瞬间，两人的争吵戛然而止，"扑哧"都捂着嘴，怕笑出声，一边的几个员工却哄堂大笑起来。紧张的气氛得以缓解。

"都到我的办公室，我和你们讨论锤子的问题，不准影响车间生产！”说完我转身就走。

两个人相互瞟了一眼，悻悻地跟在我的后面，活像两个跟屁虫。我又好笑又好气，心里明白，问题得不到解决的时间持续越久，双方则越会使劲儿为自己的观念寻找支持，来证明自己是对的，致使矛盾的解决越发棘手。

“还站着干什么，先喝口水，消消火！”我边说边拿起一瓶矿泉水递给老项，笑道：“哟，可别当锤子砸我哦！”老项不好意思地朝我笑了笑，低下了头。

“小严啊，你是干部，干部就要为人民服务，巧妇难为无米之炊，要人家干活，不找工具给人家，人家怎么干？”我朝小严瞟了一眼，话语一转：“老项，是不是？”

“老总，活菩萨，只有老总知我心！”老项一阵激动。

“来来来，老项，现在咱们不谈锤子的事，你先来解一道智力题。”我出了个脑筋急转弯的题目：“101-102＝1，只准移动一个数字，使这个等式成立，怎么解？”我给老项将了一军，一边的小严朝我看了看，不知我葫芦里卖的什么药。

“老总，这个我想不出答案！”半晌，老项从牙缝里冒出了一句话，边说边下意识地摸着头。

“想不出答案？如严主任不给你锤子，怎么干活，对吗？老项同志，出路从来就是立体的、多维的，我告诉你答案：将102中的2向上移，成为10的2次方，这个等式不就成立了吗？对不对？简单吗？”我顿了顿接着说：“同志呀，人不主动工作会变懒，机器不用会生锈，无论是解题，还是找锤子，一条路走不通，一定还有其他的路可走，只要开动机器，发挥主观能动性，用心用脑，总会找到一条成功的出路呀！”

“老总、严主任，今天我错了！”老项坐不住了，情不自禁地双手作揖，边说边转身向车间走去。

其实，世界上很多事情没有绝对的对错之分，全看你从哪个角度去看。一句话可将人说得笑起来，也可将人说得跳起来，像这种为“一把锤子”争吵的冲突，是一种负能量的发泄，是在用情绪化的方式表达自己的意见，公说公有理，婆说婆有理，媳妇躲在门边也会有理的。这种争吵有多少是能真正说到主题的？很多时候，争论的其实并非问题，而是责任分配，各自的初衷是在争所谓的“理”，都要证明对方是错的，自己是对的，这种上不了纲、上不了线的鸡毛蒜皮的事，居高临下当裁判，就事说事，话会越说越多，也未必能说清楚，话不投机时甚至会引起对抗，导致事情向更糟糕的方向发展。

企业领导，重要的是“日损”悟“道”，扬弃旧的管理思想，甩掉“就事论事做裁判”的老套，像处理“一把锤子”这类问题时，放下架子，以平常的心态采取慢沟通的形式，耐心聆听对方的声音，给予他们充分表达的机会，玩一点“心智”，启发对方站得高一些，最后能产生出人意料的效果。在工作中，我把这个称为“清官也能断好家务事”。

员工之间的相互沟通、相互理解，对团队与组织的和谐来说也是十分重要的。很多年前的事了。几个老工人联名写信给我，反映最敏感的工资问题。信中写道：“如今舅舅不如外甥，萝卜不如菜根，我们干了二三十年，收入还不如新来的大学生，不知老总是何感想。”来信虽短，余音颇长。第二天下午，我将这几位老工人请到办公室，又是倒茶，又是递烟。先进门的大老张见桌上放着一份美国发来的邀请函，就对身边的几个老同事说：“看，咱们老总开洋荤了！”我付之一笑，顺势将邀请函递过去：“看看写的是什么。”“老总拿我这个初中生穷开心了，学的几个字母早跟老师跑了！”大老张边说边摇手。“你们几个谁能看出来写的是什么，我给你们加工资！”几个老工人一下子沉默下来，连头都不抬，生怕找上自己。

我拨通内部电话，叫来了刚聘来的大学生。“老总找我有事？”戴着一副宽边眼镜的小王彬彬有礼。“把这份邀请函翻译一下。”不到一支烟的工夫，小王又进来了：“老总，这是原稿，这是翻译稿。电脑上已存储，可随时调阅。”听着小王的一番话，几位老工人面面相觑，不时地偷看我两眼。我感慨地说：“我们都落伍了，这就是差距啊！”

小事是大事的根。几位老工人的联名信，谈的是工资问题，反映的却是价值观上的差距，不能小看这种现象，一个人如果心乱了，一切就乱了，心没有病，一切就自然安宁快乐。佛教说，人有一百零八种烦恼。所谓烦恼，就是我们生而为人的迷惘、执着、嫉妒、虚荣等心态，烦恼又会衍生痛苦。如何消除？唯有沟通。因为烦恼归根结底是人的意识造成的，藏在心里的情绪就像入锅的饺子，只要时机成熟，就会翻腾着浮出来，按都按不住。一旦形成心理障碍，就会滋生离心力，影响工作，影响企业稳定发展。管理中的很多事，确实清官难断，但我们又不得不解决。然而，要断好家务事，需要管理智慧，这就像世界上发明了锁以后，必然有与之相配套的钥匙一样。

此外，企业实践中也有一类矛盾和冲突，是由管理者的缺位甚至“失职”造成的，这时候，就需要给管理者“紧紧发条”了。因为只有管理层在思想上真正重视和尊重员工，想员工之所想，急员工之所急，员工才会和企业同心同德。

一个早晨，我早早来到公司，照例四处巡视一番。到了原材料仓库门口，赫然发现一摊“水汪塘”，似油非水，像面镜子，在阳光下一漾一漾地闪烁。我心生奇怪，天又没下雨，怎么会有积水呢？于是，蹲下身用手指蘸了一点，闻一闻，没有气味。再用手指捻一捻，油腻腻的。哦，原来是配料工将二丁酯洒到地上了。地上的一摊二丁酯，仿佛一扇窗，让我窥见了员工的责任心，看到了浪费资源、污染环境的景象。

我顺藤摸瓜，发现配料员的帮手小沈是“水汪塘”的制造者。“这是你洒在地上的吗？”生产科丁科长严肃地问。“我不是不想弄好，可是这个吸料器也太不好用了，再小心也会洒出来。”小沈一副苦瓜脸，从库房拿出个残缺的吸料器。我一看，这吸料器果然够破的，像个断了手臂的维纳斯，难怪小沈有点不服气，巧妇难为无米之炊。我看看振振有词的小沈，对丁科长说：“让大家到这里集中。”

“这是撒在地上的一摊原料，每公斤16元，是食用大豆油的近4倍，谁家的油瓶倒了不扶，油泼了不清理好？”现场安静得似乎空气都凝固了，只听见我的高嗓门。沉默片刻，我又拿起残缺的吸料器：“使用这种工具能保证不洒到地上吗？同志们，请你们各抒已见，写在问卷上，谁是第一责任人？”我边说边让丁科长发放现场问卷。

一石激起千层浪，问卷引来了井喷般的议论。小事化大，连带两级，最后的答卷是这样的：车间主任主动请罪愿罚了事；当事人气消怨散，扛起责任，还产生了“负罪感”。

彼得·德鲁克说：所谓领导能力，是能够将一个人的视野提升到更高的高度，使之工作表现提升，并且建立超越自我的人格。一个企业的成功，只有通过员工的努力才能实现。如果管理者纵容员工的一次过失，就会有上百次的过失等着你。问卷是窗，企业管理要的是实实在在地解决问题，而不是制度文本下的形式主义。

第三节　人与组织的和谐相处

陈来先生在《中华文明的核心价值：国学流变与传统价值观》一书

中，总结中华文明的价值偏好时认为主要有四个方面：责任先于自由，义务先于权利，社群高于个人，和谐高于冲突。

中华民族历来注重宽容和谐，传统文化对此有许多精辟论述。以孔子为代表的儒家积极倡导宽容和谐的思想，孔子所建立的仁学思想体系，实际上就是要以此建立一个宽容和谐的道德社会。孔子主张“君子和而不同”，并以仁学思想为基础，试图通过中庸达到宽容和谐：“中庸之为德也，其至矣乎！”为人处世要“允执其中”，贵和持中，否则“过犹不及”。这一思想对后世有着深远的影响，对中华民族宽容和谐精神的形成发挥了积极作用。儒家之外，墨家也力图用兼爱建立宽容和谐的社会。具有浓厚伦理色彩的中国传统文化，孜孜以求的是一种宽容和谐的理想社会。

春秋末年的晏子提出了事物“相济相成”的思想，强调君臣之间保持和谐关系，君能容纳臣的不同意见，就是君对臣的宽和。我很重视管理者在解决人际矛盾中的作用，而作为企业的一把手，要让管理者付诸行动，我自然要以身作则，在员工与企业组织的和谐相处上“做文章”。

席西民教授说，所有社会经济系统都要面对大量的突发事件、模糊不清的问题和人的非理性。因此，处理各种突发状况和紧急事件是管理的常态。在管理实践中，处理这些问题、解决员工与组织（也包括我本人）的冲突，我有惯用的三招。

首先，耐心地与员工沟通，是我的第一招。

一天，不知是谁悄悄地在我办公桌上放了一份《广州日报》，并用红笔标出一行醒目的标题《员工顶撞领导罚款50元，律师称毫无法律依据，非常荒唐》。我静心细看，文章说的是某企业一员工因不服临时加班的安排，被罚款50元，顶撞领导又被罚款50元。恶性循环之后，竟被罚得生活费无着落。无奈，员工找到律师咨询，律师称，顶撞老板被罚款没有法律依据且非常荒唐。

时代在进步，员工的法律意识在不断增强，管理者所遇到的不确定因素也在增加，老板不好当啊！经过一番思考，我于当天下午召开部门负责人沟通会，先传播这则新闻，然后提醒大家履行管理职责时要规范行事，不可贸然惩罚员工。紧接着，我宣布在全公司开展“挑刺”活动，让员工给企业“挑刺”，给管理者找毛病，员工找出问题有奖，管理者有则改之，无则加勉。

智慧的本质是面对任何不确定的未来，总能找到确定的行动方案；面对诸多矛盾的冲突，总能找到平衡矛盾的方法。一场“报纸风波”引发了一次有意义的“挑刺”活动，对改进管理而言无疑是一次有力的促进。如果我当时将报纸封锁起来，或者追查送报人，搞不好就会引起逆反心理，那就真是复杂了。我要感谢这个送报纸的人，让我体验了简单中的复杂，并且提醒我将复杂思考在前，从而将复杂变得简单。

为应对市场竞争，我们对营销员进行了“八大军区”的调防。我亲自带调整后的大老陈一起驱车调研北方市场，从山西开始一路东行拜访客户，总共 18 家，到山东泰安已是中午 12 点。

在泰山服务区小憩，我们点了 20 元一份的自助餐，店家外送一瓶小二锅头。驾驶员不喝酒，三扒两咽吃完饭就到车上休息去了。跑长途疲劳，得让他多休息一会儿。我与大老陈边喝酒边聊天，说着掏心窝子的话。

不管菜的口味怎样，我俩吃得津津有味。一同出门在外，没有老板员工之分，而是一对良友伙伴。我们谈着国际金融危机的事、国家的事、公司里的事、客户的事、自家的事，一句句对着心思。

“来，喝酒！”我呷上一口酒，转了话题：“这次营销大调整，把你从南方调到北方过苦日子，有想法吗？”

大老陈眼睛睁得大大的，脸陡然变红，嘴唇嚅动了几下，也没吐出一个字来。我举起二锅头向大老陈的酒瓶撞去，“喝！”“咣当！”一声，还真撞出了火花。大老陈的话匣子被撞开了：“没有想法不可能！这几年我在南方干得好好的，为什么要转到北方来‘充军’，我心里一直想不开！”

“哦，还真想不开。大老陈啊，可别刚从山西出来，就喜欢‘吃醋’。你可知道，山西为什么出产老陈醋？”

大老陈不解，一脸茫然。

“醋是你的本家啊！陈姓人家酿的醋有名啊，老百姓就叫它‘老陈醋’了。”

“同是陈家，此陈非彼陈，惭愧，惭愧！”

“你大老陈开拓新市场有办法，抽调精兵强将开拓薄弱市场，是企业的战略转移，你只要不居功自傲，不把酒当成醋，就一定能成功！来，喝酒！”我真诚相邀，酒瓶里盛满了信任。

我紧接着给大老陈说了个故事。某矿区发生事故，有6名矿工被困在井下。每个矿工都有一个矿灯，电池够用10个小时。有人提议，把矿灯都亮起来，让大家看清眼下的险情。又有人提议，这样电池会很快用光的，还是只亮一盏好，留着光明才有希望。大家异口同声地答应了。

“后来那6个人活下来没有？”大老陈急切地问。

“尽管饥饿、寒冷和恐惧一分一秒地吞噬着他们，但他们守着矿灯，轮流用矿帽接着井壁上的滴水滋润嗓子，分享着原本只有一餐的干粮，整整6天6夜，就在最后一盏矿灯快要熄灭的瞬间，营救人员发现了最后一丝弱光，他们与死神擦肩而过。”

“老总，你的用心我懂了。市场何其大，危机我不怕，东方不亮西方亮，西方不亮头顶上开天窗，让新手去守卫南方市场吧，北方市场很快就会红火起来的。来，喝酒！”这一次是大老陈提议了，两瓶二锅头又碰在一起。

利用出差的机会与员工喝酒聊天讲故事，我用真心换真心，帮助大老陈消除了心病，这是在办公室中无法做到的。

看看那些成功的歌手，往往能够在现场燃烧起激情，令观众的情绪不由自主地随之跃动。基于此，我认为，能否胜任企业领导人，重要的标准是能否鼓舞员工的士气，使员工处于积极、兴奋的情绪中，产生更好的工作绩效。所以，在处理组织与员工的关系时，通过出其不意的“关怀”激发员工的情绪价值，是我的第二个招。

多年前，公司使用了十多年的储罐区因为靠邻厂太近，安全监管部门要求我们限期拆除移装，可是根本找不到合适的地方，四只几十吨的储罐像搁浅在沙滩上的铁船。

这次去美国的前几天，我好不容易协调定下一块风水宝地，储罐终于又要站起来了。登上飞机，虽在一万米的高空，心里却惦记着储罐的安装进度。凭我的直觉，“五一”后随着北京奥运会的临近，储罐里的这些危险品运输时定会被严加管制，说不定价格可能惊险一跳呢！

到美国已是当地时间下午五点多，夕阳西下，国内却是旭日东升的时刻。吃过晚饭，被时差折腾得睡不着的我心里还在想着公司，该是早晨上班的时间了，脑海中仿佛有一首公司交响曲在回荡。我掏出手机给机修班班长小江发了一条似家书的短信：“江班，早晨好！我刚到美国，这里与家里时差有12小时，我在黑夜，你在清晨。这些天你们辛苦了！希望你和伙伴们抓紧将储罐安装好，回来我犒劳你们！向你们致敬！”我看了看文字，按下发送键，屏幕上一颗蓝星星由大变小地飞向远方。

“叮铃！”来短信了，打开一看是小江的：“老总，谢谢你的关心！请放心，我们等着你回来放竣工的鞭炮呢！”看完信息，我望向窗外，满天的星星似眨着不眠的眼。

《奖励员工的一千零一种方法》的作者鲍勃·纳尔逊说：在恰当的时间，从恰当的人口中道出一声真诚的谢意，对员工而言比加薪、正式奖励或众多的资格证书或勋章更有意义。其实，我们的员工很朴实、简单，管理者用最平实的方法、最有效的激励，让员工在第一时间感受到惊喜和感动，意义深远。一条短信，关心工作，更关心员工，为的是让机修班班长小江抓紧施工，早日完成储罐安装，让他自己督促自己，这比领导者用规定期限命令督促效果会更佳。

合格的管理者，不是在员工与企业出现问题时才临时“救火”，而是在最关键的时候为最可爱的员工加油。在企业里，每一个人都希望自己很重要。用情商制造影响力，使部下感到被尊重、被信任，我相信自己也会得到意外的收获。

那次我在化验室看新品小样，技术员小王拿出一只仪表对我说：“老总，这只仪表坏了，等着用呢。”正巧，我第二天要去上海，就决定带上小王一道去上海解决这个问题。

在上海一家仪器商店的售后服务部，当班的老师傅笑眯眯地询问我们的来意。小王边说边拉开包，小心翼翼地将木制小盒取出并轻轻打开。“怎么是空的？”小王不由得自言自语，脸蓦地红了，额头上渗出了汗珠。原来他忘记将仪器放进盒子里了。看着这出“戏”，我真是又好气又好笑，店家老师傅也笑得前仰后合，埋怨又有什么用呢？得了，就当请小王到上海旅游一趟吧！

小王带着好心情来上海，没想到搞得灰头土脸。我只得巧言抚慰，但愿他的这一次沪上旅行愉快。当家人就得有当家人的肚量。过失是明摆着的，但已经无法挽回了，为什么不可以争取更好的效果呢？我相信小王这一次的上海行是不会白跑的。

俗话说，麻雀虽小，五脏六腑俱全。中小企业的领导者，用“日理万机”来形容并不过分。因为事情多、压力大，所以情绪不佳甚至发火，大概是企业领导者的常态。我一直觉得，领导者发火可以理解，但发火之后怎样善后，大概也是一种“管理的艺术”了。以我自己的经验看，发火、口不择言之后道歉，是解决矛盾、建立和谐关系的好办法。这就是我的第三招。

员工老徐住在桥北，我住在桥南，隔着一座桥，走路难免碰面。前几天，公司让老徐去买几棵茶花树，他把树买好，送到公司就回家了，错过了茶花树的最佳栽种时机。为这件事，我批评了他两句，从那以后，老徐在路上见到我总是躲着，少了平时的相逢开口笑，我们之间多了一堵无形的墙。

脸色是心情的“晴雨表”，我决意抽个时间和他谈谈。“老徐啊，来，喝杯水！”老徐刚坐下，我就倒了一杯水递到他手上，老徐抬起头看着我，一双大眼睛亮亮的，顿了顿，“谢谢老总！”边说边起身。

“坐，坐！”一杯水拉近了两人的距离。“这些天怎么啦，没精打采的？”我开门见山地问。

“老总，你真不愧是到清华大学心理学系讲过心理学的，说实话，你上次批评我，罚点钱我没意见，确实做错了嘛！可你一大早的，就从树死说到人死，我忌讳，谁愿意去死啊，我心不服！”老徐连珠炮似的说着，眼睛里还闪着泪光。

看着一脸阴沉的老徐，我目不转睛地认真倾听，沉思。作为一名管理者，此时我的倾听不是简单地听清楚员工的声音，而是要能够理解员工藏在心底的意思啊！我全神贯注，边听边从我的知识库里寻找解密的秘方。

“哦，原来如此，老徐呀！我先向你真诚致歉。”我起身端起水杯递到老徐手上。

“明天晨训，我在全公司员工面前道歉！”我真心认错的话让老徐的双手和我的双手握在一起。

第二天晨训会上，我在全公司员工面前向老徐深深鞠了一躬，表示道歉，用一个九十度的“柔功”将此事化解，赢得下属的理解和敬畏，让员工再次心服。现代管理，了解员工心理，方可进步啊！

“闻过则喜”是中国的一则古训，但真正能达到这种境界的人并不多。

一天下午，距下班还有十多分钟，我从生产部门前走过，看见生产部部长老丁正在换工作服准备下班。见此情景，我不问三七二十一，挂起轴子就念经：“只有落后的干部，没有落后的群众！现在就准备下班了！”我的一番“狂风暴雨”刮得老丁怔在那儿，委屈的泪水在眼眶里打转。

下班后，办公室主任小胡悄悄跑来告诉我，丁部长已经连续两天下班后去打吊针了。一句话惊醒梦中人，我心中一阵不安：“走，胡主任，我们去医院看望老丁去！”

古希腊的菲德拉斯说：上帝让我挑着两个箩筐来到了人间，前面的箩筐装的是别人的过失，后面的箩筐装的是自己的过失。我一路自责：“为什么我们总是很清楚地看到别人的过失，而无法看清身后属于自己的过错呢？”

在医院输液室里，我们找到了老丁。见到我们，老丁憔悴的脸上闪过一丝惊诧。我连忙握住他冰冷的双手，攥得紧紧的，默默无言。看着盐水瓶中上下翻动着的小泡泡，我满是自责：“如果这盐水瓶中装的全是后悔药，我会把它喝个精光！”

想到这里，我顾不上旁边还有护理老丁的护士和家人，大着嗓门对老丁说：“老丁，我错怪你了，我在这里向你道歉！”

理解是人际关系成熟的标志。以平和的心态在公众面前自我检讨，是一次心灵与心灵的相携，能温暖人心，犹如将自己的思想袒露在阳光下接受检验，既是反思自己，理解他人；更是剖析自己，渴望被他人理解。现代企业管理中，做任何事可都得忍为高，要拿得起、放得下、甩得开啊！

那天早上，天板着脸，灰蒙蒙的，风雨欲来。上班后，我习惯性地在厂区走了一圈。

在车间，我看到两个刚到班的工人正蹲在地上，用小铲刀将流了一地的胶水往桶里铲。看着湿了一大片的地面，我心里明白了几分。“这是谁干的？把你们的主管找来！”我的声音大得像炸雷。一名员工赶忙叫来了主管。主管见到眼前的一切，心里慌了，愣愣地站在一旁，一言不发，只是低头斜视着被胶液浸湿的地面。“你们吃什么干饭？连关好阀门都管不好……”我的声音越说越大，像敲锣打鼓拉场子似的引来了一群员工。大家紧绷着脸，相对无言。“我们的巡检制度哪里去了？‘三定’的日清日高哪里去了？责任啊……”面对站着的一群员工，我的无名火仍在燃烧。站在一旁的主管脸色阴沉，牙齿咬着嘴唇，眼泪也簌簌地滚了下来。

“叮铃铃……”出操晨训的铃声响了起来。“大家晨训去。”主管从牙缝里迸出一句话。员工们陆续转过身子，向广场走去，我孤独地站在那里。看着他们转身离去的背影，我忽然有所感触：墙，推倒了就是门；思维，打开了就是路。事情既然发生了，为什么还要这样自寻烦恼呢？不是吗？只要我们改变一下惯有的思维模式和行为准则，坏事不就可能变成好事吗？

晚上，我躺在床上，怎么也睡不着，脑海里像拉洋片似的，不断重复着白天自己点燃的“炸药包”，吃起了“后悔药”。有理不在声高，我的那股“火”，没有烧掉疏漏，反而烧伤了自己。将自己的部下置于不利的境地，这是何苦呢？我不断地责问自己。大庭广众之下，斥责部下，做法欠妥、欠周全。拆别人的台，等于拆自己的台。批评必须注意对象、场合、方式、方法，靠一时的冲动，用简单、粗暴的方法，不分青红皂白地训斥人、批评人，留下的不仅仅是不愉快的情绪，而且把这种情绪带到工作中，潜在的损失不可估量。

写错的字，用红笔改。第二天上班后的晨训，面对全公司员工，我做了一次公开检讨，承认自己的错误，希望大家能给我理解和宽容。

王安石曾经说：知己者，智之端也，可推以知人也。一个人认识了自我，是智慧的开始，如果连自己是谁都搞不清楚，何能谈得上智慧呢？中国有一句话：放下屠刀，立地成佛。屠刀是什么？其实屠刀就是自我。在企业你举着那把屠刀，要征服这个，要征服那个，内心是个什么滋味？反之，如果你放下自我，立地成佛，心静如水，忘我利他，你就会有一种“众里寻他千百度，蓦然回首，那人却在灯火阑珊处”的感觉，有一种如释重负的轻松。

听过一则故事。一条饥饿的蛇，在农场里找食物时，不慎被地上的锯子割伤。蛇很生气，冲上去就咬住锯子，结果又被伤到了嘴巴，而锯子还是完好无损。蛇愈加愤怒，用身体缠住锯子，越缠越紧，最终杀死了自己。蛇不明白，害死自己的不是锯子，而是自己的负面情绪。

管理过程不可能一帆风顺，总会遇到一些磕磕碰碰，管理者与被管理者之间，由于地位不同，看问题的角度不同，总会有一道看不见的屏障，欲达“知心”，管理者首先要修好心力，平衡、掌握、提升心理韧性。一是要做到：真诚——发自内心，诚心诚意。二是要做到：平等——身份不同，态度平等。

我有一句口头禅：你是管理者时，把被管理者当人；你是被管理者时，把自己当人。人千万不能妄自尊大，盛气凌人，只有心相通，情相拥，力才能相合。这就是中国古代圣人“作之君、作之亲、作之师”给我的有益启发。

第四节　巧用制度促和谐

中国文化追求人与自然的和谐，主张“天人合一”，把天、地、人看作统一的整体，注重整体观念，重视群体关系的和谐调适。中国历代的思想家都强调人与人的和谐，倡导利他、利社会的群体精神，同时提出了许多调适人际关系、稳定社会秩序的主张，如儒家的“持中贵和”思想、推己及人之道、“正己正人，成人成物”思想等。

但同时我们也知道，人性是一个不变的常量，每个时代、每个组织、每个人都有善行与恶念，所以，群体的和谐不能仅仅停留在倡导、教育以及个人自觉的层面，而更应该通过制度加以约束和促进。因此，在组织内部，制度的作用就是用来约束所有人，在平等的人之间保持和谐。华为高级顾问田涛说：“制度有双重属性：制度的第一属性是助长自由精神，激励人的自主性与创造性，是一种让人获得解放的规则；同时，制度的第二属性是为自由设定方向、设定边界，对人性中的‘恶之花’进行管控。”

在管理实践中，我们制定了很多制度，在很大程度上约束了员工和组织层面的不良倾向。但毋庸讳言，一些企业的制度在控制了风险的同时，也在一定程度上束缚了员工的手脚乃至头脑，使得员工与企业之间在一些时候出现了“离心离德”的倾向。因此，如何妥善地利用制度，在强调规范、控制风险的同时，最大限度地关怀与激励员工，也是和谐组织建设的重要任务。

我要讲的第一个故事是“今天迟到不罚款”。

那天，倾盆大雨发了疯似的一夜未停，早上依然暴雨如注。上班的时间到了，近一半的员工未能到岗。按照惯例，值班员小朱在大伙儿的注视下，将迟到员工的名字一一写在黑板上。看着到岗的员工个个被雨淋得像刚从水里捞出来一样，我忙叫行政科科长去准备一些姜茶，分送到车间，以防员工受凉感冒。接着，我走到公布栏前，叫小朱停止公布，并将已公布的名字全部擦掉，重写了一份“今天迟到不罚款”的“安民告示”。

“安民告示”像在油锅里撒了一把盐，员工们都说，“死”制度被执行“活”了。客观上，大雨使近50%的员工迟到，我们没有按规矩罚款；然而，员工迟到并没有影响当天的生产任务，正是“今天迟到不罚款”的温情，缩短了员工情感与制度上的距离，激发了人的潜能，创造了日生产最高纪录。

人是一个有自尊的生命体，人的潜能并不能完全被别人调动起来，真正能调动的只是员工自己。一项心理实验研究表明：一个没有受到激励的人，仅能发挥其能力的20%～30%，而受到激励后，其能力可发挥至80%～90%。就是说，同样一个人，在被充分激励后，所发挥的能力相当于被激励前的3至4倍。因此，在管理过程中管理者要学会做既有制度的“减法”，减去制度带来的一些消极因素，增加积极因素。一个企业管理的成功与否，很大程度上取决于“无情的管理”与“有情的管理者”的巧妙结合。如果把员工看成被动的生产要素，把员工当工具使，把制度绝对化，就迟到处理迟到，按规矩办硬罚款，只能显现制度的逼迫性。抽象的管理制度，缺乏必要的感性支撑，也就失去了坚实的基础。我们用“今天迟到不罚款”的人性化处理方式，将“无情”与“有情”相互结合，改变按老规矩办的做法，“大赦”迟到者一次，让员工在经历中体验、省察，促进员工对制度的理解以及今后执行制度的自觉性，由此产生的内在动力，其实比罚款的作用更大。

追求完美是人的天性。然而，十全十美只能是幻想中的偶像。美中不足才是生活的常态和事物的本来面目。

这年冬天有点冷。上班后不久，听说门房老王高血压又犯了，还在带病坚持工作，我带着行政科科长去门房看看她。忽然，门外一件白色工作服跳入我的眼帘，是工人老朱，他骑着辆半新的自行车，满脸通红，头上汗涔涔的，直往里冲。见我在门房，老朱连忙跨下车，慌乱中身子一歪，“吧嗒”，连人带车倒在地上。

先处理心情再处理事情，我急忙冲过去，扶起自行车。老朱顾不上掸身上的泥巴，结巴着说：“老总，不好意思，今天我迟到了，我自愿罚款。”一副狼狈样，活像《智取威虎山》中的小炉匠。

“有没有哪儿伤了？看一看。”“没……没。”老朱一边说话还蹬蹬腿，舞舞手。“没伤着就好，老朱呀，看你这个样子，今天肯定有什么急事耽误了，你平时都是最早到的人啊。”我声音不大，带着微笑。老朱一下子愣住了，语无伦次地说：“老总，活菩萨，活菩萨，真给你算着了。”“快回车间吧，今天迟到不罚款。”老朱扶起自行车，一路小跑，他那辆“踩脚叫”的自行车晃荡得好似风铃，连“哐当哐当”的声音都清脆起来。

人非圣贤，孰能无过？在这快节奏的现代生活中，谁没有晕头转向的时候？老朱是一名优秀的老工人，每天上班都来得很早，一次特殊情况，尽管赶得满头大汗，还是迟到了。对这种一向优秀但偶有不足的人，采取宽容的做法不罚款，是灵活地执行制度。管理的目的，不仅在于维护企业秩序，还在于凝聚人心。执行制度需要铁石心肠，但对老朱这样的偶发事件，有时还需要一点菩萨心肠。

《西游记》有一个很精妙的情节。当唐僧师徒四人西天取经见到如来佛祖后，孙悟空跪求如来佛祖取下曾经让自己痛苦的金箍，如来却笑道“你自己摸摸看”。悟空发现金箍不见了，原来他已成佛，金箍就自然消失了。管理中，当制度人性化地潜入到每一个员工心里的时候，员工也都“立地成佛”了，这就是管理追求的目标。

老子提出，“道”是“有”与“无”的统一，即所谓“有无相生”。在管理实践中，我们也要遵循这样的理念，顺着人性管人，反着人性管事，让制度的实施在“有”和“无”之间适时切换，达到制度执行的最佳效果。

一次，灌装工小王放料时不小心将满满一桶白胶碰倒，地上洒了一摊“雪花膏”。他赶紧清理地面，见四周没人，干脆用自来水直接将现场一冲了之。正当他为自己“快速反应”窃喜时，冲洗地面的污水从下水道流入了公司内的小河中。顷刻间，清清的河面上长出了一条白色的尾巴。刚巧，从河边经过的副总发现了问题，车间主任事不过夜，立即宣布“小王停工检查”。

为了引起公司全体员工的重视，生产部决定召开一次“环保在我心中”的大现场会。会上，小王自我反省，主动谈认识，他的检讨是那么诚恳、深刻。面对员工一不小心犯的错误，让其写检查，“惊天动地”地开现场会，目的是增强环保意识，推进环保工作落地。

主持会议的副总让我讲几句，我清楚地意识到，今天这次会议，解决问题比较快，说服力比较强，目的已经达到。我拿着小王放在桌子上的检查晃了晃，当着全公司员工的面，出人意料地将它撕了，边撕边语重心长地说：“同事们，我们不需要保存这份检查，我们真正需要的是保存这个故事，需要的是环保意识真正驻扎在每个员工心中。”

掌声骤然响起，打破现场凝重的气氛。眼前的小王，也在压力面前慢慢抬起了头。一件事，从不同的角度去看、去思考，往往会有不同的理解。换位思考，才能真正理解对方。有了这份理解，也就有了体谅的基础。

东汉末年，官渡之战曹操大获全胜，打扫战场时发现几位曹军战将私通袁绍的信件。当时，心中有鬼的将军个个胆颤心惊。曹操下令，将搜来的信件付之一炬。有人问，“为什么要这么做呢？”曹操答道，“与袁绍开始交兵时，敌强我弱，我尚且不知胜负，手下的将士能预料吗？”这一举动，曹操不知收获了多少人心。现场会上，我以宽容的心态，突破常规，当着公司全体员工的面，将一份员工检查书撕碎，丢在风中，让过去的事过去，既是一种方法，也是一种威严的体现。

其实，有时候坏事不一定坏，如果引导得好，坏事也可以变成好事，这种转变，更有助于我们成功。其中的关键，就在于管理者如何“用心”思考制度设计与实施的有和无、利与弊。

一次年终工作总结会上，我宣布了一条后来被大家称为具有“爆炸性”的决定：退还一年来员工 13 人次因违反规章制度被罚的全部罚款。当员工小马从我手中接过被罚的 50 元钱时，动情地说：“罚的款还能退回来，从来没有想过。老总，谢谢你对我的信任，我不会被昨天的那块石头绊倒两次跟头！”

管理工作不可能回避或杜绝惩罚，有时就得用“经济杠杆”来摆脱懒散的局面，以强化纪律，提高执行制度的自觉性。要达到这个目的，需要全体员工的认可、拥护和支持。然而在实际工作中，有时违规被罚，并非主观上造成的，比如：上班途中自行车断了链条或者交通阻塞等导致迟到，匆忙中忘记佩戴上岗证，等等。然而，纪律制度丁是丁、卯是卯，不允许有随意性，不允许打“和”牌，这就在执行过程中带来了管理者与被管理者双方信息不对称的问题。

如何用创新性的模式有理有节地得到偶然被罚者的理解、支持，同时体现制度的严肃性？进一步讲，如何实现企业目标和员工个人发展目标的一致性？这是我们需要思考的问题。

从上一年违规被罚 65 人次下降到当年全年仅有 13 人次，我们看到了员工自律意识的提高，于是采取了年终一次性退还罚款的做法。这种“退”实际上是一种人性化管理的“进”，更能打动人、教育人、感化人，更能使对抗走向和谐、对立走向统一，使被罚者心悦诚服，使全体员工又一次在温馨中得到警戒、警醒。

管理创新，要求我们换一种角度看问题，换一种方法处理问题，用以退为进的曲线管理方法淡化罚款带来的消极、负面作用，消除管理者与被管理者之间的鸿沟，走出以罚代管的老套路，体现人本管理理念，调动员工的积极性，增强企业的竞争力、向心力、凝聚力。这是一种创新和进步，也是一种文化、一种艺术，这比罚款的直接方法更有效，意义更深远。

除了巧用制度化解“制度刚性”对员工的负面影响之外，在黑松林，我们还有“吵”出来的制度，而且是广大员工都拍手称快的制度。

清明祭祖是中国人的传统。清明节还未被确定为法定假日，那年 4 月，外贸任务压得很重，掰着指头算下来，生产过程不出错，也只能紧巴巴地提前一天完成订单任务。清明前一天的下午，快下班时，我到车间查看生产情况，老远就听到一阵争吵声。女工小印开机关枪似的嚷道："不准假我就歇，一点人情味都没有。"

"不是我不批假，是任务压得这么重，你怎么歇得下来的？"车间严主任摊着双手，一脸苦笑。

质检员小朱过来劝和："别吵，别吵，老总来了，尽量克服。"

"老总怎么啦，老总也有父母！明天不和家人一同去扫墓，我这个儿媳妇怎么做人呀？"小印越说越激动，声音如雷。

"哦，原来是这回事，小印是个好媳妇，真孝顺，明天放你半天假去扫墓，我特批。"听到我的话，小印朝我看看，脸红红的，眼睛湿润了，亮闪闪的。

打那以后，公司依据中国传统节假日，出台了"清明节、端午节、中元节、中秋节、冬至等中国传统节日放假"的决定 。

有中国"打工皇帝"之称的微软中国荣誉总裁唐骏先生曾说过这样一句话：中国员工需要尊重和感动。他认为，在美国的公司里你只要付给员工薪金就可以了，而中国的员工很重感情，他们需要被尊重和常常被感动，这就需要一种中国式的人性化管理，从利己经营转变为利他经营。

制度是协调人与集体关系的核心。怎样理解人与组织之间的关系？儒家提出了"群"的概念，认为人不能脱离家庭、社会和国家而生活。如《荀子·王制》认为"人，力不若牛，走不若马，而牛马为用，何也？曰：人能群，彼不能群也"，因此，"人之生，不能无群"。任何群体的关系处理好了，"和则多力""万物各得共和以生"。比如，对传统文化"人和"精神的继承，是晋商数百年长盛不衰的一个重要原因。晋商的"股份合作""东伙共而商之"，就体现出和谐精神。

而在我看来，人是高级感情动物，一旦被感动，就会为你奋不顾身，"士为知己者死"。任何管理，有效的才是管用的，才是硬道理。

第五节　和谐组织：觉悟就是“见我心”

实现人与人、人与组织、人与制度的和谐，最终目的是创建和谐的组织。什么是和谐组织？我认为，首先是实现组织内部各种关系的和谐，其次是持续维系组织的生存发展，其最终目标是促进组织目标的全面达成。也有专家说，如果组织内部结构失衡、关系恶化，相应的交易成本必然升高，企业的竞争力自然受到影响。所以，创建“和谐组织”能够大大节约交易成本，促进组织快速发展。

和谐组织最重视组织中人的因素，重视人在组织中工作、生存和发展的状态。和谐组织的建设过程中，组织中的人会根据自己的感知，在动机的驱使下，对组织的管理制度和管理方式进行认知加工，不断修正自己的行为方式。其最终结果就是“觉悟”。什么是觉悟？我理解，“觉”字下面是一个“看见”的“见”，悟是“心”的旁边一个“吾”字，觉悟就是“见我心”。当企业的领导者看到员工在公司最需要他的时候，能用自己的觉悟，真心自觉地舍小家忙大家，你能不欣慰地向他致敬吗？

根据黑松林的管理实践，我感觉，验证和谐组织的建成与否，有这样一个基本的逻辑链条：一是员工之间及员工对企业有没有感情；二是员工在工作中有没有主动性；三是员工是否有奉献精神；四是企业遇到困难时，员工是否愿意群策群力、共度时艰；五是员工在对企业的责任方面是否“习惯成自然”。

首先看员工之间及员工对企业的感情。在这方面，我常喜欢用一个词，叫作“过磅人心”。

2008 年 5 月 12 日四川汶川突然发生了大地震，牵动了全国人民的心。第二天中午，我从安徽返回公司。车窗外红红的太阳没精打采，我的心似潮水一样不停地激荡，想着四川籍员工小刘，他家的情况如何……

回到公司，我办公室未进就急切切地赶往车间，老远看见小刘娃娃似的脸上挂满汗珠子，一件白汗衫被汗水浸透。

“小刘，四川地震了，打过电话回家了吗？有没有什么情况？”

“谢谢老总，通电话了，虽说我家离绵阳不太远，但家人都平安，只是房子被震坏了。”小刘抬着头看我，一脸的感激。

“那我放心了，放心了！”我一边说着，脑海里冒出一个想法：借此给公司员工的心来过一次磅。“小刘，地震发生后，公司同事关心你了吗？”

“老总，公司同事人真好，车间丁主任得知四川地震了，连忙过来告诉我，还将手机递给我，让我一定要和家人通个电话，真是太感动了。当我听到家人都平安，真感到很幸福，家人平安是我的幸福，公司的员工都关心我，也是我的幸福。”小刘边说边朝我笑，一脸真诚的感动。我仿佛看到一行写在心上的“善”字被风吹过，心里开满芬芳的鲜花。

日本经营之神稻盛和夫说得好，世界上没有比人心的团结更加牢固的东西。心灵家园，需要丝丝关心。一个异乡员工的家园被无情的地震震塌了，全公司员工都能发自肺腑地给予关心，这对小刘来说是最好的财富、莫大的幸福。管理的出发点是对人性的解读，关心意味着安全、温暖、希望。地震无情人有情，高楼大厦倒塌了，可以用钢筋水泥重建，而心灵的裂痕更需要我们用爱与温情弥合。请不要吝啬对一个人的关爱，也许你做出的一个善意举动，能改变一个人的生命轨迹。

感动我的不仅如此，员工在突发事件中显现出来的爱心亦然。公司是个大家庭，人生的路上需要我们结伴而行。

下班前，公司举行了一次支援灾区、献爱心的募捐活动，5 元、10 元、100 元……一张张、一叠叠，带着体温的爱心钱，似支点，撬起黑松林人的颗颗爱心，乘着爱的翅膀飞翔，飞向四川，飞向汶川；又似一声声呐喊，为四川加油，为汶川祈祷……

黑松林的员工对企业有没有感情？“战台风”告诉我答案。2005 年，台风“麦莎”犹如怒吼的雄狮，咆哮了一夜，弄得人心怵怵的。第二天一早，我匆匆往公司赶。只见沿途一片狼藉，碗口粗的树歪在路边，电线杆倒在田里，高高的广告牌有的折了“腰”，有的破了“脸”，我心里直打鼓，“不知公司怎么样了”，脚步不由得加快。

一进入公司大门，就看见许多员工忙碌的身影：有人在清理被风刮跑的空塑料桶，有人在捡四处吹来的垃圾袋，还有人在用木棍支撑着吹歪的树木。我微笑着向大家问好，心中一阵阵感动。再看车间楼顶的天台上，车间主任小丁正和两个年轻小伙子，用绳子将吹鼓了的大喷绘广告牌拉紧、固定，这场面如果用相机定格，就是一幅群情激昂的战台风画卷。“老总早啊！”机修工小江拿着一卷透明胶带走过来。“小伙子，拿这个干什么？”“广告布下面撕开了个口子，得补起来！”小江边说边往顶楼跑，干劲十足的样子着实感染了我，我真切地感受到有种情绪在初升的阳光下散发，那就是“爱企如家”。

台风过后，员工自发的抢险行为就是对员工态度最好的诠释。有句话说得好：发光不是太阳的专利。台风考验着大地万物，也考验着我们每一个人。用胶带将台风撕开口子的广告布补好，看起来很简单，人人都会做，但会做不代表都会去做。一个人有了爱心就有使不完的劲，一个企业有了爱心，就没有克服不了的困难，就没有到达不了的彼岸。

德鲁克说，企业内部“良好的人际关系”，如果不是根植于良好的工作绩效所带来的满足感与和谐合理的工作关系，那么其实只是脆弱的人际关系，会导致组织精神不良，不能促使员工成长，只会令他们顺从和退缩。所以，真正的和谐组织，在感情之外，积极主动的工作态度是最重要的。也就是说，真正的“和谐组织”，能够调动人既利己又利他，既为财富贡献也为非财富贡献的“双重动机”，进而激发员工的利他动机和集体主义精神，提升组织的竞争力和持续力。

新装修的会议室，好似新房，亮堂堂的。我心里盘算，第一次使用，不如召开一次公司全体员工大会，让大家一起分享企业发展的喜悦。

会议前一天，我和办公室主任小胡上楼再看看会议室装修后的效果。新的就是新，就连爬楼梯都有一种如沐春风的感觉。走到二楼平台拐角处，雪白的墙上几道长长的、不规则的、咖啡色的杠杠若隐若现，我瞥了一眼，当时没有在意。走着走着，抬头看见在三楼的拐角，值班员小王正在一小本即时贴上写着什么，写完随手贴到墙面上，见我上楼来，他脸一红，吐了吐舌头，又到别处忙活去了。

我走上前去，只见三楼拐角的墙面上也被蹭出了深深浅浅的杠。小王的即时贴上写着：“雪白的墙是我的脸蛋，我又痛又难看，请弄脏我的同事帮我擦干净，我要美丽。”落款是“今日值班”。

第二天，全体员工开会前，我发现楼梯拐角的杠杠不见了，原先的地方又多出一张即时贴，似有心人在对歌：“感谢值班提醒，下次搬椅子我一定小心，不再粗心了。”

在一次中外企业文化论坛上，我与一位咨询师交流。谈到什么样的企业才算成熟时，他说，不要看管理者身上有多少光环，而是看细节，看员工的品行被锻造到何种程度。真是入木三分啊！

那是改扩建仓储区的日子。由于化工行业安全生产的门槛越来越高，企业原有的仓储区既不能满足生产发展，也达不到现行安全标准。

费了九牛二虎之力，我们总算拿到一块风水宝地。为了赶在高温季节前安装好几只大储罐，机修班负责人小江带领一班人，每天加班，大家都熬成兔子眼了，我看在眼里，感动在心里。

下午四点多，我在会议室接待客人，可心还牵挂着改造工程，眼睛不时透过会议室的窗户朝后面的仓储区工地看去。只见小江匆忙脱去手套，急急从口袋里掏出手机，叽里呱啦说了些什么，又急急合上手机，套上手套，抓起焊枪焊接起来，道道弧光像永不消逝的电波。一根焊条刚用完，他又站起来掏出手机，嗓门大得像炸雷："好啦，讲什么讲，我没时间！"讲完干脆把手机关了。

送走客人，我走到工地。"江班，歇一会儿，抽支烟！"我递上一支"中华"烟。"我爱中华！"小江摘下面罩，边笑边说。我干脆将手中的大半包烟塞进他的口袋。

"刚才怎么啦，发脾气啦？"小江丈二和尚摸不着头脑："没有发脾气啊，老总！""刚才是不是接电话时和谁响雷了，连我都被震了一下。""不好意思，不好意思，为小孩子的事！"小江瞟了我一眼，急巴巴地说完就低下了头。"孩子怎么啦？""小孩下午发高烧，孩子他妈要我送他去医院，我怎么走得掉啊！"小江的声音如蚊子"嗡嗡"声大。看着小江，我仿佛看到小江一颗红红的心，忙掏出打火机替他将烟点上，火苗一闪一闪的。

让员工自己往前走，而不是被别人推着走，这是文化的力量。在黑松林，这样的故事不只一件两件。

一天早上，我和往常一样，伏在书桌前看看写写，突然手机铃声响起来。看看桌上的时钟，六点不到，这么早，谁打电话？

"老总，电话里向你道歉，今天凌晨两点多老父过世了，今天早上客户急等的货……"电话中驾驶员小吴哽咽着，断断续续哭诉着家里的不幸，仍不忘早晨要送货的事情。我边安慰他，边寻思上了："这批货可是当天就该送到的呀，客户催得那么紧，怎么向人家交代呢！"

真是"天有不测风云，人有旦夕祸福"。企业经营管理中预料不到得多着呢！前几天晚上，另一个危险品车驾驶员小周下乡看姥姥，一不小心摔伤了手和脚，虽说骨头未受伤，但也是皮开肉绽。小周昨天想来上班，我硬是让他回家休息了，可小吴家里又要办大事。这怎么办？坐在桌前沉思。片刻后，我拨通了小周的电话。

"小周，起床了吗？"

"哦，老总，正准备起床！"电话那边我听出了小周的朦朦胧胧。

"好点了吗？"我先问小周的伤情。

"还疼，疼得睡不实。"小周实话实说。

"那今天再到医院看看。哎，请你找个驾驶员今天帮送一下六合的货。"

"小吴呢？他怎么啦？"

"今天凌晨，他父亲过世了！"

"哦，我来……"

放下电话，我脑子里一片空白，透过窗户，看见太阳已经升起。

走在去公司的路上，透过路边的隔离栅栏，老远我就看见小周坐在驾驶室里，开动那辆装满产品的货车，缓缓驶出公司大门。看着渐行渐远的货车，我被感动了，内心像点燃了一把干柴，情不自禁地向小周驶去的方向深深鞠躬。

2009 年 7 月，第二届中国企业文化百人论坛在山西大同召开，我有幸向"文化力之父"贾春峰教授请教，并斗胆向贾老建议，他提出的"大家建设企业文化，建设大家的企业文化"，能否改为"大家用心建设企业文化，建设大家心中的企业文化"，贾老大加赞赏，连说加得好，

加得好，用心就是心路，他希望我的企业能实现“黑松林在我心中，我的心在黑松林”的愿景，并即兴给我亲笔写下这句话。

“和谐组织”能够产生群体积极性，带来巨大的群体效应。是的，企业就好比一个木桶，员工的奉献之心就好比这个木桶的底。不管木桶有多高，离开了底，一切都是零。

墙可以是阻碍，也可以是阶梯。刚出差回来，我就被办公桌上的几份涨价通知单弄得头大。其中一份：塑料袋每个涨价 0.15 元，敬请谅解！看着白纸黑字，我一声苦笑，嘴里不说心里想：“公司每天需用上万个袋，可谁又能谅解我们的产品同步涨价呢？”

生产、市场、物资部门的几大“朝臣”都来了，坐在我桌前，面面相觑，眼神都有些沉重。“老总，涨价势不可挡，但我有个想法，使用过程中我发现塑料袋装入桶中后长得太多，而且也嫌宽，能不能让生产部和市场部商量一下，重新测算一下袋的长度与宽度，再算一下克重，说不定改小点，能管用还能减少塑料袋的克重。”坐在一旁的老保管员大朱拿出公司现用的塑料袋，晃得沙沙响，说得有板有眼。“嗯，这个建议可以试一下！涨价的事说不定能内部消化呢！”一旁的生产部老丁也似灵感天降，拍着大腿叫了起来。

一份涨价通知似一道难题，让我们在涨与不涨间犹豫不决。一位普通的仓库保管员却用“实用”这个智慧的杠杆，撬动了这道难题，让我们眼前一亮。真是“三个臭皮匠，顶个诸葛亮”。事后，生产部经过试验、比较，改小了塑料袋尺寸，减少了克重，价格非但未涨，还在原先基础上单价下降了 5 分钱。正如老子所说：“有无相生，难易相成，长短相形，高下相倾，音声相和，前后相随。”有无、难易、长短、高下，它们截然相反，却又彼此存在。万事万物，彼此对立，却又彼此转化。

这个世界上，最有钱的要算是银行了，然而越有钱的地方越抠门，和客户算账到一分一厘，甚至精确到小数点后几位。假如我们的企业管理也能像银行那样算到干毛巾都能挤出水来，企业又何惧涨价的滔天巨浪呢？！

一次，成品油价格每吨一下子蹿高了1000元，紧接着电价开始上涨。暴风雪来得好猛烈啊！我就此紧急召开部门负责人会议，期望大家共同面对市场，寻找对策，分担压力。

“大家不需要沉默，事实既然存在，关键是我们如何面对，先听我说个故事吧。”我有意岔开话题，想调节一下现场气氛。

“故事的名字叫《风中的木桶》。”我不紧不慢，似老艺人说扬州评话：一个黑人小男孩在他父亲的葡萄酒厂看守橡木桶，他很勤奋，每天晚上都会用抹布将一个个木桶擦得干干净净，一排排堆放好。有一天，大风将他排得整整齐齐的木桶吹得东倒西歪，小男孩委屈地哭了。这时，他的父亲走过来，摸着小男孩的头说：“孩子别伤心，我们可以想办法去征服大风。”

小男孩擦干眼泪，坐在木桶边开始思考。这天晚上，他从井里挑来一担担的水，倒进那些空桶里才回家。第二天，天刚蒙蒙亮，小男孩就匆匆爬起来，跑到放木桶的地方看，橡木桶依然整整齐齐，没有一个被风吹倒的。小男孩高兴地笑了，他对父亲说：“木桶要想不被风吹倒，就要加重木桶自己的重量。”

“这个小孩子说的有没有道理啊？”看着大家慢慢松弛下来的神态，我笑着将话锋一转：“同志们啊，虽说这次成品油大幅度提价，但若要与国际油价接轨，接下来还将面临新一轮的上涨，企业的生产成本和费用还会增加。我们改变不了油价的飙升，改变不了国家对石油价格的宏观调控，但我们可以像小男孩那样改变自己！”我顿了顿，只见大家一双双眼睛正看着我。

“老总，我们不会被风刮倒！会后我就和各部门沟通，请财务配合算出既能让客户接受又能让客户满意的涨价幅度，提前沟通，与客户同舟共济。”营销部小吕似一个军人出征前在立誓。

“目前我们改进工艺已初见成效，原搅拌生产的30多个小时可缩短至6到8个小时，节能减排，我们做贡献。”“我们锅炉房将煤耗再下降3个百分点，我们努力！”大家七嘴八舌，每个人都在给自己的桶中加水、加压、加重，一场化解危机的紧急会议变成一次集思广益的对策会。

《为学》中说：“天下事有难易乎？为之，则难者亦易矣；不为，则易者亦难矣。”意思是：天下有难事和易事吗？只要用心去做，再难的事情也会变得容易；如果不去做，再简单的小事也变得困难。

我们改变不了风势，但我们可以改变自己，有办法改变我们自身的重量。长此以往，黑松林的员工将个人与企业紧紧捆绑在一起，习惯成自然。

拉露，印度某公司的首席驻华代表，一米八几的个头，瘦瘦的，深古铜色的皮肤。那天，他来公司考察，老到的观察、一个接一个的提问，加上一些非合作主题的话语，让我受益匪浅。

离开公司前，拉露指着包干区里的责任牌，用生硬的汉语问我：“责任牌什么意思？”我笑道：“这是中国特色的文化压力区，是责任啊！”拉露似懂非懂地点点头，握着我的双手，让翻译告诉我，他的公司专业从事粘合剂行业68年，这是他见到的最干净的工厂。最后拉露话题一转：“每天都这样干净吗？”“在我们公司，靠这个责任牌，365天，天天如此！”我一字一顿地说。拉露翘起了大拇指：“我们就是要寻找这样干净的工厂！”

小小的责任牌，是黑松林的一道风景线，车间墙上有之，保洁区有之，绿化带有之。责任牌虽小，可扛起的责任不小，保洁包干，天天做的是一个“实”字。“实”，宝盖下面一个“头”字，就是头等大事，是责任。虽说责任牌是一种形式，一旦养成习惯，从牌子上走到实处，走到人的内心深处，举手投足养成一种习惯，形式的软东西就会由虚变实，由软变硬，落地生花。就会从文化无意识到文化有意识，最后再到文化潜意识。

有专家研究认为，“和谐组织”能够带来更多的社会资本，提高企业的“集约化”程度，从而促进企业成长。我认为，从企业角度看“社会资本”，其实就是一种由企业群体之间的社会关系构成、由企业相关社会主体共同创造的“共享”的“文化资本”。看过一位国外企业家的说法：我们是团队，不是家庭——团队更关注对外竞赛中的赢，而不是家庭看重的内部和谐与平衡。我想说，“在黑松林，我们既是‘家庭’，关注内部的和谐与稳定；又是团队，团结一心‘打胜仗’！”

第七章
诚信竞合

第一节　以客户为中心

曾看到老字号企业瑞蚨祥的一个故事：顾客进店时，四个职工拉开大门含笑迎接，接着售货员上来请坐、看茶，送上顾客需要的商品；顾客走时要欢送，欢迎再来；对于特殊顾客，售货员还要手提货物，同掌柜一起送出门外。此外，瑞蚨祥还特别规定，凡远道而来买大宗商品的顾客，必须管一顿饭。瑞蚨祥的掌柜常说："顾客是衣食父母，哪有让衣食父母饿着肚子赶远道的理儿。"看到这个故事，不由得回想起黄桥老字号企业的事，看起来，好的企业有更多相似之处。

中国传统文化中，"诚""信""仁""德"等传统价值，一直是人们追求、倡导的处世原则，也较多映射到商业精神上，体现了商家的经营思想，也寄托着商家对消费者、自身及社会的美好期望。《中庸》说："诚者，天之道也；诚之者，人之道也。诚者，不勉而中，不思而得，从容中道，圣人也。诚之者，择善而固执之者也。"孔子说："人而无信，不知其可也。"讲的也是这一类的意思。

纵观中国商业的发展，无论是企业本身还是企业家经营行为，处处体现着致富有道、和气生财的良好愿望以及仁义礼智信等中国传统道德，蕴含着浓郁的爱国利民情怀。比如，明代徽商吴南坡重视经商信誉，以"人宁贸诈，吾宁贸信，终不以五尺童子而饰价为欺"来指导经商。1874 年（清同治十三年），胡雪岩创办胡庆余堂时，借用《周易》"积善之家，必有余庆"，表达了悬壶济世之意。后来，胡雪岩亲书牌匾"戒欺"——凡百贸易，均着不得欺字，药业关系性命，尤为万不可欺。余存心济世，誓不以劣品弋取厚利，唯愿诸君心余之心，采办务真，修治务精。这是胡庆余堂的堂规。中国近代著名企业家、"煤业大王"刘鸿生的名言是"你要发大财，一定要让你的同行、你的跑街和经销人发小财”“最愚蠢的人，就是想一个人发财，叫别人都倒霉”。因为他就是从煤炭的跑街、经销人起家的。实际上，传统儒商强调诚信为本，一直致力于建构基于儒学思想的商业伦理体系，提倡诚实不欺、货真价实。

黑松林近40年的经营与管理，种下的是诚信，长出的是诚信，结出的果子还是叫诚信。心力管理的价值基础是以人为本，以人为本的道德基础是诚信。诚信是人最美丽的外套，是心灵最圣洁的鲜花。诚信像一面镜子，一旦打破，你的人格就会出现裂痕。

很久很久以前，有一个贤明而受人爱戴的国王。他的年纪已经很大了，却没有一个孩子。这件事使他很伤脑筋。有一天，国王想出了一个办法，说：“如果谁能用这些种子培育出最美丽的花朵，那么，那个孩子便是我的继承人。”

所有的孩子都种下了花种子，他们从早到晚浇水、施肥、松土，护理得非常精心。有个名叫雄日的男孩，他每天用心培育花种，但是，十天过去了，半月过去了，一月过去了……花盆里的种子依然如故，不见发芽。

“真奇怪！”雄日有些纳闷。最后，他去问母亲。

“妈妈，为什么我种的花不出芽呢？”

母亲同样为此事操心，她说：“你把花盆里的土换一换，看行不行。”

雄日依照妈妈的意见，在新的土壤里播下种子，但是它们仍然没有发芽。

国王观花的日子来到了。无数个穿着漂亮的孩子拥上街头，他们各自捧着盛开着鲜花的花盆，每个人都想继承王位。但是，不知为什么，当国王环视着花朵，从一个个孩子面前走过时，他的脸上没有一丝高兴的样子。

忽然，国王看见了正在流泪的雄日，这个孩子端着空花盆站在那里。国王把他叫到自己的面前，问道：“你为什么端着空花盆呢？”

雄日抽泣着，他把如何种花但花种不萌芽的经过告诉了国王，并说，这可能是报应，因为他在别人的果园里偷摘过一个苹果。

国王听了雄日的回答，高兴地拉着他的双手，大声说：“这就是我的忠实的儿子！”

“为什么您选择了一个端着空花盆的孩子来继承王位呢？”

国王解释说：“子民们，其实我发给你们的花种都是煮熟了的。”

听了国王这句话，那些捧着最美丽花朵的孩子们个个面红耳赤，因为他们播下的是另外的花种。

这个故事说明了一个朴素的真理——诚实是取得信任的法宝。范仲淹说：“惟‘不欺’二字，可终身行之。”坚持“不欺”，一辈子照此去做，定会受用不尽。

对企业而言，以人为本，对内是以员工为本，对外是以客户为本。因此，对内，老板对员工要诚实守信；对外，企业对客户要诚实守信。

春节前，我去安徽拜访客户。途中，被一场大雪搅得有点晕头转向，高速封道，大桥禁行，虽说离目的地一江之隔，但车子苦等摆渡船已近三个小时，还未能排上号。唉！一声叹息，我耐着性子边看着书，边不时地看看近在咫尺却难以逾越的长江。突然，手机铃声响起，原来是国外某企业负责人已来中国，想在第二天夜里九时回国前与我在上海见个面，就合作的相关事宜做最后的洽谈。双方马拉松式的谈判已经一年多了。客人三进黑松林，该看的都看了，该问的都问了，该谈的都谈了，协议也早签了，就是“只见楼板响，不见人下来”，预付金迟迟未汇过来。

合上手机，看着江对面那白雪中透出的片片绿意，似报春的使者冲我微笑，给我带来美好的心境。在黑松林，我们将诚信经营的核心聚焦到“以客户为中心”的层面。

穿雪地，绕高速，一路兼程，赶到上海已是第二天华灯初上，温馨的大酒店门口，外企负责人布诺伲和中介公司王总已在寒风之中迎接我。

“刘总，贵企业提供的成套设备和产品小样客人非常满意，预付金迟迟未汇，关键是担心该成套设备和技术批量生产出的产品，品质能否与提供的样品一致。”王总开门见山地讲出客人的疑虑。一旁的布诺伲一动不动地看着我。我淡淡一笑：“那好办，咱们倒着走。”

“怎么说？”布诺伲听到我说的新名词，眼睛发亮，急切地用生硬的中文一字一顿地问。

“中国有句古话，做了亲合了心。你不是担心我的产品品质吗？检验产品的标准是市场和客户，那你可以先订购一批我的产品，拿到你们国内市场销售，看看品质，满意了，就履行合同，这就是中国的倒走健身法。”

“不谋而合！”王总笑道。“Yes！ OK！”布诺伲更是喜出望外，伸出双手握住我还没暖过来的双手，“先订两个集装箱，回去就打款！”“好！”我将布诺伲的双手攥得紧紧的。

又一年的春节前，我带着区域营销经理驱车来到山东临沂，到代理商房总公司进行节前回访，不仅送上节日的祝福，而且深入市场一线了解客户的最新需求，并期望向房总学习，补强我们营销平台和渠道的建设。

房总是典型的“创二代”，从父亲手中接过装饰市场的商铺后，积极导入现代营销理念，组建专业的营销团队，搭建网上营销平台，跨境生意做得风生水起，不仅成为黑松林系列粘合剂临沂总经销，还是某著名品牌板材、五金的山东、江苏等地的总代理，产品整柜整柜地卖到国外。

“好客山东”名不虚传，房总热情接待了我们，还专门设宴款待，邀请他的好朋友杜总一起为我们接风洗尘。杜总毕业于西南工业大学，热情健谈，酒过三巡，得知我出版几本专著后，便与我聊起文化、营销和品牌，还聊起“怀瑾握瑜”的典故。怕我听不准他的山东口音，杜总边比画着字的笔画边说：“‘怀瑾握瑜’出自战国时期的《楚辞·九章·怀沙》，原文为‘怀瑾握瑜兮，穷不知所示’。比喻人具有高尚的品德和才华，内心充满美好的品质。”

“至诚至信，天长地久！”我连连称赞，忙从包里取出板桥传人、知名书法家韩世凯先生刚刚送我的一幅“板桥体”的“难得糊涂”送给房总。房总和杜总小声议论着书法作品。我却情不自禁地想起郑板桥关于诚信的故事。

清代乾隆年间，南昌城有一家点心店。最初，店主李沙庚以货真价实赢得顾客盈门，但其赚钱后便开始掺假，对顾客也怠慢起来，生意日渐冷落。一日，郑板桥来店进餐，李沙庚惊喜万分，恭请郑板桥题写店名。郑板桥挥毫题定“李沙庚点心店”六字，墨宝苍劲有力，引来众人观看，但还是无人进餐。原来“心”字少写了一点，李沙庚请求补写一点。但郑板桥说：“没有错啊，你以前生意兴隆，是因为‘心’有了这一点，而今生意清淡，正因为‘心’少了这一点。”李沙庚顿悟诚信经营、赢得人心的重要。从此以后，他痛改前非。

宋代永嘉学派代表人物叶适说：“天下之财，与天下共理之者，大禹、周公是也。”三维营销理论认为，营销人员应该向消费者提供三个方面的利益，即：特色鲜明的功能利益、消费过程中的利益、关系利益。实践是检验真理的唯一标准。这说起来容易做起来很难，经营与管理不仅是理论问题，重要的是实践，纸面上讲得头头是道，操作过程中落实不好，就是白纸一张。只有在实践中收到良好的预期效果，相关理念、理论才能被证明是有道理的、正确的。

一天傍晚，我从市里开完会回到企业，车子停在二道门前。下了车我朝四周看了看，还像白天一样忙碌、一样欢快：对外销售的门市部，还有两个客户在购胶，停在一边的一辆电瓶三轮，员工小勇一只手扶着栏杆，一只手帮客户将几桶胶从地上提上车，他满脸的汗，微笑着和客户说着些什么，我悄悄地走过去，心里默默感恩我的员工，我的上帝！

“咔哒”，客户装好桶跨上车，朝小勇挥着手，“嗖”的一声，车从我身边蹿过，我转头一看，发现车上桶与桶之间的间隙太大，当车停在大门前验票时我高声招呼“请等一下”。便匆匆赶上前，小勇不知发生了什么事，也一路小跑来到大门口。

“师傅，不好意思。耽搁您几分钟，车上装的桶前边靠车厢板的距离太大，一个急刹惯性会将桶撞翻的！”我边说边和小勇将车上的桶往车厢前板移动。客户一边朝我打量着，一边“谢谢”不离口。

有人说商场是战场，我认为，商场还应是“情场”。国外一位商人深有体会地说：“不会谈恋爱的人就不会做生意。”其实与客户做生意就是一个谈恋爱的过程——谈（沟通）的过程，恋（信任）的过程，爱（极度满意）的过程。双方站在同一立场，利益一致、情感一致，爱到极致就是长期结合，修成正果。

如今国内外胶粘剂品牌多如过江之鲫，在这潮涨潮落捉摸不定的竞争中，一个企业无论走得多么顺利，都会遇到意想不到的狂风巨浪。需要踏浪而行、破浪而进，怨天尤人是无济于事的。

“褒贬是买主。”这是母亲在世做小生意时挂在嘴上的一句口头禅，虽说几十年过去了，我每每想起，感觉还是那么真切。刘润在总结胖东来商业模式成功之道时说，胖东来的“细节，无穷无尽，每天都在更新”。刘润说，我们要学的，其实是一个产生这些细节的机制：“听用户的话，从客户投诉中开出持续改善的花。”

为了说明这个观点，刘润举了一个例子：曾经有客户抓了一把零食去结账，结果售价超出了用户的心理预期。客户此时的心情是：不买吧，很没面子；买吧，就像被“刺挠”了。怎么都不舒服，于是他选择了投诉。胖东来觉得，客户的情绪背后有道理，于是思考怎样改进，就在价签上加了“约 20 个 / 斤”的标识。所以，胖东来的理念就是：客户反馈，就是改善！

一年“五一”节前，我去山东市场走访客户，特地到装饰市场了解同行产品的基本情况。一圈走下来，我嘴上未说，心里却似揣了只兔子，忐忑不安。这个时代市场发展得真快，几个月未看市场，新企业、新品牌、新包装、新设计就如雨后春笋层出不穷。

“陈老板，好忙啊。”与我同行的区域销售负责人小周老远就向黑松林地区总经销商打招呼。“嘿，什么风把老总吹过来啦？”陈老板开口就显露出了生意人的精明圆滑。一阵寒暄，我们来到陈老板的办公室，刚坐下，一杯新茶奉上，冒着丝丝热气。

“陈老板，虽说我们合作时间不长，但近几个月销售业绩可不错嘛，谢谢你对黑松林的厚爱！”

“相互支持，我得感谢缘分，感谢与黑松林结缘！不过，刘总，你们的包装得考虑与时俱进呀！”陈老板顺手拿来公司的一桶胶，不客气地说：“你看，你看，还是穿的中山装，灰不溜秋的，现在街上流行红裙子，市场流行彩印喽。”风趣幽默的批评让我脸上火辣辣的，再看看自己的产品包装，的确如此。我感激地点着头。“刘总，你到整个市场看看，货卖一张皮，尽管你们的品牌、品质都好，但适应消费潮流才是真正的好！”陈老板扫机关枪似的一番话，虽然没有企业美学的大道理，却有市场营销的高站位。

坐在家里能听到市场真切的“枪炮声”吗？我内心一震，蓦然站起，陈老板的批评可是适应市场竞争的忠言啊！我紧紧握着陈老板的手，感谢中多了一份感悟。市场行走，三分财气，陈老板的一番话，真是比金子还值钱哦！

回公司后不久，一款新的彩印包装标贴就迅速推向市场：一片橄榄绿的黑松林在蓝天下隐隐约约，橘红色的品牌标识清新亮丽，充满了活力和吸引力……

“走市场”的经验告诉我，企业经营者不仅要低头做产品，还要抬头看行情。只有不断深入市场之中，了解消费者的各种需求，认真听取消费者意见，甚至抱怨、批评，闻过即改，快速调整创新，才能够找到适应市场竞争的金钥匙。

“捭阖术”是鬼谷子智慧的集中体现，强调开合有道、张弛有度，是世间万物运转的根本。在商业谈判中，通过捭阖之术，可以有效洞察人心，掌握主动权，从而在复杂的环境中游刃有余。

几年前，我接到国内某著名公司的邀请函，约我去上海洽谈水基胶合作事宜。俗话说，“耳听为虚，眼见为实”。一踏进公司的接待室，看了他们的市场网络分布图，我就震惊了，用母亲在世时说的一句土话：肚脐眼给你闻一下，还能充几天饥呢[1]。一万多个营销网点，怎叫我不心动呢？机不可失，时不再来。商场中，每一次犹豫不决都有可能让机遇从指缝溜走。

[1] 意为“家大业大”。

谈判桌上，对方的市场部部长赫先生精明地询问着产品、品质、规格、价格等一系列问题，一道一道、一环一环的。“刘总，你看我们如何合作？”说了半天，赫先生突然将“球”踢到了我面前。

“赫先生，俗话说‘好马配好鞍’，我们可以强强联合，共生共赢，在不重复投资的情况下，用我们现有基础的生产优势加你们的市场优势，1 加 1 会等于 3 的。”基于敏锐的直觉判断，我爽快地说。

“是，是。”

“既然这样，我们就不要在价格上转弯子，浪费太多时间了。”

“那采取什么形式？”赫先生动了动身子，身体稍稍前倾。

“今天我不是来卖产品的，是来卖生产力的。我们换一种思维方式合作，变卖产品为代加工产品，技术、质量由我们保证，原辅材料按市场价双方按生产通知单需要量确认，产品规格、质量指标等由你们确定，我们减少中间环节，按吨收取加工费，双方都可以获得较大利润，怎么样？”我是巷子里面扛木头，直来直去。

“嗯，咱们刘总坦率，这种合作方法好！”对方老总终于开了尊口，一脸的春风得意。

有这样一个实验：把各种水果拿到职场，让人猜哪种水果最受欢迎，结果是香蕉。选择香蕉并不是因为大家都喜欢香蕉的味道，而是因为吃香蕉方便简单，剥去皮就能吃，吃完皮一丢就行了，不像其他水果，又要削皮，吃后手上黏糊糊的，还要洗手。

其实，我们做的选择，不仅仅取决于东西本身的好坏，还取决于遇到的阻力大小。在与客户合作的过程中，我们需要“降阻”，尽可能地减少各种阻力，以达到自己想要的结果。

日本“拉链大王”吉田忠雄说，不为别人的利益着想，就不会有自己的企业的繁荣。做生意是互利的，“不卖产品，卖生产力”是当今的经营理念。只有相互信任依赖，坦诚竞合，寻求双赢，让别人赚到钱，自己才能赚到钱，才能获得预期的成功。

第二节　心力营销

一个秋天，我和三弟鹏旋回祖籍宜兴，老家卖石材的魏老板热情接待了我们。席间，魏老板给我讲了他亲身经历的一个故事，好似给我上了一堂营销课。

一天傍晚，他的店门口停了一辆小车，车上走下一胖一瘦两个中年人，到店询问几种石材样品的价格、规格等，然后扔下一张名片就走了。魏老板并未把这当一回事，因为这种情况见多了，这时他的夫人责怪他说："你这个人做生意怎么像石板一样，人家上门来，既不招呼人家坐一坐，水也不倒一杯，现在都快六点了，不管生意成不成留人家吃个便饭，就可能留个以后做生意的机会嘛！"魏老板听后，觉得夫人说得有道理，骑上摩托车就去追汽车。摩托车哪有汽车快，他边骑边打电话，硬是追了十多里路，追得满头大汗，终于在一家路边饭店追上了询价的上门客。他们被魏老板的真诚感动了，不但做了一笔不小的生意，如今还成了忘年交。

听到这个故事，我马上想起北京同仁堂的故事。1984 年，一位外地顾客来店求购 4 克天仙藤，一位老售货员收方后说："这药 4 克，值 4 厘钱，给你 10 克，收 1 分钱。"为了这 1 分钱的生意，这位老售货员柜前堂后跑了两趟。大药店仍能做好 1 分钱的小生意，让顾客十分感动。事后，顾客投书称赞同仁堂可贵的风格，认为像同仁堂这样的大药店，仍能保持做好小生意的精神，确实难能可贵。细想一下，北京同仁堂历经沧桑而长盛不衰，除了坚持“炮制虽繁必不敢省人工，品味虽贵必不敢减物力”的产品理念之外，与他们维护良好的客户关系也有极大的关系。

听来、看来的这些故事都给了我一些启示，那就是我们要在服务客户中运用新思维、新模式，在营销活动中学会“走心”，从“心力管理”走向“心力营销”。如果说，“心力管理”的本质是“用心管理，管到心里”和“心之所及，力之所达”的话，那么，“心力营销”可以概括为“心之所及，利之所达”。当然，这个“利”，并不单指企业方面的利益，它包含了企业与客户双方的利益，而且更偏重于为客户创造价值。同时，这种价值不仅仅是物质方面的，也包括精神和情感方面的。

在黑松林的实践中，心力营销是行动而非理念，是物质不可取代、金钱不能置换的。有一次我去安徽出差，当天刚好是铜陵吴老板的生日。我处理好手头事，买了一盒鲜奶蛋糕，外加一束鲜花，驱车100多公里，赶到吴老板的店里。吴老板愣住了，原来他连自己的生日都忘记了。“一个企业为一个客户忠心服务，你肯定会获得一百个新客户。”“经营之神”松下幸之助如是说。

重视客户的生日，在中国传统重大节日为客户送上问候祝福，是黑松林“心力营销”的重要举措。我们注重建立并不断完善客户档案，借此深入开展物质加精神的情感营销。比如，每位客户的生日有专人负责，能当面祝贺的，一定要见面祝贺。即使千里之外的客户，因为交通不便，我们也要邮寄一束鲜花或一份生日蛋糕，以表达黑松林人的祝福，这样的活动已成为黑松林情感营销的规范动作。假如偶尔有所疏忽，责任人就要“负荆请罪”，除了补上心意，自己还要掏腰包买上一份小纪念品以示歉意。

每年中秋拜访客户，送几盒月饼，添几分情谊，以心换心，是黑松林多年的传统。虽说现代人对月饼已缺少了过去的“狂热”，但用客户的话说，送的不是月饼，而是被人想起的温暖。

一年中秋节后上班的第一天，我早早来到公司，迎面碰到营销员小周拎着两盒月饼。那华丽的包装在晨光中闪闪发亮。“中秋都过了，还给我送月饼？”我与小周开起了玩笑 。“老总从来不收礼，听你的话，工作干好了等于送大礼！”小周不愧是“跑江湖”的，很会说话。

“节都过了，这月饼还送给谁呀？”

“送给山东郑老板的，节前安排送月饼客户名单时，郑老板不小心从名单里漏掉了，今天刚好送货到山东，我顺便带过去，送上一份迟到的爱！”

“哦，咱小周安排得很细致，想得也周到，不过‘过了端午不吃雄黄酒’呀，过了中秋节给客户送月饼，是不会给人带来好胃口的！”我学话剧演员来了一段道白。“小周呀，简单的事背后有着不简单的意义，你还不如换送黄桥烧饼，送咱家乡的‘月饼’，既表心意，又宣传家乡的特产，双赢！”小周脸上泛起红光，连说：“对，对，送黄桥烧饼……”

认真做事，只能把事情做对；用心做事，才能把事情做好、做到完美。日常生活中，我们往往习惯于按常规办事，但事物总是不断发展变化的，如果过了中秋还为送月饼而送月饼，就成了画蛇添足。有些事虽说结果很重要，但过程的细节却是实现完美结果的基础啊！

彼得·圣吉曾提到过美国的第七代公司，这家公司的销售额超过 1 亿美元，但员工人数不到 100 人。1 亿美元的销售额是如何实现的呢？答案是通过建设“自我延伸的人际开发关系”实现的。正如第七代公司巴尔内姆所说，“我们与关键业务伙伴的关系，不仅仅是出于业务方便而建立的联姻关系”，而是一个更多体现了自然系统运行方式的商业模式——通过建设共生关系网络而成长。关键是慢慢建立起来的这种关系，可以让大家真正互相了解，知道对每个人来说究竟什么才是真正重要的。因此，通过共同目标网络来发展业务，既可以延伸到客户，又可以延伸到供应商。围绕给客户带来的积极影响开展教育活动，是第七代公司商业模式的核心。

直面当下的市场挑战，第七代公司倡导通过“自我延伸的人际开发关系”建设“共生关系网络”，使我深受启发。我们这些传统制造业企业还未完全在互联网的“上半场”中摸清门道，这“下半场”的大幕又在徐徐开启。但是，不管外部环境如何变化，客户永远是企业经营管理的重要抓手，企业要牵住市场这个“牛鼻子”，从了解、理解、聚焦客户开始，在人心上下功夫，开展一系列有针对性的举措，接地气、心气、人气。

说起“共生关系网络”，其实我们古已有之。明代汪道昆在《太函集》中描述张洲：“以忠诚立质，长厚摄心。以礼接人，以义应事，故人乐之与游，而业日隆隆起也。”就像冯仑说的一句话：钱“心”跟着人“心”走。人世间财富的聚散，有个“心”在里面，而“心”和人有关，全世界最聪明的人都是先研究人心和制度，然后才能反过来驾驭金钱的。这大概就是“陕商崇敬周公、晋商祭祠关公、徽商崇拜朱公”的由来了。

目之所及总是有限，唯有心深邃、宽广，深入尘世间的任何地方，心与心的距离才会越来越近，心力营销，才会得人心和市场。

当然，数字经济时代的营销一定不同于工业时代的营销。如果做老板的认知还停留在“把产品卖出去”“比对手多卖一点”上，那就不是营销，只能称为“销售”。新时代的商业活动追求的是共生，而不是你死我活。心力营销不仅要对顾客走心，也要对共同赖以生存的市场环境走心，需要每一位从业者用自身的大格局，共同做大整个行业乃至整个经济体的增长空间。

心力营销，需要高素质的经营者与时俱进，不断提高经营过程中的判断力、开发过程中的想象力、管理过程中的认知力、沟通过程中的情感力、不确定中的适应力，见常人所不能见，知常人所不能知，行常人所不能行。

1999 年，第二届中国国际胶粘剂密封胶展览会在上海举行。经多方努力，我们获得了印制门票的授权，门票背后一句“欢迎走进黑松林，构筑您的小屋，谱写您的童话”，将黑松林的名声传播到国门之外，也为日后与多家世界 500 强企业合作埋下伏笔。

心力营销，需要有心、用心、真心走进客户心里，俘获客户的“芳心”，还需要“人性化经营”，让客户心随你动，彼此互动，共生共长。

所谓人性化经营，是企业要跳出狭隘的产品销售思维乃至市场开拓思维，从客户关系管理角度，树立全新的营销理念，透过产品和服务的表面去发现和挖掘更深的意蕴，在卖产品的同时，通过周到的服务“购买”客户的忠诚，只有这样，企业才能在为客户创造价值的同时，实现自身的价值。宁波商帮有句俗话叫“天下之主，不如买主”。这句话体现了宁波商帮对客户的忠诚程度，也体现了他们与客户之间的紧密关系。但这样的理念，说起来容易，实际上做起来，如果没有超越常人的智慧和胸怀是根本做不到的。

从企业实践来看，人性化经营的核心是情感营销与情感服务。现代心理学认为，情感因素是人们接收信息、打开与外界沟通、建立持续关系的阀门。情感营销与服务，自然需要从客户的情感注入着手。因此，情感营销从消费者的情感需求和积累出发，目的是通过营销活动和持续深度的交流，激发客户对产品与服务乃至企业的情感联系，引导他们逐步产生心灵上的共鸣。

中国传统儒商从儒家“性善论”出发，强调以心换心、将心比心。自己以诚信待人，也相信别人必以诚信回报。在商务活动中，理解客户的感情信息、心理需求，超越纯粹的买卖关系，让客户感受到你这个人的价值，取得客户信任，实实在在地把客户当成生活中不可或缺的知心朋友，那么朋友交成了，生意自然也就水到渠成，合作伙伴关系就会稳固长久，这就是我理解的“人性化经营”。

杭州大王椰控股集团有限公司（以下简称“大王椰”）是国内四大知名板材企业之一，近些年全国连锁专卖店开了近千家。大王椰与黑松林合作生产的木工胶、万能胶，光是外包装三年就换了两次，你看他们用心不用心！

有一次，市场部给我送来一周工作安排，其中有一条写道：下周二大王椰高总要来公司洽谈有关事宜。看着“洽谈有关事宜”几个字，高总仿佛已经站在我的面前，脸上挂着神秘的微笑。这位高总，个子不高，小平头，一双天生聪慧的生意眼一眨一眨的。合作三年了，他却没来公司几趟，这次不知他葫芦里卖的是什么药。我心里揣摩着、盘算着，安排好见面时间。

“刘总啊，不好意思，让你们等到现在！”高总走下车，立即热情地向我伸出双手，带着与生俱来的亲和力和感染力。

这番话听得我心里热乎乎的，可高总的手有点冷丝丝。“高总，都快中午一点了，饥寒交迫啊，咱们边吃饭边聊！”

“好，好，听你安排。”高总边说边跟着我进了餐厅。“哇，到了刘总这儿等于走进春天！我这个人怕冷，你这个空调开得好，暖暖的。”

高总满面春风：“刘总啊，你多大啦？”

“我已花甲之年了！”

“不像，不像！”

“心情好，不觉老！”

“是，是！像你这么大的年纪，都是从苦日子蹚过来的啊。我比你小多了，也挨过不少苦日子呢！”高总边说边举起酒杯，“刘总，我敬你！”

咣当！我举起杯一饮而尽。

“高总，你这个年龄，讲话有点沧桑呀。”我连忙将他杯中的酒加满，打趣道。

“我20岁到一家印染厂打工。我天生个子矮，别人看不上我，我总是夜里将白天的工作先做好。”高总打开了话匣子：“那时，印染后的布很皱，要熨平烘干，我整日整夜地干活，累了就睡在布匹上，结果受了潮气，怕冷的毛病就是那时候留下的。”

“哦，咱们高总身上还留下了岁月的痕迹呢！喝酒，再暖一把！”我举起酒杯。

“咱刘总不愧是个文化人，讲话就是让我开心，我喜欢！”高总满脸的红霞飞。

“说得好没用，做得好才是真正好。”我话里有话。

“黑松林不仅文化好，产品也做得好，合作了这几年，品质没话说！”高总实话实说：“刘总，许多公司想和我们合作，我就认定黑松林，认定刘总的人品，你这个朋友我交定了。来，我们干一杯。”

我举杯欲一饮而尽。“慢，刘总，明年的新品、新包装你什么时候到位？”这个高总啊，吃饭还念念不忘做生意，一股敬意油然而生。

人们总是喜欢与尊重别人、平易近人的人交往。心理学家认为，要争取别人赞同自己的观点，光是观点正确还不够，还需懂得沟通中的心理学。先交朋友，再做生意。这并非刻意拉拢，而是以心换心，凭良心做事。借酒助兴，不就生意谈生意，而是真心把客户当成朋友，少一些算计，多一些坦诚，彼此倾吐肺腑之言，互相体恤爱护。

2025年春节前，我收到高总的一条微信：我快递了两箱广西特产水果金吉果给你尝尝，请查收。收到水果后我内心喜悦，更多的是感动。我让高总给个地址，礼尚往来。高总又给我发来微信：我给你寄的是友情，你不用寄；好多年我一直念着你的情，有机会我过来看看你这个老哥……

情感营销受到儒家“性善论”的影响，其核心是通过相关活动建立与客户感情上的联系和获得满足感，从而使他们产生对产品和公司的心理认同。相关研究表明，情感营销能够用情感互动让企业的产品与服务获得口碑和声誉，继而赢得更高的忠诚度，让品牌具有更高的业务价值。在情感营销与服务中，对客户来说，产品和服务都是外在的，而来自情感营销的真实情感体验是内在的；而情感服务是在情感营销之后，再次强化个人在情绪和知识上的认知，让对方得到一种完全不同于一般商业活动的体验。

仔细想想，情感真是个微妙的东西。客户生日送蛋糕和鲜花，重大节日给客户送祝福，顶风冒雪去拜年，用心服务客户，等等，是我们于细微之处的一点点投入，是企业向客户表示的情意、心意和谢意，是用细节去“俘获”客户。看似无声，其实细节是有声的，这种声音是从细节开始，情感撮合，爱心铺垫，温情渲染，意义深远，有助于心情愉悦的客户与企业之间达成心灵的“零距离”沟通。有了这层“亲和”关系，企业就能与客户建立长久的利益共同体。唯有客户接受了你的企业、你的品牌和你的服务，才会对你的企业产生信赖感，这才是我们追求的成功营销。

所以，当企业向客户销售产品时，最大的挑战不仅仅是销售一种好产品，而且是基于“人性化经营”思维提供周到的服务。只有当你怀着一颗真诚的心去倾听客户的心声，调动客户的情绪，让客户在不知不觉中对企业和产品产生情感时，客户才会同样以真诚的心对待你，和你做生意，并长期合作下去。

阿里云的创办人王坚博士曾提出一个著名观点：必须“疯了”一样解决好客户的问题。他总结阿里的“客户第一”时说：“这个理念不是理论问题，是个实践问题。”挂在嘴上，终究是个理论；跑在腿上，才是实践。因此，再好的商业策略和管理模式，都要靠市场和企业的真情服务来检验。最终，客户会用真金白银来“投票”，判定这家公司在行业中的影响力和地位。

在“仁、义、礼、智”这“四德”中，孟子把“仁”这一儒家中心范畴置于人的内心情感之上，而将“义”看成达到“仁”的途径——“仁，人之安宅也；义，人之正路也”“仁，人心也；义，人路也”。在孟子看来，只有合乎“仁”才是“义”，反之，只要依“义”而行，就能达到“仁”——“居仁由义，大人之事备矣”。我感觉，心力营销和人性化经营，都是从“满足客户需求，创造客户价值”这个“仁”出发，通过与客户建立更亲密、更紧密的关系这个“义”来实现的。

在这一点上，历史上的晋商是我们的榜样。晋商崇拜关羽，做生意注重“以义致利，修身养性”。关公是山西蒲州人，其祖陵在山西运城，关公所代表的忠义仁勇是中华民族的精神象征。凡在异地经商，晋商一经发展便集资修建关帝庙，通过祭祀神祇强化关羽崇拜，宣扬“忠诚信义”和“以义致利”的观念，这不仅增加了同乡伙计背叛商人的道德成本，同时也有利于商人取信于主顾。

第三节 经营人心

亳州山陕会馆大门上镌刻着一副对联：人有意意有念念有欲欲有贪贪得无限，道生一一生二二生三三生万万象皆空。这副对联，恰当地体现了山陕商人“欲而不贪”的经营哲学。孔子对“欲而不贪”的解释为“欲仁而得仁，又焉贪？”也就是说，执政者自己如果追求仁德便会得到仁德，又贪求什么呢？其实，欲望人皆有之，关键是要做到“欲而不贪”。古代徽商也有此类说法，比如，徽商将“治生”纳入商业的价值理念体系，他们认为，经商被看作“求生”的手段，其最终目的是求得个人和宗族的生存发展。所以，徽州人将经商称为“做生意”——“以贾为生意……人人皆欲有‘生’，人人不可无贾矣”。

孟子认为：“诚者，天之道也；思诚者，人之道也。”在孟子看来，诚是天道的本性，也是人类道德的根本，是达到自我完善与他人完善所必不可少的品德。在与客户交朋友、“经营人心”方面，我们首先做到的是与客户心心交融，我称之为“融心营销”。

一年春节前的一周，我启程去安徽拜访客户，没想到一场纷纷扬扬的大雪阻断了道路，我被迫中途折回。人回到公司，心里却不踏实，总觉得欠了人情债。尽管这几个客户的销售额对公司来说不是太大，可年终拜年是惯例，生意人很看重这些细节。想到每年此时自己出现在客户门口时他们的那种期盼和热情，我决意雪停之后再出发，这个“年”一定要拜。“刘总，盼星星盼月亮，今天终于盼到你顶风冒雪来啦！快进屋坐！”坐在店堂里的蒋老板暗处看明处，一清二楚，扯着大嗓门急忙从屋里走出来，握住我的双手。“好想你这个大老板哦！”蒋老板一副生意人的圆滑，又不乏真情实意。

“真想我啊，怪不得我这两天不感冒却天天打喷嚏，是你在念我啊，谢谢，谢谢！”我似与战友重逢，将蒋老板的手攥得紧紧的。

“不好意思，今年拜年我来迟了。”我边说边将一个大大的红包放到蒋老板的手上。

“坐，坐，你是大忙人，好久没来咱们小小的经营部了，你一来就财源滚滚啦！来，先喝茶后喝酒！”

“刚下雪，夜里路面要上冻，今天我就不坐了，来年再来喝你的酒！”我双手抱拳说。

“刘总，今天你怎么像点火似的，屁股连凳子也不沾啊，怕穷气沾你身？”

“蒋老板啊，你知道的，春节前一天要当一周用，你这儿我不过来心里不安哪，我知道蒋老板年终关账，踮着脚盼我来，赊账可是不肯过宿的哦。”

“刘总太了解我了！”

“恭喜蒋老板年年有余！告辞了，告辞了！”我边调侃边向屋外走。

“明年的销售，看我的！”蒋老板一番感动后雄心壮志，边说边攥紧我的手，我们俨然是一对好哥俩。

在我看来，经营产品就是经营人心。短暂的拜访，一刻的愉悦、一时的难忘时光，经销商往往就会和你心心相印，成为忠诚的伙伴、播种机和义务宣传员。我们在经营产品的过程中，对品牌、质量、服务等方面的工作不肯马虎懈怠，影响信誉的事，哪怕十分琐碎也很注意，什么都会想好，努力去做好。而在捕捉经销商心理、尊重生意人的习俗及文化差异等一些细节上，就考虑不周，因小失大。这种高高在上的“自私营销”，如同坐在一个静止的跷跷板顶端，虽然维持了在“上”的优势，但失去了企业与经销商之间互动过程中的信任，埋下了危机的种子。

除了与客户心心交融，适当的让利就是一种“另类投资”。

生意场上，赚钱蚀本跌宕起伏，恰似海潮时起时落。可不是，那两年原油价格从每桶几十美元，一下子飙升到140多美元，没过几个月，又似喝醉酒的汉子，跌跌撞撞降到了100美元以下，让我们这些搞化工的人晕头转向。真是涨潮时退不及会淹死，落潮时跟不上会旱死。

一天，市场部小吕夹着“市场月报表”一脸灿烂地小跑着来向我报喜：“老总，恭喜发财，最近主要原材料价格下降近30个百分点，总算熬过了最高限价了！”我招呼他坐下，边听市场原材料行情分析，边翻阅刚送来的月报。“小吕啊，市场是张娃娃脸啊，说变就变！目前价格趋势如何？”我似丈母娘考女婿似的问他。

“依据我从网上查阅的有关资料及供应商反馈的相关信息来看，近期受国际大气候影响，预测主要原料还要降价。”小吕一脸自信。我拿起桌上的计算器，计算一番后，喊来了财务科科长。“最近原材料价格波动较大，我想请你们两个部门联合测算一下，在现有销售价格基础上，能否临时提高返利比率给客户。”“让利给客户？”小吕不解。“年轻人，被动不如主动啊，现在信息传播太快，透明公开！”“能不能一个月后再说？”小吕犹豫不决，生怕原材料价格前脚降后脚再涨，到时公司就会被动挨打。“测算好开个协调会就开始执行。别忘了是临时让利，水涨船高。”我加重语气，斩钉截铁。

读过一个案例故事。美国波士顿有一家特色饭店，凡来就餐的顾客，都要登记地址、姓名，年底老板会从顾客消费带来的纯利润中抽出10%给这些顾客作为回报，并附上简单说明。主动让利，看似亏本，实则高明。

一个企业，只有给客户带来利益，客户才会给你带来利益，临时增加返利就是一个潜在的投资。舍得，舍得，有舍才能有得，一个能让客户多得利的商家，生意才能越做越大。

营销管理是科学加艺术，科学的部分是理性，可以教导与学习；而艺术的部分则是感性，需要依靠敏锐的直觉，可谓“感性营销”。

一次，浙江王老板到公司，和我们签下加工合作协议“大单”后，向我提出要到生产线看看。

来到车间，我陪他从四楼的溶解看到三楼的聚合，再走到二楼的复合，王老板赞不绝口：“正规军毕竟是正规军，设备、工艺流程布局得真好！”我笑笑：“科学发展，一切按规则走。”

不知不觉，我们已经来到一楼，王老板对工厂的灌装机看得出神。“‘咔嚓’一声，一个小包装就搞定了。刘总，你们这机器哪儿买的？真方便！”

“这是我们买回来自己改装的。”

“我们工厂规模小，还在打人海战役，全部用手工灌装呢！”

“哦，哦……”我附和道。

“刘总能不能帮我们搞一台？”王老板铺陈了半天，突然话题一转，直接向我提出了他想得到的东西。

“哈哈……没关系，做了亲，合了心，我送一台灌装机给你！”

“真的？”

“说话当钱用！”我似运筹帷幄的指挥员，毫不犹豫。

“谢谢，刘总，明天我回去就把一季度的订金先汇给你！”

有一次，与我们合作的一家外企派人来公司进行一年一度的第二方评审。客人们来到黑松林，所到之处均干干净净，没有异味，没有噪声，看不见“跑、冒、滴、漏”，仿佛走进一座怡人的花园，他们边走边称赞。

一行人进了车间，外企负责业务的王总想看看为他们加工的产品。我点头笑道“没问题”。市场部负责人小吕忙将客人带到生产线旁，如数家珍地开始介绍：“这是即将发给贵公司的20吨产品，这是品质检测报告，这是灌装通知单，这是入库通知单，我们每道工序都采取了专人负责制！”

“嗯！合作这么些年，你们的品质确实让我们信得过，管理也很严谨到位。不过我们希望看到的是每一批产品都是这样被生产出来的。”王总言者有心。

“王总，不管什么时候，我们都是一切按规矩做事，今天你的到来也是对我们员工的一种另类考试啊！”我边聊边自信地笑了笑。

“刘总，这桶上的7.10、7.06、7.09是什么意思？”王总指着塑料桶上写着的字问。

“哦，王总，这是我们工人自己发明的计量方法。因为灌装的周转塑料桶自重多少会有细微差别，因此，我们规定对所有塑料桶都要提前称皮重，以保证产品计量准确。这水性记号笔标出的字是每只桶的重量！”我边说边让车间记录员小鞠随手拎起一只桶放到地磅上，“7.10公斤，不多不少，很准。”

“原来如此，你们的管理如此细致、严谨、诚信，让我们放心！我们会长期合作的！”王总用信任的目光看我，连连点头。

微商深受大儒朱熹思想的影响，形成了“义利兼顾”“贾而好儒”等经营理念。“我新安为朱子桑梓之邦，则宜读朱子之书，取朱子之教，秉朱子之礼，以邹鲁之风自恃，而以邹鲁之风传之子若孙也。”朱子思想和徽州人的内在双向认同的文化氛围，使徽商从思想到实践都“以郡先师朱子为归”，体现在企业经营方面，就是以诚心为道。

俗话说，黄金虽贵，斤两羸人。赚钱是生意人的本性，一个经营者，不仅要赚眼前的钱，重要的是赚长远的钱。有些经营者，往往要点小聪明，玩点小把戏，偷工减料，缺斤短两，看似精明，但他们只能赚到一点眼前的钱；真正高明的经营者，站得高、看得远。如果一个客户把业务放在你这里长期做下去，等于是将钱存到你的银行，而你在这段时间里，利用这笔钱获得的一切，就是"利息"。金杯银杯，不如客户的口碑。"百行以德为首"，一个人、一个企业，赚钱的路子很多，如果眼睛只盯住钱，未必能赚到大钱。大的生意刚开始不一定大，大生意往往都是从小生意做起的。诚信是发展的基石，是通往未来的绕不过的道德门槛啊！

"感性营销"是我们面对的新课题。营销中加入感性，不仅是响应市场变化，更是响应人性的需要。当下，市场的风向标已经转变，市场竞争的战火早已燃烧到人性、品位、特色、创新等软性因素。同质化、低价格的恶性竞争显然是条死胡同，竞合双赢才是正道。

稻盛和夫谈到经营中的定价策略时说，当所有人都因"敬天爱人"而具有较高的思想境界，双方的交易又有相对公允的定价，这自然就变成了"一场激动人心的经营游戏"。在黑松林，我们追求的就是把"经营人心"作为这样一种"激动人心的经营游戏"！

第四节　专注品质：用心做明天的生意

孙科柳、高垒编著的《商帮信奇：徽商沉浮（第二部）》中记载了一个故事。清朝有个名叫朱文炽的茶商，祖籍婺源，为人非常正直、厚道。他在珠江流域贩卖茶叶，对库存积压超过契约所载期限的茶叶，一律贴上亲笔所书的“陈茶”标签，对顾客实情相告。为此，店里的伙计专门替他算了一笔账，朱文炽20多年来“逾期必书陈茶”的做法，造成了茶店“机会收入”减少数万贯，但朱文炽始终无怨无悔。凭借诚信之名，朱文炽获得众多客户的信赖，经商发了财。

产品是企业的生命线。随着科学技术的不断进步和国家环保政策的持续出台，化工产品既受制于客户需求，也受制于国家环保政策。面对这样的外部环境，黑松林始终坚持“好市场是聪明人下笨功夫做出来的”理念，对市场始终保持高度警觉，随时掌握新信息，观察新动向，探索新思路、新方法，坚持市场为王，研判产品发展和客户需求的新趋势，吃得了苦，经得起挫折，顶得住压力，持续实现产品的迭代升级。

市场在于折腾。“折腾”就是不断翻新，进行质变的尝试。时任英特尔公司的CEO安迪·格鲁夫说：“自相蚕食就是一种生活方式。”在企业发展过程中，自相蚕食不仅不可避免，还应加快推进。多年前，国家出台了《室内装饰装修材料 胶粘剂中有害物质限量》的强制标准。对大部分企业来说，这无疑是一次生死考验。面对即将实施的新标准，黑松林一方面积极融入，主动参与国家新标准的制定，“提前五分钟”抢占制高点；另一方面又围绕新标准找差距，选择新材料、采用新工艺改进老配方，在第一时间攻坚克难，完成产品的转型升级，赶在国家强制标准实施之前，生产出绿色、环保的新型胶粘剂。如今市场上畅销的“黑松林”主打产品——黑松林汽车内饰喷胶、聚醋酸乙烯酯乳液、水性阻燃胶、高性能丙烯酸覆膜胶等系列产品，就是黑松林这些年“做身边正确的事”、不断自我否定的结果。

产品迭代很重要，客户的感受更加重要。那一年，国外某公司发来的第一张外贸订单——50桶环保型装饰胶。对于我们年产3万吨系列粘合剂的专业工厂来说，似乎是小菜一碟，但因为这是产品第一次走出国门，我们还是有点诚惶诚恐。

产品刚刚出来，蓝眼睛、高鼻子的外方技术人员就来到公司，对生产全过程进行跟踪审定。他们对生产工艺及主要原料进行了重点检查，那一副认真的模样，就像在寻找一串失落的钥匙，外方技术总监拜格先生，一双湖蓝色的大眼，看上去很深。碰头会上，他充分肯定了公司产品的程序管理、封样、外观，然后摸着络腮胡子说："通过对贵公司的实地考察及对样胶的测试，今天又通过了对产品的审查，我建议，现在就灌装让我们带走！"

"不行！"总质检小朱抢着接过话去。

"为什么？不都好了吗？"拜格先生一脸不解，抬起头看着小朱。

"拜格先生，产品虽然已经加工结束，黏度、固含几个指标也检测过关，但它的剥离强度检测需要固化48小时后才能出结果，没有检测结果的产品，我们是不会开通知单灌装的！"小朱认真地解释道。

"OK，OK！这是第二批订单，5000桶！"拜格先生递上一张订单。

捧着这第二张订单，黑松林人高兴得像一群快乐的孩子。《中庸》有云："唯天下之至诚，为能尽其性；能尽其性，则能尽人之性；能尽人之性，则能尽物之性；能尽物之性，则可以赞天地之化育；可以赞天地之化育，则可以与天地参矣。"在黑松林，谈"天地"有些大，从50桶到5000桶的订单，是信念的历练，是前行的动力之源，更是我们真真切切地用诚实的品质换来的！

1916年6月，北京商品陈列所举办产品质量比赛，近代著名企业家穆藕初创办的德大纱厂生产的"宝塔"牌面纱，质量名列第一，既超过了当时的一般华商纱厂，还优于外商产品，被誉为"上海各棉纱厂之冠"。当时，全国最细的纱一般只达到42支，只有南通大生纱厂和德大纱厂偶尔能纺出48支的纱。穆藕初说：“出纱之优劣，三分在机器，七分在人为。”而“人为”，就是诚信为本，加上“实行科学管理的结果”。

穆藕初先生说得对。在黑松林，我们一边根据市场与客户需求随时迭代产品、提升质量，一边全力关注客户反馈，快速敏捷地响应客户需求。

这是2000年前后的一件小事，我终生难忘。刚刚投产的墙纸胶，一进入市场就前途光明。那天下午，快要下班了，砖头般的大哥大的铃声突然响起，“喂，是刘总吗？”

“是，是，您是？”

“我是你们安徽的一名客户。”

“哦，詹老板啊，你好，你好。”这是安徽地区的一个经销大户。

“刘总啊，你们前天送来的300箱墙纸胶存在质量问题，瓶中居然还有化纤丝……”

听着电话那边带着火药味的话语，仿佛有一盆冷水从头浇到我的脚后跟，我呆坐在椅子上，似一尊泥菩萨。

“连夜出发，将不合格的产品换回来！”我突然从椅子上蹦起来，自言自语。

“詹老板，早！”

“刘总，你怎么来了？”刚刚开店门的詹老板见我突然出现在他面前，似游园惊梦。

“给你赔礼道歉，换货来了！”

“不敢当，不敢当，屋里坐。”詹老板说了句生意人的客套话。

一阵寒暄，原来，造成质量问题的是灌装过程中将一根化纤丝带进了瓶中。詹老板一个电话就将我连夜召来为他换货了，见我一脸疲倦，他为我的精神折服，不但没有退货，而且连随车带去的300箱货也全部留下，我们成了生意上的真正朋友，从昨天一直走到今天。

“心力营销”，其“力”无穷。现代商战的胜利，不在于你占领了多少市场，而在于你占据了多少消费者的心。拥有人心就等于拥有市场，然而要做到这样的境界，光有适销对路的产品不够，还得有过硬的产品质量与真诚到永远的服务。只有“一心一意抓质量，真心实意为客户”，我们的生命之树才能常绿。

我的办公室与市场部紧挨着，中间隔了块大玻璃，每天都能看到新来的大学生小吕，齐刷刷的短发，圆圆的脸，穿着一件绿色外套忙里忙外，好似一颗青苹果，充满了青春活力。“吕小姐，你好！”一句问候将我的视线吸引，隔着玻璃，我一眼就认出了合作不久的新客户王老板。看样子他是上门拉货的，我回过神继续忙手头的事情。

“吕小姐，你看看你们给我的这些价格，能不能再多三个扣点？”王老板的声音有点呛。“对不起，王老板，我们必须按工作规则行事，否则会乱套的。”小吕彬彬有礼，有板有眼。“你请示一下老板，虽然我们合作时间不长，但是你翻翻营销记录，用不了多久我们就会成为你们的大客户！”

敞开式的办公室就是这样，我没离开座位半步，小吕与王老板带着轻微火药味的对话被我尽收耳底。似乎该做点什么，我走到饮水机边拿起一只青花瓷茶杯，沏上一杯龙井茶，端到隔壁办公室，满脸笑意：“王老板，请喝一杯龙井茶！”小吕见我端了茶过来，立马站起来，脸一下子红了。

王阳明曾说：“未有知而不行者，知而不行，只是未知。”知行合一才是真正的知，否则便是知而无用。很多情况下，我们没有做好一件事，做成一件事，并不是不知道如何做，而是没有真正去做，真正去做好。随着科技的发展、消费市场的成熟，服务质量增值的竞争方式逐渐被企业重视，服务质量带给客户的观念价值已经超过产品本身的价值。品牌、产品虽有差异，但情感上的差异来得更加刻骨铭心。

一杯龙井茶是附加产品，是服务增值，是形象策略。卖产品，做生意，价格可以协商，可礼貌待客，家的感觉，却是一口打不尽的水井。竞争让我们明白，企业的形象是另一种无形价值，就像从屋里眺望窗外，有人看到的是泥巴，有人看到的是星星。注重比竞争对手提供更好的客户价值和满意度，是新经济环境下企业竞争优势的核心，它是星星，是提高亲和力、培养忠诚客户的基础。

用心做明天的生意，不仅靠产品的质量，还要靠优质的服务，更需要实现灵魂的净化和理念的升华。

某年春节前夕，我去上海给合作伙伴拜年。“嘀——”手机铃响了。“喂，是刘总吗？”声音细细的、软软的。“刘总，今天刚送到的一车贴纸胶，怎么表面结皮了，有硬块呀？”电话中传来史老板的话，声音是温柔的，可我听得心里冷冷的。“史老板，我正好在去你公司的路上，一小时左右赶到。”我在电话这头谦卑地说。

来到史老板办公室，看着桌上放着的样品，我用小玻璃棒挑了挑样胶，哑口无言，拜年的喜悦也跑得无影无踪。“史老板，请你们质检员带我到库房看一下，行吗？”“可以！”史老板爽快地同意了。

胶一桶一桶地打开了。“刘总，你看！”质检员指着表面的结皮对我说。我一言不发，盯着桶中的胶，将手伸进桶内，拎起表面的结皮，两指一搓，再看看塑料内袋上扎口处还留有几条线状的不规则硬块，我像中医把脉，两眼微闭。“当了一世的接生婆，这次还将脐带剪断了。”我自言自语，边说边清理着手上的余胶：“史老板，很抱歉，给你们添麻烦了，感谢你的质检给我上了一课。”我尴尬的笑容中带着感激。

“这是什么原因啊？刘总，我们销售了这么多年，对贵公司的产品质量一直信得过，怎么会出现这种现象？”史老板毕竟是先处的朋友，后做的生意，给了我一个解释的机会。

“刚生产出来的胶水带有一定温度，放料工在灌装后没有及时将袋口扎好，因此表面遇冷凝结成皮。这就和刚从锅里盛出来的一碗碗稀饭，凉一会儿表面会结一层皮的道理一样。虽说结皮层下面的稀饭还是好稀饭，可是……”我一脸沉重地说。

史老板边听边点头：“既然胶的品质没有问题，那我们过滤一下使用。”

“对不起，史老板，现在就拉回去。解铃还须系铃人，我要让我们的灌装责任人对这件事负责，给全公司员工上一堂鲜活的质量课！”我双手抱拳一脸愧疚。

晋商群体中有一个很有意思的词语——“相与”，是商人之间经过长期的了解，认为可以共事、可以与之金钱往来的同行。“相与”之间，必诚信往来，即使无利可图，也不中途绝交，必定善始善终，同舟共济。改革开放之初，我们这一代企业老板，在成长壮大的过程中，以踏遍“千山万水”、吃尽“千辛万苦”、历经“千难万险”的顽强毅力和拼搏干劲，赢得了一批“相与”的心，成就了许多“鸡毛飞上天”的传奇。在新的条件下和环境里，要做明天的生意，必须不忘初心，不要忘记我们是怎么走过来的，以诚挚之心服务好我们的“相与”。

第五节　文化营销

当代商业领域，文化营销已成为一种重要的营销策略。文化营销是指企业利用文化元素，通过市场传播实现产品或服务销售的过程。将文化规律和特点应用于经营过程中，不仅可以帮助企业树立良好的品牌形象，增强市场竞争力，还可以促进文化的传播和发展，提高员工的人文修养和自我管理素质，而且是培养企业核心理念的基本手段。崇尚文化营销，其实就是企业在长期经营实践中凝结、积淀起来的一种文化氛围、价值观点、精神力量、经营境界，以及广大员工所认同的道德规范和行为方式，也是一种内在的驱动力。

那年的“五一”前夕，我乘坐东方航空公司的飞机去长沙参加中国胶粘剂和胶粘带工业协会理事会议。飞机降落后，我提着一捆材料，走到机舱门口，空姐向我微笑道别的同时，递给我两块小方巾，说：“先生，请用小方巾裹着绳子，不要勒坏您的手。”我的心一下子被东航情感服务的“金钩子”钩住了，心底涌起一股暖流：想得真周到！下次乘机我一定要首选东航。

这次的经历，让我牢牢记住了服务的重要性。在黑松林的经营过程中，我总是不厌其烦地要求大家重视产品和服务的质量，强调要从产品推销走向文化营销。

东方航空公司这样的大公司，往往会苦恼于如何在巨大的基数上实现增长。而对于更多的小微企业和初创型公司而言，因为规模小、资本资源少、区域覆盖面小，加之营销人员少，营销行为不规范，随意性大，无法复制或直接借鉴大企业的营销模式或经验，要想在市场中打开局面，难度不亚于将磐石劈开一条缝。可以说，心力管理是一种文化管理模式，心力管理的应用，是黑松林以软补硬，在潜移默化中实现由推销到营销的跨越。

说起来，黑松林的客户服务还是被客户倒逼出来的。黑松林创立不久，营销部门接到南京一位客户的电话，说黑松林牌强力胶粘接防火板时出现起泡、脱落现象，影响了施工质量。针对客户提出的问题，我们立即派技术人员赶到现场，检验余胶，查核生产日期，并询问客户施工情况，最后确认所谓的“质量问题”其实是客户胶粘剂知识有限、使用不当造成的。针对这一情况，我们的技术人员随即在现场操作演示，传授使用要诀，因此客户口服心服，连连道谢。

事实教育了黑松林人：生产出来的产品再好，消费者如果不能正确使用，也就无法最终实现其自身价值。不能要求用户什么都懂、什么都精通。因此黑松林人根据市场反馈、客户需求，将自行编写的《胶粘剂使用手册》配于每箱产品中赠送给消费者。如此这般，我们通过售前思考、售中指导、售后服务，将技术指导送到消费者家中，用启蒙式、辅导式、沟通式等一系列独具特色的营销模式，建立了稳固的营销网络，培养了一批忠诚的顾客。

从那时起，我们就坚定一个信念——产品卖出之日，就是黑松林服务客户的开始——这已成为我们无须提醒的自觉。为了践行这样的理念，我们会在各个方面积极响应客户的号召，满足客户的一点一滴的需求。

某年春节上班后不久的一个晚上，十点多了，我正在看央视的《晚间新闻》。“来电话了，来电话了……”突然手机铃声响起，电话那头传来杭州高老板急促的声音，“刘总，打扰了，我们傍晚刚从贵公司装回的一车货，在离泰兴不远的地方侧翻了，能不能派几个人前去帮忙？”

我平静地听着高总的求助电话，这可是新客户的第一笔订单啊！“没问题，我现在就派人前往！”

第二天，公司宣传栏里就贴出一则表扬通知：何明生等七位同志深夜为帮助客户装卸倾倒的产品，通宵达旦……

老项，50岁的人了，属牛的，确实像头老黄牛，什么苦活、累活抢着干，从无怨言；小吕，刚上任不久的市场部部长，我让她在家遥控指挥，她硬是丢下3岁多的女儿，赶到现场指挥……

企业和客户，不光要有合同纽带、业务纽带，更重要的是要有情感纽带。服务好客户，看起来很简单，但随时随地做好却很难。只有将客户的每件小事都看成大事，把每一件小事都做好做到位，大事才会随之圆满。大概就是因为如此“毫不犹豫”的帮助吧，这家公司坚定了与黑松林合作的意愿，一直到现在。

在黑松林，服务客户首先从聆听客户需求开始，之后就是快速敏捷地满足需求。这样的“觉悟”，来自我在天津“狗不理”的体验。

一次在天津出差，正好赶上生日，好友一行知道后，硬是要请我到著名的“狗不理”去庆生，还说得头头是道，“狗不理包子，食之长寿也”。

恭敬不如从命。“狗不理”毕竟是百年老字号，高楼深院处，传统装饰洋溢着中国情调，身穿旗袍的迎宾员满面春风，“欢迎您光临狗不理”话语醉人。

“刘总，祝您生日快乐，健康长寿！”主人先夹起一个带着红点的包子放至我面前的盘中。身在舒适洁净的中式餐厅，品尝着柔软鲜香的狗不理包子。美食佐以祝福，令我有些喜不自禁。

“各位宾客，今天是哪位先生的生日？本店客户服务经理专门代表本店老总送上寿桃，以表祝贺！”一股天津口音突然响起。我惊讶于眼前的两位身着礼服的中年男子的行为，忙站起来，双手作揖，连说了几声“谢谢”。看着寿桃，我感慨万千，低声问一边的好友：“是谁让店里这样兴师动众的？”

“先生，是我刚才听到今天是您的生日后，报告我们客户经理的，这是‘狗不理’的服务文化！”对面添茶水的服务小姐笑道。我恍然大悟，原来“隔墙有耳”，餐厅里“还长着耳朵”呢！大家赞不绝口，一桌人为这位服务员的细心感动，更为“狗不理”这种亲情式的服务文化深入员工内心而喝彩。

俗话说“好名不出庄，臭名扬天下”。很多时候，我们往往对产品创新、外观美学等比较重视，却忽视了那些非产品的服务。

一天清晨，我在公司门口见到一个骑着三轮车的中年人，他在询问门卫老王：“师傅，你们什么时候上班啊？”

“七点四十五分。”

“哦，欠我两桶胶，我等着用呢！”中年人自言自语着。

说者无意，我这个听者却上了心，脑子里不由得冒出一个问号：“公司正常对外销售的家用产品怎么会断货呢？”

“师傅，不是说让你三天后来拿的吗？你怎么今天就来了。”仓库保管员老朱刚进门，闻声急忙扶着自行车过来招呼。

“师傅，你拿手续给我看一下。”我走过去，对中年人微笑着。

“你看。”中年人从口袋里掏出一张付货单递给我：“大家都说你们公司的胶质量好，我才慕名而来。可买这点胶还要跑上几趟，哪儿买不到呀？”中年人朝我看了看，显然不满意。看着客户递给我的付货联，上面几个大字“已付两桶，还欠两桶20号来付”，我的心被针扎了一般的难受。

“师傅，我向你道歉，麻烦你今天中午 11 点来提货，我给你调两桶过来。”我边说边从口袋里掏出一张十元人民币：“师傅，不好意思啊，这是贴给你的放空费。”

“师傅，你这个人真好，10 元钱就不需要了，11 点一定拿到吗？”

“肯定！”我边说边将 10 元钱塞进中年人的口袋。

“好，好，谢谢！”中年人露出满意的笑容，骑着三轮车走了。看着渐渐远去的那个中年人，一边的老朱看着我，似乎读懂了这个活生生的案例。

世界上出现过无数的商业奇才，他们的成功之道有一个共同之处：商誉是金。中国传统文化中，商人往往把名誉和人格看得比金钱还重要，凭信用做生意，商业行为完全依靠道德来约束。现代城乡许多发放贷款的金融机构叫“信用社”，这充分说明了历史文化的影响。

一次我出差回来，到市场部与新上岗的大学生小刘闲聊，随手翻阅起桌上的市场日报反馈单。翻到 25 日这天的记录：张家港杨舍某小区许先生，网上邮购 20 公斤环保型万能胶，款到，货已发……看到这里，我心中一阵窃喜，网上销售，商机无限，“小刘，将传递手续给我看看。”小刘麻利地从抽屉里拿出发货通知单，桃花盛开的脸上露出了一丝得意的笑。“怎么通知单上没注明环保型呀？”“不都是万能胶吗！”“小伙子，你真是卖布不带尺——胡扯。万能胶中有工业型和环保型，开单怎么不注明呢？”我一脸严肃，敦促他赶快查询。

果不其然，一会儿，小刘匆匆跑过来，结结巴巴地说：“刘总，被你说中了，我没注明型号，错发货了。”说不定客户还没有使用，我心里一盘算，“赶快用我的车，把胶换回来！”

错发的胶换回来了，那一夜我睡得很踏实，枕着“信誉”这个柔软的枕头睡得很香。

清代胡开文墨的第二代传人胡余德，因诚信经营留下不少佳话。胡余德精心研制出一种在水中久浸不散的墨品，购者甚多。一次有顾客购得此墨，但不慎将墨袋掉入水中，捞起来发现墨已溶化。胡余德得知此事，不仅立即停售这批未按规定制成的墨，还将已出售之墨以高价收回，予以销毁。此举虽然使胡开文墨店损失不小，但保住了信誉，赢得了顾客的广泛信任。松下幸之助先生有一句名言：为一个顾客忠心服务，你肯定会获得一百个新的顾客。企业的经营活动靠的是顾客的信任与支持。客户购买商品，等于是购买企业的形象，购买一次被重视的感觉。所以我们就要百分之百地体现价值，体现诚信。这与人和人之间交朋友是何等相似！

多年前的一天，西安一家铸造厂从邮局汇来 14 元购买一套铸工胶，用于新产品的试生产。市场部的小江接到汇款单后很为难，就与营销员商量：“一套胶的邮寄费就要 15 元，这笔生意明摆着是赔钱的买卖。”营销员小夏直率地说：“老总常说头回客要成为回头客，我看还是立刻寄过去。”“这样光邮费就要倒贴一元钱，更不要说胶水的成本了。如果寄过去，老总知道了会不会责备我们？”小江犹豫不决。恰巧我走过市场部，听到他们的谈话。我为小夏不拉呆锯子、不算“死账”感到欣慰。

一套铸工胶 14 元，邮费却要 15 元，这笔生意确实是“赔了夫人又折兵”，但我们还是做了，而且还附上了产品说明书、检测报告等产品资料。我们知道，这个购一套胶的顾客，可能是投石问路，考察我们的诚信，也可能是货比三家，看看我们产品的质与价。如果我们的做法让客户满意，等于在这无形的考试中得了满分，客户就可能与我们建立合作伙伴关系，既有利于拉近我们与客户的距离，又有利于我们与客户的沟通。从许多成功的产品和品牌中我们可以看到，当一种产品和品牌被赋予某种文化内涵时，产品的生命力和品牌的影响力就会像文化一样源远流长。这种赔钱的买卖，等于是黑松林向客户这个“银行”存钱，关系着企业今天的价值、明天的资产，会左右客户的选择倾向。

只要把客户的事当成自己的事，你就增加了服务的动力！

汽车行驶在高速公路上，打开车窗，秋风吹得人通体舒畅。尽管脑子已被原材料涨价的飓风刮得天昏地暗，我仍尽力让自己临危不乱，保持清醒。

“刘总，怎么开了这么长时间的车啊？”早已守候在宾馆的陈老板一脸微笑地迎上前。

“不好意思，陈老板，让您久等了！”我看了看手上的表：“怎么快一点了，陈老板，车子和我一样心情有点沉重！”我幽默地回答道。

“沉什么沉？刘总到我这里来，没有心情不好的时候，来来来，接风酒一喝，心旷神怡！”陈老板拉着我的手，走进杏花村酒家。

“陈老板，咱们先到房内坐一会儿，洗个脸，喝杯水，再去喝酒，怎么样？”我抬起头，睁大眼看着陈老板。“行，一切听刘总的！”陈老板话中有话。

“刘总，不管你下个月怎么调价，这个月你必须原价供应我 100 吨产品。”陈老板开门见山地说。“怎么说？这可不是给我啊，我也是替你们厂家去天女散花，让我的客户适应过渡。”陈老板一脸的等待，端起茶杯目不转睛地盯着我。“商量办，商量办。”我赔着笑。“不过陈老板，既然咱们都是一条船上的人，就得同船共渡。这次咱们一起过几十天的苦日子！”

“怎么说？”陈老板倾过身子，放下手中的茶杯，“这100吨产品我原价给你！”我顿了顿，只见陈老板一脸得意，说：“但，这一批货的返利，你内部消化，好不好？”我按着手中的茶杯，目光似聚光灯般地盯着陈老板。陈老板仰着头两眼看着天花板上的吊灯，心里盘算着他的生意经。

“怎么了，陈老板，我肚里唱空城计了，你可别给我演空城计呀！”我抓起陈老板的茶杯递上。“茶杯一端，政策放宽，这次咱们就都让市场惩罚一次，各打五十大板，都挨点痛！从现在开始，不谈其他，就谈吃饭的问题。”我诙谐地说道。

“你太聪明了，怪不得人都说你聪明脑袋不长毛呀！”陈老板的头摇晃得像拨浪鼓。“喝酒去，今天我买单。”我挥着手对陈老板说。

以前，在争论“先有物质还是先有意识”这一哲学问题时，有哲学家提出过“先有鸡还是先有蛋”的命题，如今在与客户协调产品销售价格的问题上，如果一味围绕“涨与不涨、让利与不让利、新价格与老价格”这些问题，从早上说到天黑，嘴巴说干了也无济于事，也解决不了问题。围绕市场需求，让客户理解认同“同船共渡”，才是第一位的命题。就好比一把大锁挂在门上，铁杵自恃力大，用九牛二虎之力也无法将它撬开，只有像钥匙一样进入心灵，了解“锁的芯”，才能轻而易举地打开锁。

一次和朋友谈晋商文化时，听他说了一个很动人的故事。近代的包头有家晋商经营的通和粮店，经营粮油米面，货真价实，很受老百姓欢迎。而每到过年的时候，通和粮店都要特意做一次“假”。平时，店里卖的白面是针对不同消费层次分几个等级出售的，有钱的人可以买上等白面，穷人只买得起普通面。每到过年，通和粮店却将上等白面掺在普通面里，按普通面的售价卖给穷人。虽说少挣了钱，却在消费者心中树立了自己的形象，赢得了众多普通消费者的好感，这种广积善缘的“菩萨心肠”，使粮店的生意越做越红火。

是的，中国历史上，晋商在商业运营过程中一直坚守“平则人易信，信则公道著”的准则，以信用为经营原则，以做“善贾”“良贾”为荣，经营上不惜折本也要保证信誉，以致各地百姓购买晋商的商品，只认商标，不还价格。这就是黑松林要持续学习的“文化营销”！

运势和借力，是文化营销的重要手段。

浙江千年舟集团是国内著名的板材企业，能成为他们的供应商是我们梦寐以求的事。2012 年元旦前，黑松林华东地区营销经理周吉生又一次走进浙江千年舟集团，见到了主管供应的王副总，并将一份《黑松林人》企业内刊递到他手上。王总翻了几页，说：“早就听说‘黑松林’这个品牌了，这样吧，过几天我们要去山东跑几个客户，正好顺路，我们去考察一下。”

几天后，我在公司接待了王总一行。我们边走边聊。

“刘总，黑松林的企业文化让我大开眼界。百闻不如一见，你们烧煤的锅炉房都一尘不染，透过现场管理，我看到了你们的文化。回去后，我要建议我们董事长派人来向你们学习。”

什么是文化？作家梁晓声概括得非常到位——根植于内心的修养，无须提醒的自觉，以约束为前提的自由，为别人着想的善良。

没过多久，千年舟集团趁着召开年会之际，董事长陆铜华带领七八十名高管来到黑松林交流学习。自此，双方开始建立携手共赢的战略伙伴关系。次年，我应邀参加了千年舟集团的春节复工培训，为他们讲授心力管理。

曾有人问我，“文化能不能当饭吃？”我肯定地回答：“文化能当饭吃！”企业生命周期理论显示：依赖机遇的暴利模式平均存续 3.2 年，经验驱动的企业通常存活 5 到 8 年，而拥有文化的企业平均寿命达 47 年（麦肯锡 2024 年数据）。

第八章

权变管理

第一节　管理需要随情境变化

在《用心管理与用力管理的结合》一文中，中国人民大学邓荣霖老师说："管理是一种实践、一个过程、一门艺术，具有鲜明的可操作性特点。从事管理工作，必须在企业实践和市场竞争环境中摸索、体验、感受、经历，既难以事先灌输，也难以事后复制，更无法归纳为千篇一律的固定模式。面对日益复杂的管理问题，管理技巧就在于把复杂问题简单化，以最简便快捷的方式接近管理目标，避免无功而返或事倍功半。"邓老师的这个论断，告诉了我们管理实践中权变的重要性。

权变理论是起源于美国的现代西方管理学派之一。该学派在西方现代管理学派中独树一帜，提出了管理应符合具体情境的理论，在实践中具有重要影响。可以说，在西方所有管理理论中，权变管理是最接近中国传统文化与管理思想的。比如，《老子》一书中关于事物的运动、变化、转化的思想就非常丰富，国内外很多学者对《老子》的权变思想的研究已有许多重要成果。同时，《孙子兵法》多处都体现了"悬权而动"的思想。从儒家思想看，权变管理思想的形成与儒家对"礼"的理解密切相关。"礼"是儒家学说的核心组成部分，但"礼"是和具体的现实条件联系在一起的，未必完全适用于所有可能的情境。由此，在实施"礼"的时候，儒家也主张根据具体的情境变化实施权变，如孔子曾说："可与共学，未可与适道；可与适道，未可与立；可与立，未可与权。"这一观点，重点探讨了"守道"与"权变"的关系，将"权变"看成比学习、得道、守道更重要的修养方式。著名哲学家张岱年在总结中国传统权变思想时说，中国哲学有一个根本一致的倾向，即承认变化是宇宙中的一个根本事实，变易是根本的，一切事物莫不在变易之中，宇宙变易不息。

曾看过一个故事。一位刚从军校毕业的年轻美军军官，到下属炮兵部队视察操练情况。他在几个炮兵部队都发现，总有一名士兵站在大炮管下面，却自始至终没做什么。年轻军官觉得奇怪，就询问基层官兵，“这个士兵的任务是什么？”基层官兵都回答不上来，只是告诉他“操练条例就是这样规定的”。我所在的化工行业也有类似的规矩。比如，清理保养反应釜时，为确保安全生产万无一失，清理每台反应釜的过程中正常需要配备三个人，其中两个人在反应釜内工作，一个人负责安全观察。行业内的前辈们说，这也是血的教训换来的“铁规矩”。

那么，在技术、管理、安全制度发展到一定水平后，类似的“规矩”能不能破？我个人认为，是可以而且是完全应该改变的。

上面那个年轻美军军官，反复查阅军事文献，终于找出当初设立这样一个岗位的原因：早期，大炮是由马车拉到前线的，为了防止打炮的时候战马受惊跑动，因此专门安排一位士兵在炮管下负责拉住马的缰绳。后来大炮不再用马车来拉了，但操练条例却没有及时修改。

几年前，公司的一个车间同时清理保养两台反应釜，生产管理人员拿出的方案是：五个人分两组清理，即每台反应釜各有两个人清理，而安全观察由一个人负责同时看管两台反应釜。表面看起来，这与每门大炮旁边“站一个拉缰绳的士兵”规定情境相“违背”：按照固有的管理制度，清理每台反应釜时必须安排一个人负责安全观察工作，以应急清理过程中进入受限空间的清理人员出现异常，好比在每个炮管下必须有一名士兵负责拉住马的缰绳那样，是一种硬性要求。从制度上看，“一个萝卜一个坑”是必须的。但在实际工作过程中，由于同时清理两台反应釜，配备一名安全观察员是完全可行的，不仅能够提高效率，而且更有利于强化管理责任，传递管理压力。管理无定式，高明的管理者会根据不同的情境，因时、因地、因人、因事，随机应变。

在汉语中，“权”的本义是指秤锤（秤砣），就是测定物体重量的工具。《广雅·释器》中云：“秤谓之衡，锤谓之权。”我们知道，秤锤的特点就是随物品的轻重而发生移动变化，故“权”又引申为权衡、权变、变通等意思。所以，权变管理的核心就是“一切随条件而定”，在现代企业管理过程中，需要我们开动脑筋，打破常规思维，随情境的变化而改变管理方法，随时通过变化创造“空白的美”，而不是因循守旧，僵化地执行过时的制度。

我一直认为，企业管得好不好，从一些细微之处即可“管中窥豹，略见一斑”。20 世纪 90 年代初，我曾克隆海尔厕所墙上贴着的“当班清扫记录”“巡检记录”“督查记录”，对厕所进行改造整理，效果真不赖。多年后，黑松林的厕所早已告别脏、乱、差。“你们公司的厕所比人家客厅还干净！”来过黑松林的人经常这样赞叹，人见人夸。但我心里明白，企业管理是长期行为，不能“一招鲜”，一成不变，就像孟子说的，要主张“中道”，但不要刻意追求“中道”，如果过分“执守中道”而没有权变，就和固执不变一样了。而解决这一问题的方法，就是将企业当作富有活力的生命来培育，这才是持续发展的根本方向。

一个初冬，银杏树上最后一片黄叶在我眼前飘落，我打开厕所的水龙头，边洗手边打量正在冷风中摇曳的厕所保洁考核单。十年来，厕所的保洁员已换了两茬，从过去到现在，洁厕管理已变成保洁工的自觉责任，员工如厕时的自律行为也已成为习惯，所谓的“无管理”深深植入大家的思想深处，成为影响员工行为的理念，倒是每天必须填写的考核单，成了“聋子的耳朵——摆设”。形式化的做法、过度模式化的管理是不是该“待岗”了？我心里默默思考着。

在企业，实用的才是适用的，可行的才是有用的。下午的年终总结会上，我提出必须去繁就简，废除类似厕所保洁的考核制度，让管理从繁杂的形式中走出来，让自律与责任化为每个员工的自觉。第二天，原先考核表的位置旁边多了一块告示牌：这是一张无人考核的记录表，相信我们的员工会做得更好！

权变管理表现在时间层面上，就是指随着时间的推移，组织的条件变化了，管理方式和手段也会变化。例如，因为管理者自身经验的增加或劳动者综合素质的提高而引起的管理方式和手段的变化，这是权变的重要因素。

当企业管理已经“春风化雨”，成为执行者的意识习惯并内化于心时，那些起初写在纸上的制度便失去了存在的价值。清华大学教授张德点评这件事时说：由经验管理到科学管理再到文化管理，这是现代企业管理的发展轨迹。这个厕所管理由严格考核到取消考核，是一个水到渠成的事。当如厕的一些规矩已经成为大家的行为习惯，考核表就变得多余了。当企业的理念被员工内化于心、外化于行，制度的规定已经成为员工的内在要求时，管理就迎来了最高境界——无为而治。所以，“空白的美”实际上是“自律的美”！

1984 年 12 月，张瑞敏制定了《青岛电冰箱总厂劳动纪律管理规定》，共 13 条，其中包括“工作时间不准睡觉”“工作时间不准喝酒”“工作时间不准串岗”“不偷工厂的财物”“不准在车间里大小便”等这些在今天看起来令人啼笑皆非的内容。就是这样一家企业，在 20 年后的 2005 年 9 月 20 日，张瑞敏首次在公开场合正式提出“人单合一”的内部创业机制，他希望员工“每个人都能成为一团活火”。张瑞敏在海尔的实践再次告诉我们：管理需要随情境的变化而变化！而变化的核心，首先是管理者要在实践中用心观察、用心思考、用心创造。唯有如此，才能够真正达到权变管理的效果。

在一次工商管理高层培训班上，我与一位董事长探讨有关责任的问题。这位仁兄说："好的管理者应该检讨自己。即使问题错在别人，你仍然是有责任的，因为你没有用更高的技巧和艺术，去对付那些犯错误的人。所谓神医，其实是你自己啊！"这番话似油漆一般，"漆"在我心里。是的，现代管理者用心用力创造性地进行管理实践，是艺术更是责任啊！

一天上午，快十点钟了，我和生产副总老丁从新扩的东厂区路过仓储区，老远看见高耸的大储罐顶部像在放冷却水，空气中还夹带着一丝溶剂油的味道。我心里开始打鼓：三月里春寒料峭，怎么会放冷却水？还未回过神来，眼明"脚"快的老丁已经飞一般地冲向仓储区。待我跑步赶到现场时，两个放料员早已吓得面如土色、欲哭无泪。

原来，放料员小王开错了阀门，造成原料泄漏。事后，生产部门根据放料工岗位责任制，将对事故责任人小王的处理意见送到了我的办公室。我翻看着小王的检查、车间会议记录、赔偿损失的计算……厚厚的一叠。最后的处理意见白纸黑字写着：赔偿原料损失 3000 元，罚款 1000 元，合计 4000 元。教育从来不是纵容，适度惩罚才会让教育真正变得有力量。深思了片刻，我拿起笔重重地在处理意见栏写下一段话：吸取教训，引以为戒，考虑到员工收入与正常生活，赔罚减半，分月在工资项中扣除，并以加班费的形式补贴当事员工的收入。写完我仍未放下手中的笔，抬头看着窗外，昨夜的暴雪好像一场梦，转瞬即逝，太阳出来了。

《易经》之"易"，本质上代表的就是天地万物、阴阳的不断"变化"与"生成"之意。张岂之先生在《中华人文精神》一书中也提到，《易传·系辞》具体而微地阐述了天地万物是怎样从"有对"中产生，又是如何运动变化的，肯定了天地自然直至人间社会都是"有对"的，比如，动与静、刚与柔、天与地、乾与坤、男与女等。唯有如此，天地与人间才有变化——鼓动万物有雷电，润泽万物有风雨；太阳和月亮在运行，一寒一暑在推移。在企业的日常管理过程中，面对员工犯下的过失或错误，我们总想通过让当事人付出代价的方法，使之吸取深刻的教训，从而体现制度的刚性。然而，管理实践中似乎没有标准答案，不同的管理者解决问题的方法有很大差别，这就需要辩证思维与权变管理艺术。

好医生不仅仅能医病，还能教人不得病和治未病。年末，扣完小王的最后一笔罚款后，我在晨训会上当着全公司员工的面，退还了小王的2000元罚款，将对个人的惩罚变成一场全员教育。小王当场哭了。看着这个场面，我想到了教育家陶行知先生的一个故事。

陶先生当校长的时候，看到一位男生用砖头砸同学，便立即制止并将这名男生叫到校长室。陶行知回到办公室时，那男孩已经等在那里了。这时，陶行知掏出一块糖给他："这是奖励你的，因为你比我先到了办公室！"接着，他又掏出一块糖，说："这也是给你的，我不让你打同学，你立即住手了，说明你尊重我。"男孩将信将疑地接过第二块糖，陶行知又说："据我了解，你打同学是因为他欺负女生，说明你很有正义感，我再奖励你一块糖。"这时男孩感动得哭了，说："校长，我错了，同学再不对，我也不能打人。"陶先生于是又掏出一块糖："你已认错了，我再奖励你一块糖。我的糖发完了，我们的谈话也结束了。"

《礼记》中记载：大道之行，不责于人。对任何一个组织的领导者来讲，在不同的管理环境中，始终坚持一种管理原则和方法是行不通的。古人云：智者当借力而行。在现代企业管理的实践中，优秀的管理者需要知识、技巧、艺术，更需要用心、用力加智慧，有所创造、创新，有所探索、尝试。权变管理理论更多地强调尊重客观规律，为适应环境寻求一种合理有效的方法，而不是强调改变环境，这就是“借力而行”的真谛。

第二节　“水煮新鲜”的工作方法

三弟鹏旋在《母亲拿你有办法》一文中，提到母亲当年教育我的方法。那场史无前例的运动轰轰烈烈地席卷而来时，生性好动的我从学校领了“长征串联费”整装待发。深谙儿子脾性的母亲没有作声，拎起篮子去了菜场。晚上，面对满桌的菜肴，母亲给我斟了一杯米酒，夹了一块红烧肉，压低嗓子说：“乖乖呀，你头一回离家，白天冷暖没人管，晚上被子没人盖，儿行千里母担忧啊！”结果，我筷子上的肉还没送到嘴边，两行热泪就滚落下来：“妈，我不去了……”智慧的母亲以柔克刚，劝阻了冒失的我，还顺便收缴了“长征串联费”四十八元，口袋里平添了两个月的生活费。

对这件事，我的印象也很深，看了鹏旋的文章后不禁哑然失笑。后来看到了一个材料，写的也是这一类的事情。

美国威斯康星大学的研究人员曾做过这样的实验：将一批成人学员组成两支保龄球队，短暂训练后，让两队进行几场比赛，结果成绩互有胜负，难分上下。研究人员采用不同的编辑方法编辑了拍摄的录像带，第一支球队收到的录像带所展现的是他们在比赛中的失误和糟糕表现，第二支球队收到的录像带展现的则是他们的出彩之处。两支球队仔细研究并观看录像后，双方又进行了几场比赛，结果每次第二支球队都以绝对的优势战胜第一支球队。

该材料的作者评论说：将焦点凝聚在失误和过错上，会使人产生疲惫、厌倦、抗拒等消极情绪，而将注意力集中在表现优异的一面，人的创造性、热情、自信、成功的欲望等积极情绪会得到极大的调动和提高。

一天，我早早来到公司，边走边看，无意中发现大门角落有一小堆未清理的垃圾，上面被一把扫帚遮着，半隐半现。我一声不响，拿起一个簸箕，把垃圾清扫进去。员工小王发现了，连忙跑过来抢我的扫帚："老总，真不好意思，让你帮我清理责任区了。"言语中带有深深的自责。我笑道："没关系，能为你打扫战场，也算是我的福气吧。"一番话说得员工们直乐："小王，下次可不能再让老总打扫战场哪！"大家逗着小王。

管理者难免会发现许多不如人意的地方，一味地批评指责员工是不能解决问题的。一个恰到好处的办法可以启发一群人，一个人的快乐可以为大家带来快乐，让企业的每一天都从快乐开始。

管理这座"山"，没有顶，也没有头。管理者的职责并不是管理，而是维持组织的正常运转，理顺复杂的员工关系，建立认同的心理渠道，这并不容易，有时候真的是"对面喊话听不到，相见要走一整天"。而权变管理在管理理论与实践之间架起了一座桥梁。《资治通鉴》中说："权不可豫设，变不可先图。与时迁移，应物变化，设策之机也。"因此，权变管理反对不顾具体的外部环境而一味追求最好的管理方法，反对寻求万能模式的教条主义，强调要针对不同的具体条件，采用不同的管理方法，以达到最佳的管理效果。

有一次，国外某著名公司向我们订购喷胶，第一批200桶，出厂前"微服私访"的我发现桶外挂胶的严重问题。事不隔夜，下班前生产科与车间召开收工会，责任人小尹检讨得眼泪巴巴的，他主动要求自罚，利用下班时间清理挂胶。

第二天，例行晨训中，我站在最后一排，特别留心看小尹，只见他一副夜里做了贼似的疲惫相。“老总，有没有什么要说的？”主持人小殷问。“到车间开会！”我的话声音不大，却似响雷一样炸开了。员工们边走边叽叽喳喳：“这下子小尹完了，昨天才开了一次收工分析会，今天一早老总又亲自来开会，嘿，准没好果子吃……”我若无其事，不动声色。

“各位同事，今天我们开表扬会。”大家屏住气，静得连针掉在地上也听得见。“门卫大老丁告诉我，昨晚大家下班后，小尹一个人留在车间，把200个胶桶全部擦拭干净，一直到夜里才回家！”我边说边朝小尹看了看，用眼神送去一份理解和信任。

“人的优点和缺点往往在一条直线上，你们看看，这批产品一看就让人喜欢，桶外桶口现在一点挂胶也没有了，我们用掌声为小尹加油！为明天的两千桶、两万桶祝愿！”

“哗——”一阵掌声打破沉寂。掌声宽容地给了小尹一个走下台阶的机会。小尹大吃一惊，参加会议的员工也大叹出乎意料，眼睛里全是惊讶。

老子认为，事物都是在运动、变化之中的，事物有它的对立面，对立面是经常互相转化的。事物发展到一定的程度，就会变为它的反面。所以彼得·德鲁克说：所谓领导能力，是能够将一个人的视野提升到一定的高度，使之工作表现提升，并且建立超越自我的人格。

怎样“提升高度”，这件事说起来容易做起来难，有时候还需要一点“权变”。

协调企业价值与员工追求，使其同心同体、同道相益，是企业管理者无法回避的课题。“阳明心学”的入世修行、事上磨炼，主张在自己成长的同时成就他人，即“双赢智慧”。这对协调企业与员工的关系，调动员工的主动性，塑造共同的企业追求，给了我很多有效的启示。

生产车间门口，公司自备车装好去上海的货，驾驶员小吴正在捆扎篷布，后面一辆外地来公司装货的车却在使劲按喇叭，示意小吴挪一下车让他先走。小吴明白“礼让三先，同行是一家”的道理，连忙钻进驾驶室，发动车子，打了一个小转弯让道。只听“哐当”一声，车上那些没有捆扎好的成品摔落一地，那摔碎的塑料桶里洒出一摊“雪花膏”。小吴情知不妙，又来了个急刹，现场一片狼藉。闻讯赶来的两三个女工迅速收拾“残局”。站在生产区二道门口的我看到此情此景，装作什么事也没有发生。

“老总好！”刚出差回来的营销员小夏正好在二道门与我相遇，满脸笑容地与我打招呼，随后便从我身边一溜烟地溜走了。看着他那滑稽的样子，我忍俊不禁。忽然，他衣服后肩上一块红色的印迹闪入我的眼帘。我忙叫住他，靠近一看，原来是一枚红色的检验章。根据小夏好开玩笑的性情，看着衣服后肩上的检验章，我心里明白了几分。“今天在车间里又和谁搞笑了？”一句话问得小夏的脸唰地红了，下意识地垂下了头，把实情告诉了我。刚敲定一个新客户的小夏有点兴奋，出差回公司后便与质量科科长小朱交流质量意见，趁小朱离开椅子的瞬间，小夏悄然抽开椅子，差点让小朱“人仰马翻”。责怪了几句后，小朱趁小夏不注意，在他的衣服后肩上盖了一枚检验章，以示惩罚。

透过衣服后肩上的检验章，我敏感地意识到企业管理中存在的薄弱环节和隐藏在管理中的危机。老子在《道德经》中说：“图难于其易，为大于其细。”问题管理要在最早有苗头的时候就开始做，及早发现，并提高它的优先级，做出及时的决策。权变管理不同于其他工作，并不是管得越多越好。管理的关键是抓好两件事——违规与例外。管理得越多，资源配置的效率就越低。高水平的管理就是管得少，只管例外，无为而治。“成品从车上摔下来”我可以视为例行事件，而那“衣服后肩上的检验章”则是例外事件。对于“突发事故”的处理已经流程化了，会有专门的部门和人员处理，我自然无须过问。相反，例外事件由于缺乏专门的管理制度和解决方式，很容易被忽视，从而留下管理隐患。其实，管理就是发现问题，然后去解决问题。问题不会自己浮现出来，要深入挖掘。若等问题浮出来时，大概企业也病入膏肓了。

我有一句口头禅：发现问题是水平，解决问题是能力。事后我没责备小朱，倒是营销员小夏到财务部门认领了罚单。

那一年，厂区规划改造以后，保洁责任区重新划分，新来的几个年轻员工也领到了各自的任务。我发现，尽管这几位员工都挺努力，但保洁效果并不理想。面对这样的情况，是直接批评指责，还是巧设场景启发教育？我选择了后者。

一天晚饭后，我独自在厂区散步，无意中发现手中还捏着一张餐巾纸。我突然来了灵感：能不能用它考验一下员工的自觉意识？夜色中，我将餐巾纸揉作一团，随手扔进窨井盖的缝隙。第二天一早，员工们陆续到公司上班，大家都很自觉地清理各自的保洁区。七点半，例行晨训结束后，我遗憾地发现，揉作一团的餐巾纸仍然静静地嵌在窨井盖的缝隙中。我授意主持人小殷请大家停留一下，我走到队伍前面，说出了心中的考题。员工们不约而同地将目光聚焦到窨井盖方向。古人说：“圣人者应时权变，见形施宜。”我没有直接追问责任人，而是给大家讲了一个故事。

庙里有位老师父，新收的徒弟头天进庙门，必须做例行功课——扫地。一天，有人来拜师，师父还是安排他扫地。扫完后，师父问：“扫干净了吗？”徒弟说：“扫干净了。”师父又问：“真的扫干净了吗？”徒弟想了想，肯定地说："真的扫干净了。"师父说："好了，你可以回家了。"原来，师父事先在屋子的角落里丢了几枚铜板，看徒弟在扫地时能不能发现。那些心浮气躁、卖奸耍滑的后生，只会做表面文章，而不会认认真真去扫那些边边角角，因此，也不会捡到铜板交给师父。这就是师父收徒弟的考试题目。

习惯成自然。每个人每天都会重复着许多行为。这些规范或不规范的行为累积就是习惯，要改变不规范的行为累积何其难也。企业管理行为如同修建一座塔，如果只想着赶快把塔体竖起来，忽视了夯实塔基，这个塔总有一天会倒掉的。

任何一个企业，只有基础管理深入人心，管理才会收到事半功倍的效果。扔纸团也好，丢铜板也罢，方式很简单，目的却很明确，无非是帮助大家矫正不规范的行为，从而养成良好的行为习惯。从那以后，我又观察了几次，每个保洁责任区的清扫工作做得都很精心，有一些区域真正达到了无可挑剔的程度，我放心了。

管理需要动脑筋，在心上用功夫。实践中，我尝到了权变管理的甜头，所以一步步地把"权变"用到了更多的场景中。

一年一度的先进工作者评选出来了，办公室主任小胡忙前忙后，又是到现场拍照，又是布置"光荣榜"，又是拟文稿写年终总结报告，看他忙得不亦乐乎的样子，我的心在飞翔。

"老总，根据公司的规定，连续三年被评为先进工作者的就可作为标兵进行表彰，请指示。"小胡边说边递过公司制度文件和先进工作者名单。

"有几个？"我抬起头，眼睛一亮。

"老黄牛——丁永柏。"小胡朝我微微一笑，调侃道。

"哦，谢谢你的细心，说话算数，兑现！"我边说边从椅子上站了起来。

“小伙子，你帮着考虑一下，除了常规的上光荣榜、登头版头条、发点奖金，再搞点什么新鲜的做法？标兵、标兵，让大家有个目标，追兵才能看到前景啊！”我走到小胡面前，和眼前的年轻人一起琢磨着这个时代的现代风。

“老总，老丁家里不是很宽裕，上次他父亲有病，我代您到他家慰问时，维修工正在他家帮助维修一台旧电视，能不能送一台大电视给他，流行又实惠。”小胡娓娓道来。

“好！送一台大电视，我带队敲锣打鼓送到他家，给他一个惊喜。”我拍拍小胡的肩膀，仿佛看到很多未知的精彩：我们敲锣打鼓，欢天喜地，迎接一个接一个的风景。

近代著名企业家宋棐卿先生为了改善公司与员工及社会的关系，提出了著名的“六化”理论：股东大众化、职工股东化、商店股东化、职工专门化、生活集体化、产品平民化。人是企业经营活动的主体，一般情况下，人们受激励的程度越大，他们完成任务的可能性就越大。在企业实践中，影响激励的权变因素有员工的基本需求、个性、环境、能力等方面，在不同个体之间差异很大。其中，员工的个人需求占有重要的位置，个人的需求对其自身的行为产生相当大的影响。

员工在企业，最让他激动和难忘的，是他辛勤劳动的价值被认可。当领导者带着一班人以特殊的形式将奖品送到家门口，员工就会惊喜加感动，这种被肯定、被重视的新鲜感不但让员工一家人感动，连一个村庄都会感动，因为形式上的尊重只是一个空壳，它里面没有心的存在，只有真心连着真心，才能心相印、行相伴。正如中国石油和化学工业联合会原会长李寿生先生所说：在客观世界中，变是绝对的，不变是相对的。“人心”的需求也会随着时间、地点、环境的变化而发生变化。“人心”需求的新变化，必然要求“人心”管理拿出新对策，把握新变化、引导新变化，这也是一件十分复杂、难度很大的工作。

是的，中国传统权变思想以“合道”为根本旨归，强调对事物的调整、补充必须合乎人类根本道义之精神。否则，所谓的权变就难以成立，而是一种突破人伦底线的“恶”。孟子强调“大人者，言不必信，行不必果，惟义所在”，就是围绕“大义”权变的思想。所以，激励员工不能千篇一律、一成不变，也需要创新，需要创造新鲜感，新鲜的才是大家喜欢的。

第三节　从领导说了算，到“点长”当家

张瑞敏在《永恒的活火》一书中说：所有企业的问题，都能归结到组织和个人目标不一致这个核心点上。他认为，不管是谁，都希望得到别人的认可，希望得到别人对他价值的肯定。所以，海尔的以人为本，是以人的创造力为本，不是以人的执行力为本。正是基于这样的思考，海尔真正实现了在人单合一、链群合约模式下的员工内部创业与“自主人、自组织、自循环”。在黑松林，我们也借鉴国内先进企业的做法，实施了“节点自治”的组织与管理变革。说起来，这样的变革，一是受海尔等先锋企业的启发，二是得益于我在管理实践中的诸多思考与探索。

几年前，公司储罐区到车间的几根进料管道的位置需要调整，这下又忙坏了机修班。天阴沉沉的，没有阳光。脚手架上，焊枪嗡鸣，火花飞溅，弧光闪闪。顺着弧光，透过柳梢，几顶橘红色的安全帽在万绿丛中透出，矗立在绿树中的四个大储罐，像四座铁塔，真是壮观。

我从远处走来，只见四个储罐的喷淋头都打开着，似小河流水哗啦啦。“唉，这些小伙子，不当家不知柴米贵，没阳光的天，还将喷淋打开，糟蹋‘粮食’哦！”我边走边嘀咕。但走近施工现场，见到这群可爱的年轻人正挥汗如雨，干劲十足，批评的话到嘴边又咽下去了——先处感情后说事情。

“江班，焊接管道千万小心啊！”“老总，你放心，安全应急措施都落实到位了。”小江一边接着两根输油管上的法兰，一边讲得头头是道。“防止储罐内的余气跑出来碰上火花，引起燃爆，我们在这两边法兰中间已增加了焊接隔离片，等到全部焊接好，再拆除隔离片，才进行总接通呢！”

我点点头，会意地笑道：“咱们的土专家，幼苗成大树，这些年变成栋梁啦！”小江脸一红，害羞得像要坐花轿。“小江，你可别说的比唱的好听，千万不能大意呀，这储罐区可是火药库，焊接时千万注意，别让焊花飞溅啊！”“老总，我们动手前几个人就分析并商量好了，你看这打开着的喷淋头，可是一堵防火水帘墙啊！打开喷淋就是预防焊花飞溅的！”“哦……哦……”我恍然大悟，脸上飘过一丝火辣辣的感觉，心里为刚才的误解自责不已。

汗颜之余，我想起了一个“老板喂猫”的故事。一位老板家里养了只猫，老板对猫十分疼爱，每当熬鱼汤时，都要用勺子喂鱼汤给猫吃。可每次老板喂汤时，猫总要挣扎反抗，于是老板得出“猫不喜欢喝鱼汤”的结论。可是一天，当他不小心把鱼汤洒到地上时，猫却迅速跑过来舔食起来，这时老板才顿悟：原来猫是喜欢喝鱼汤的，只是不喜欢被强迫地喂着喝。

实践出真知，管理是把理论变为常识的过程。管理中，我们教育辅导员工时，有时会像小沈阳穿裙裤——跑偏了。这个时候，我们往往不顾实际，自命不凡，瞎指挥乱批评，甚至盛气凌人，非要按自己的意图强制执行，结果挫伤了员工的积极性，有时甚至酿成苦酒自己品尝。

《庄子·秋水》中记载："知道者必达于理，达于理者必明于权，明于权者不以物害己。"所以，管理者要经常"看轻自己"一点，学会权变，学会尊重员工、吸收员工的智慧，像海尔那样激发员工的创造力，我们的管理才会轻松和谐，才会"不以物害己"。在黑松林的"节点自治"实践中，我对这一点的体会特别深。

有一年夏天，碰到了近二十年不遇的高温天气，一段时间气温竟然达到40℃以上，这对企业外贸生产来说，既像一座火炉，考验企业的交付能力；又仿佛一块试金石，检验企业管理的应变力。

车间节点管委会主任小丁，从早到晚，上衣总是像从水里捞出来似的。"老总，外贸交货期太紧了，近期能不能再考虑招几个灌装工？"在早晨公司负责人碰头会上，小丁提出了增加人员的建议，以解决眼前的燃眉之急。我当即表态，请小丁拿出招聘计划，由办公室牵头实施。同时，我也号召大家"内部挖潜"，向管理要效率、要人员，来了个正能量激励。

心一发力，员工的潜能、积极性就像喷泉般涌出来了：管理人员主动到一线参加劳动，驾驶员停了小车改开铲车，就连门卫也调到一线发挥自己的一技之长，全公司上下，心往一处想，劲往"战高温，确保外贸准时出货"的目标一处使。

"哟，大老王，你怎么也来帮忙打箱啦？"我和办公室小胡打着冷水毛巾送到车间时，发现门卫大老王重操旧业，被抽调到车间打包，我边递上毛巾边问。"哦，老总，我是打包的老把式，公司照顾我，人要识好，赶外贸订单缺人手，我怎么会袖手旁观！"大老王接过毛巾边擦着汗边说。“谢谢你！那谁在门卫？”“市场部小叶。”“哦，哦……”我点点头，心里为我的管理团队的大局观和主动性而欣喜。

“小叶，你不是在传达室代门卫吗？怎么现在又做起文书来啦，辛苦！”下午上班后，我发现小叶正坐在办公桌前，埋头忙着将刚刚出版的《黑松林人》装信封、写地址，禁不住问道。“老总，不辛苦，牛拴在桩上也是老。”小叶抬起头，朝我看了看，微笑着露出一口的米牙，又埋下头忙着手上的事儿。

“门房换谁啦？”“驾驶员小周，中午他出差回来换我了。”小叶边忙着手上的活儿，边答着我的话。“哦……”我陷入沉思。

春风无意送舟远，谁是岸边明白人。当夜，我就此事写了一篇题为《自己赚自己的钱》的短文，来了一个“权变”的“权变”。

乍一看，战高温，抢时间，管理人员到一线帮忙，参加劳动是件值得称赞的事，但外行看热闹，内行看门道。如果小叶上午在门卫代班，一边看门，一边做邮寄的事，不就可以一个人干两个人的活儿了吗？为什么同样的人力资源交给不同的管理者进行管理，结果却相去甚远？实际工作中，如果我们的管理者被浮云遮眼，发现不了这些看起来细微的小事，不去鸡蛋里挑骨头，不解决好这些不是问题的问题，又怎能充分挖掘人的潜能，人尽其用呢？

第二天到公司后，我什么也没说，只是请小叶的节点负责人小吕帮我将文稿打印一下。当小吕将打印好的文稿送给我时，我发现多了她的一篇读后感：读懂管理。管理者越是能读懂管理，企业领导者的工作就越是轻松。

权变管理创始人弗雷德·菲德勒的“权变领导”思想，试图阐明的就是如何修改和变化工作环境，以使其具有适用性。事实证明，在某些环境条件下，专制式的领导者工作起来效率高，而在另一些环境中，民主型的领导者工作起来得心应手。权变管理给我带来的“好处”是，在黑松林，“点长当家”已经成为常态。

12号台风“云雀”还在台湾海峡那边，这边市气象台、安监部门的短信、微信就已发来台风蓝色预警信息。一大早，我来到公司，远远就看见那LED大屏幕上的“战高温，防台风，安全生产每一天”的宣传语，看着那熟悉的一草一木，走在整洁的路上，两边堆放着整齐的成品，听着“嗡嗡”作响的反应釜的旋转声……心头似有清风拂过。

沿着阶梯，我在平台察看每一台设备、每一处定置区，突然发现一扇窗户虚掩着，露着寸把宽的间隙，我走近窗户拉了一下把手，怎么也锁不上，再仔细看了看，哦，原来把手的锁块掉了。这让我不由得联想起，一旦台风刮过来，这寸把宽的缝隙不就成风口了吗？

当天，节点晨会的时间还未到，六位点长已在会议桌两边坐定。“今天轮到我主持了，大家早上好！温馨提示一下：这几天多晴热高温，加上台风预警，请各节点注意防暑、防‘云雀’。”印象中腼腆得像大姑娘的小严，今天主持晨会，一番开场白，就让我刮目相看。这段时间我一直出差在外，许久未参加晨会了，我为小严的进步由衷地感到高兴。

“按常规，从聚合节点先谈。”小严边打开笔记本，边朝我看了一眼。

“我们节点一切正常。昨晚下班前，我发现2号釜后面窗户把手的锁块脱落了，窗户锁不住，今天请机修节点帮助修理一下。”小戴边说边将一张维修通知单递给了机修节点的小江，一切按部就班。

“我们节点一切正常……”

“好，平安是福，一切正常就好。关于聚合节点提出的窗户报修的事儿，散会后请机修节点优先完成，台风已来，不怕一万就怕万一。”小严布置妥当后，又话锋一转，面向聚合节点的小戴，一脸诚恳地说：“戴点长，窗户锁块脱落，机修人员下班了，你不能解决，这不怪你，但在台风即将来临之际的这个特殊时刻，我们不可以等到第二天处理，台风无情，昨天下班前你应该主动联系江点长，我想江点长虽然下班了，但他不会拒绝的。”

“我不会拒绝！”一边的小江脆脆地接过话。“‘快速反应，马上行动’是黑松林人的工作作风。这件事我们大家要引以为戒，警醒，下次可要记住，特事特办一定要主动努力去做好。”与会的点长们纷纷点头。

“感谢老天帮忙，雷声大，雨点小，台风尚未光临。”小严顿了顿，说：“不过这件事，还得给我们机修节点点个赞，刚刚江点长的表态很棒，干工作要的就是这种精神。今后不管遇到什么特殊情况，我们都得合心、合力，风雨同行。今天节点晨会我主持到这儿，请老总指点。”小严干净利落地说出结语，脸上泛起一阵红晕。

听着小严的一番话语，看着眼前六大节点点长的精神风貌，我笑了笑，摇摇手：“今天我是来旁听学习的，贵在参与，很好，很好。”

“今天节点晨会到此结束，散会。”小严的话刚说出，“嚓，嚓……”六位点长纷纷合上记录本，站起来，将椅子推进桌洞，向着各自的岗位走去。看着他们的背影，我不由得想起《大学的理念》作者约翰·亨利·纽曼所说的那句话：“只有教育，才能使一个人对自己的观念和判断有清醒和自觉的认识；只有教育，才能令他阐明观点时有道理，表达时有说服力，鼓动时有力量。”

中国传统的权变思想本质上属于实践智慧的范畴。清华大学经济管理学院副教授张勉说：“黑松林的节点自治模式，立足实际，不走极端，主旋律是文化管理，并融入市场和层级的管理机制，这种方式更有生命力。”节点自治的核心，是培养与激发黑松林员工的积极性与创造性，使用权变管理的思想培育员工的“实践智慧”。亚里士多德认为，实践智慧是人类重要知识类型之一。从企业管理实践看，实践智慧是一种区别于管理理论知识的特殊知识类型，是指与管理者的审慎明辨行为有关的个体特征，是人们在实践中形成的处事能力、技巧和方法。可喜的是，我在六大节点点长身上看到了这种实践智慧的萌生与成长，这是企业负责人最开心的事了。

第四节　管理的目的是激活

我国古代文献最早将“权”字作“权变”解的是《孟子》。《孟子》中说：“男女授受不亲，礼也；嫂溺，援之以手者，权也。”因此，“权”就是指人经过权衡之后，应付随时变化的情况。

这个时代，唯一不变的是变化本身。一个企业欲持续发展，更上一层楼，不是一个人的奔跑，而需要带领一群人不停地奔跑。所以，管理的本质和目的，不是管“死”员工，而是激活员工。心力管理的本质说到底就是以“人性管理”为基点的文化管理，是“以文化人”“以文化心”的过程，是克制不良欲望、改变人生陋习、逐步养成良好习惯的管理过程，就像张瑞敏说的，没有“自主人”，就没有自组织，新的东西、新的事物就不会涌现。

一天，我又一次“突然袭击”点长晨会，六位点长也从之前的不自由、不自然变得习惯起来，看着眼前六名干将正按照既定的规则，轮流“坐庄”主持晨会，严肃不乏幽默，我心里美滋滋的。

“这是我们节点的紧急事故处理报告单。”锅炉节点点长小孙边说边拿出写好的报告单，放在会议桌上。我拿起来细读，报告单的内容如下。

事件概述：8 月 2 日晚上 6 点 40 分左右，老钱开叉车上货的过程中，由于操作失误，叉车叉齿撞到卡车尾部，致使托盘上堆放的成品胶桶坠落。

受损情况：破损 4 桶，损失白胶 4 公斤左右。

处理意见：第一，当事人受到了教训，并深刻认识到自己的粗枝大叶，自愿赔偿损失 50 元整；第二，节点责任人负领导责任，没有引导好手下员工，自愿从 8 月的节点责任津贴中扣除 50 元。

报告单背面还附着老钱手写的几句话：“通过这件事，本人受到深刻教训，今后一定一丝不苟。我当过兵，明白‘三大纪律八项注意’的道理，依据公司制度，损坏东西要赔偿，本人自愿赔偿损失，承诺在今后工作中一定加倍小心，记住这次教训。

拿着手中的报告单，倾听点长小孙叙述事件经过，我一言不发。待各点长谈完本节点工作，主持晨会的生产经营办公室主任小丁对昨天发生的事表了态：同意节点的自纠自赔意见。

“请老总指示。”小丁转过头对我说。“好，既然我这个不速之客来了，就说几句！今天的晨会短而精、细而实，处理问题给力。”我来了一番激励：“不知道明天干什么的人不是黑松林人。刚才听了大家的交流，看了事故报告单，我为咱们黑松林人的知行合一点个赞。今天围绕这次上货损坏成品的事件，我给大家做个五分钟的微培训。”

“出现类似情况是难以避免的，一个公司不是不允许出错，关键的是要把注意力从‘如何管理’转移到‘为什么管理’上来。这就像治理交通要道的拥堵，如果只用红绿灯的方式而不从源头去解决，就会一个问题解决了，另外一个问题又会出现。实践中，当我们遇到问题时，不要急于去寻找解决的方法，而是要了解问题的实质，看透问题的本质，提升认知力，深入理解出现偏差的根源，围绕问题的本质，寻找解决问题的出路，并采取纠正和预防措施，这很重要。刚刚处理的流程与方法没错。但还有一点我恳请大家思考，选择做对的事，比把事情做对更重要。赔款、表决心不是我们的目的，我们的目的是激活，激活员工的潜能量。大家知道吗，香水，95%都是水，只有5%不同，哪怕是名家秘方也是如此。管理其实也是一样，95%的东西基本相似，差别就在其中关键性的5%，而解决问题的方法和艺术就是这5%。”我停了停，“我建议让他们的自罚款减半。与其死守赔款那扇紧闭的大门，我们何不来个‘醉翁之意不在酒’，让无意犯错的员工不去怨天尤人，而是认知感恩，让正确的赔款来个象征性，为员工找到属于自己的那扇窗呢？”会议室里鸦雀无声，只有开着的空调发出轻微的嗡嗡声……

“各位同事，当认知提升了，很多看似复杂的问题就会变得简单；当你站在更高的角度看问题，就会‘柳暗花明又一村’。无论是赔款还是罚款，这都不是我们的目的，我们的目的是教育、教育、再教育，认知、认知、再认知，认识、认识、再认识。一旦员工认同了我们的价值，养成习惯，自律就会积淀到节点与每个员工心中，我们自治的‘人人都是管理者、人人都是主人翁、人人都是责任人、人人都是传道师’就会成为节点动力，成为根植员工内心的善良。同志们，香精要熬过五年、十年才会加到香水里面，咱们管理也一样，只有经历过成长与锤炼，才能形成我们自己独特的管理，独有的味道啊！”

我故意停了几秒钟。“好了，今天的微培训到此结束，但愿能给大家一些启发。”晨会上响起一阵掌声。

在充分授权的公司，企业一把手不再是高高在上发号施令的领导，而是一名老师和教练。就像我经常讲的那句话：一个人爬上了成功的阶梯，责任就是把梯子放下去，让更多的人爬上来，我认为这是最大的善心。

孟子认为，人生来虽具有同样的善性，但由于环境和个人修养的不同，造成了才能上的个别差异。因此，要针对不同类型的学生采取不同的教法。《孟子·尽心上》说，君子教育的方式有五种：有像及时的雨水那样灌溉万物的，有成全品德的，有培养才能的，有解答疑问的，还有以风流余韵为后人私下学习的。

当然，要做好这一点，领导者就需要在权变的三个基本层面，即知变、应变和适变上下功夫。所谓“知变”，就是要洞察变化，并实时引导变化；所谓“应变”，就是以一定的方法和措施来应对变化；所谓“适变”，就是掌握应变的尺度，既不能太过，又不能保守。

出差回来，我不声不响地来到了公司节点晨会的会议室，观摩观摩，接接地气。

节点晨会已坚持一年多了，经过一段时间的培训提升，效果越来越好。特别是将晨会上生产负责人的“一言堂”变成各节点点长轮流“坐庄”，让每一位点长锻炼提高，轮流当主持，还真是个好方法。看着门外不约而同来到会议室的六个节点点长，我不由露出一丝笑容，和他们一一打着招呼。

“今天轮到我主持。请大家将各节点的情况谈谈。”小鞠的眼睛里充满真诚。

“我们节点情况正常。”

“我们投料节点一切正常。”

“我们聚合节点也正常。”

“本节点其他也正常，就是昨天上班后发生了一起吵架事件。我是点长，我要检讨，工作没有做好。同时将这件事提出来请各位点长给我指点指点，怎么处理更妥当。”小鞠先自我问责，再阐述经过。“事情的经过是这样的。上班后，老项在将灌装机软管接到成品罐上的阀门时，一时图方便，抓住驴子当马骑，随手拿起一个包装桶当垫脚凳。小夏出于好心，提醒他这样不安全也不文明，是违规作业。可老项站在桶上像吃了火药，眼睛一瞪，劈头盖脸就骂：‘你这个能货，狗拿耗子——多管闲事，要你管？’小夏也不示弱，你一言，我一语，两人差点就要动手，劝也劝不住。待我赶到，我一吼‘谁再讲一句，停工！’才将他们压住。”小鞠边说边将二人写的情况说明从笔记本中拿出，放在会议桌上。

小鞠还真是个有思想的年轻人，待他说完，大家都在沉默思考的时候，我接过话题：“小鞠主持得很好，这件吵架的事，虽说是发生在他的节点上，却有一定的普遍性，管理过程中我们时常会碰到类似情况，今天我们不妨来个微辩论，各抒己见，共同来认识提高，产生个蝴蝶效应。”

“我先说，老项用桶做垫脚凳是违规操作，必须按规定处罚，‘罚’一儆百。”聚合节点的小戴说。

“违规是一错，不听劝阻是二错，在车间吵架是三错，这种现象影响恶劣，是错上加错，不但要罚款，还要让他在学习会上做公开检查，消除负面影响。”

“检查、罚款都是必须的，我支持。老百姓说，有个好的吵不起来。小夏有没有错？”我站在老项的角度反问道。

“这件事老项应承担主要责任，这个责任不仅仅是他个人的，同时也是我们应负起的责任。如果教育员工养成好的习惯，就不会发生这样的事。反思起来，我们有责任。”小鞠说：“小夏她也要承担次要责任，如果她多一点自善其心，多一点耐心忍让，就不会产生这种争吵，以致影响正常生产秩序，产生负面效应。最后，我这个点长也要检讨，未从方便员工操作着想，去改进工装，会后我负责解决这个问题。”小鞠说完朝我看看，眼神中似乎成熟了许多。

“建议公司设立一个调解小组，但凡今后再有类似情况或需要公司调解的，各人先缴1000元调解费。用经济杠杆来解决管理中的问题。”

……

听着大家你一言我一语地辩论，我心里暗暗高兴，理不辩不明，话不说不清，这次辩论会要的就是这种效果啊！

“解铃还须系铃人，这件事你们继续辩论，今天我授权小鞠全权处理。”我边说边站起来：“对不起，我有事先走了。”

行为科学告诉我们：一个人的工作业绩，不仅取决于他的工作能力，而且要看他的工作动机被激发的程度，思维永远高于方法。孔子主张，在遵循原则性的同时，也要注意处理问题的灵活性。他说：“可与共学，未可与适道；可与适道；未可与立；可与立，未可与权。”总结起来就是强调，处理实际问题时要灵活把握一个合适的度，从而达到“通权达变”。相应地，高明的中医在成方的基础上，手里始终存着原方，可以随机应变。

权变管理变现在不同管理对象上，就是管理者要因下属的多样性和变化性，而相应地改变管理方式和手段。如果我们的点长能从认识问题到分辨责任，到解决好问题，还能有一些好的建设性建议，让犯错的员工记住不再违章作业，得到教育变得更好，心力管理就真的管到心里了。

著名企业文化专家王成荣老师评价心力管理时，用了很多的“善于”：善于故意出题或“制造问题”、考察考验员工，让员工从中自找答案、自我教育；善于包容员工的缺点与过错，给员工改过的机会；善于就事论事、现场“教学”，把铁的制度温柔地执行，发带甜味的命令，让人文关怀嵌入员工心田；善于对待特殊员工，用“送药”法和攻心术促其改正缺点；善于循循善诱，启发员工的思想，用爱给下属“咖啡加糖”，使员工永记心头；善用“悟”的方法，给员工留面子，启发员工的自觉性……我感觉，尽管王老师对黑松林多有褒奖之词，但他的评论，确是抓住了心力管理在“权变”方面持续尝试的特点。

第五节　以竞合策略化敌为友

陈阿兴、徐德云在《中国商帮》一书中，花了不少笔墨描述苏商的发轫者洞庭商帮权变经营的情形：“在顾客要价的时候，必须做到‘见景生情，随机应变’。做生意时，要根据不同情形做出灵活的变化。对那些只还价而根本无意买货的顾客，照本也要卖，由此可能经他拉来一些其他顾客。对于亏本生意，偶尔也要做做。对于大笔生意，应该慷慨些、洒脱些，比不得做小生意，锱铢必较。”甚至在对方付货款的时候，洞庭商帮发货也强调要有变通的余地，不能过于刻板、一味固执。可见，迎合顾客心理，灵活应变，不拘一格，已经是当时洞庭商人普遍坚持的经营宗旨。

一般来说，企业的经营决策必须充分考虑企业外部环境、内部条件及经营目标三者间的动态平衡。其中，外部环境显然是重要的也是最活跃的变量，企业经营一般只能去适应和服从外部环境，适时地根据外部环境的变化来调整企业内部条件，甚至调整企业既定的经营目标，这就是企业经营中的“权变观”。

某年元旦前夕，我派公司的一名副总经理到本地区的另一家粘合剂公司拜年，顺便送去几份精美的挂历。有记者问我有无此事，我点点头。记者追问：“俗话说同行是冤家，你不害怕竞争？”

我笑道：“与其说害怕竞争，不如说感谢竞争。同行是冤家，更是一家。同行既是对手，更应是朋友。偌大一个市场，大路通天，我不害怕竞争。因为竞争，我们才有压力，因为竞争，我们才努力拼搏。”

听说过这样一个故事，讲的是一位动物学家，在对非洲大草原奥兰治河两岸的羚羊进行研究的过程中，发现东岸的羚羊比西岸的羚羊繁殖能力强，体格健壮，奔跑速度也快。这位动物学家百思不解。为了解开这个谜，他在动物保护协会的支持下，在东西两岸分别捉了 10 只羚羊，把它们调换到对岸。结果，东岸的羚羊被运到西岸，一年后 10 只繁殖了 14 只；而西岸运到东岸的羚羊 10 只剩下 3 只，有 7 只被狼吃掉了。动物学家对比研究后终于明白：东岸的羚羊之所以比西岸的羚羊强壮，是因为在它们附近生活着一群狼；西岸的羚羊之所以比东岸的羚羊弱小，正是因为少了这群天敌。

大自然的这一现象，在我们身边同样存在。在泰兴姚王曾经有两家全国知名的减速机厂，一家是全国最大的明星企业——泰星减速机厂，另一家是后起之秀的泰隆减速机厂。同一地区的两家减速机厂的生长环境、发展速度、技术装备、经营目标、现场管理均能够达到令人满意的程度。他们从乡村小路走出来，在残酷的市场洗礼中独树一帜。

静下心来深入思考，我们就能明白真正促使他们成功的不是别的，就是竞争。在经济增长速度较慢的计划经济时代，各种生产要素都很低廉，各家减速机企业发展都很缓慢，长期处于一种封闭的低度竞争环境中。然而弹指一挥，在“发展是硬道理”的旗帜下，上海、天津减速机行业的“大哥们”怎么也没有想到，泰兴的减速机厂成了他们的“强敌”。物竞天择，适者生存。正是因为竞争，泰兴的减速机才走出了泰兴，走出了国门，逐步参与国际竞争，逐步由温驯的“小羊”变成了“狼”；正是因为竞争，泰兴的这两个同行在创业发展中一直也没有停止过你追我赶的步伐，各自把自己的“蛋糕”做好做大，同一地区的两个企业都取得了令人瞩目的成绩，两个名不见经传的、没有得到任何保护的“小羊”，在激烈的市场竞争中不断发展壮大，成为不怕竞争的“狼”，为泰兴增了光，为国家添了彩。

这些年，行业持续“内卷”，企业间竞争残酷，“价格战”真让人晕头转向。事实证明，花盆里长不出参天大树，院子里跑不出千里马，有序的竞争是最好的裁判。竞争并不可怕，重要的是重视竞争和积极面对竞争，同时，更要重视用权变思维实现与友商的“竞合”。

权变管理认为，并不存在一种适用于各种情况的普遍管理原则和方法，管理者要依据各种具体的情况行事，其根本任务就是研究组织外部的经营环境和内部的各种因素，弄清这些因素之间的关系及其发展趋势，从而决定采用哪些适宜的管理模式和方法。赚钱是企业的“本性”，寻找竞合双赢的突破机会，让对手变成朋友，是企业生存的选择。

中国广州国际胶粘剂展览会上，不知是缘分还是天意，我们的展位居然与竞争对手在一起，两个“冤家”成了门对门的邻居。我还未坐下，老远就看见对门的林总朝他的展位走了过来。何不化“敌”为友？“林总！”我边喊着边上前握住他的手：“难得碰面，到我们这儿坐坐！”“好！好！”林总也是个爽快人，边说边走过来，和我坐到同一条板凳上。

一阵寒暄，我话语一转，指着对面展位上的样桶说：“你们这个包装设计得不错！”“还行。”“这个桶在你们那儿需要多少钱？”我旁敲侧击道。“8 块多。”“8 块多啊。”我耳朵在听，心里已经拨起了算盘。

“刘总，这两年生意很难做呀，什么都在涨，利润都快被榨干了。”林总倒着苦水，脸似苦瓜。“是啊，咱们同命相怜，现在价格透明度太高，经销商算账又精，搞得我们同行操戈了。”我话锋一转。

“是啊！经销商不是拿你打我，就是拿我压你。你说，一桶胶卖这点钱还要压价。”林总双手一摊：“本是同根生，我们为什么总是盯着价格呢？”我睁大眼睛看着他。“是啊！恶性竞争，两败俱伤，何苦！”林总顿了顿说：“各做自己的特色，保持价格稳定，互通信息，不恶性竞争！”“行！”

人有时就是这样，越想着僵持就会越僵持，越想打擂台就越对立。一旦跳出这个怪圈，在一种温情脉脉的氛围中真诚沟通，寻求共同利益，事情就会朝和谐顺畅的方向发展。

《孙子兵法》中说：“兵无常势，水无常形，能因敌变化而取胜者，谓之神。”敞开心扉的沟通，如夜空的一道闪光，瞬间照亮了我，也照亮了林总。我们的心情就像雨后的阳光，洁净而灿烂。

战争的胜利往往不是靠流血牺牲换来的，而更多的是决于谋略与战术。在企业经营策略调整的过程中，企业领导者的分析和判断及相关权变行为，是对环境变化的清醒认识和对相关信息收集和处理的能力，是权变经营的重要环节。市场竞争越来越激烈，与其付出“争斗成本”，不如化敌为友，不做冤家做亲家，分栖共存，竞合共赢。

一次和清华大学的张德教授谈到这件事，张教授说：“在企业的竞争中，也不能总是靠拼实力争个你死我活，而要靠商德与智慧，化敌为友就是上策。”当然，化敌为友也并非易事。化敌为友，是心力管理在市场营销中的应用，不仅是一种商德，更是一种智慧。

儒家信奉“和则相生”“和为贵”的思想，传统儒商提倡“和气生财”。作为商人，他们在参与竞争的同时也注重“和”，提倡“有钱大家赚”，更注重与竞争对手之间的合作，甚至互助。比如，近代晋商各大票号之间无疑有着明显的竞争，但在业务上又有合作关系，某一票号遇到困难时，其他票号可以出于道义而不是利益对其进行支持，这充分表明了传统儒商对“竞合”精神的追求。

第九章

用心管理，管到心里

第一节　重复的事情用心做，你就是赢家

在《心若菩提》一书中，曹德旺提到少年时与父亲的对话。

有一天，曹父问他将来想做什么。“在那个食不果腹的年代，有谁会想这样的问题。”正当他在想如何回答时，曹父自顾自地接着说：“做事要用心。有多少心就能办多少事。你数一数，和心有关的词有哪些啊？”

曹德旺伸出手数着，“用心、真心、爱心、决心、专心、恒心、耐心、怜悯心……”似乎十个指头用不完，他有些不解，“有那么多的心吗？”

“当然有。”曹父说：“以后你就知道了。”父亲呷了一口酒，又接着说：“但当你悟到爸爸讲的道理时，爸爸或者已经不在人世了。”

曹德旺很有感慨：“以后，我的确知道了。随着我的事业的发展，我能数出来的心，已经不是一双手能够容得下的了。”

20 世纪 70 年代中期，我所在的镇办小厂奇迹般地生产出了电度表。这无异于“山沟里飞出了金凤凰”，惊动了省里的主管部门。

一天中午，下班铃刚响，厂长接到县主管部门打来的电话，说省里的领导要到工厂看看，而且已经上车了。这一突如其来的消息，真是乐死人，也真是急死人！乐的是，“上级领导像太阳，照到哪里哪里亮”，这是天大的好事、喜事；急的是，小庙难接大菩萨，工厂的那个脏、乱、差，实在是“丑媳妇难见公婆”。好在厂长快速反应，紧急动员，派人将中层干部一一找回，赶在领导来到之前，来了个突击大扫除。那架势，用当时时髦的电影名字来形容，就是“特高课在行动”。

省里的领导来了，车间里还弥漫着刚刚打扫过的土腥味。领导们看得很仔细，临走时留下这样一番话：“小厂拿出了新产品，开拓精神令人敬佩。尽管你们的地刚刚扫过，车间刚刚整理清爽，还留着扫帚扫过

的痕迹，但你们能在这么短的时间内整理到位，说明了你们的快速应变能力，值得表扬。”

这件事之所以让我记忆犹新，一是从中看到了老厂长带领下的工厂在那个年代难得拥有的锐气、朝气和行动能力，还有就是记住了上级领导对我们用心做事的褒奖。

说起来，让我真正萌生用心做事、提高素质、管理企业的想法，还得益于我的老领导孔令福书记的“点化”。那是我到黑松林工作后不久的一天中午，我到黄桥招待所接待来商谈合作事宜的上海化工轻工总公司普陀供应公司的几位经理，途中碰到了孔书记，我立即从口袋中掏出一包香烟，拆开后把封条随手扔到了地上。烟还未抽出，孔书记朝我笑笑，不紧不慢地说了句“就是这个素质！”我的脸唰地红了，赶紧弯腰拾起了地上的香烟盒封条。

孔书记的话如一颗石子扔进了平静的湖水里，在我心中激起圈圈涟漪。从那以后，“用素质管理企业”的思想在我心中开始确立，并且以黑松林为试验田，我一直勤勤恳恳地探索着。

黑松林刚刚做出一点名气时，有一次时任泰兴市市长陈俊骠到黑松林私访，当时我出差不在公司，他临走时留下一句话：“黑松林没有一个闲人，没有一片纸屑，没有一点‘跑冒滴漏’。”多少年来，我一直把陈市长的这句话当作最高的褒奖。时至今日，在市场经济的大潮中，领导的褒奖已不再是企业发展的航标，工厂打理得好坏，也不再是做给别人看的“面子”，而是留给自己用的“里子”。以我在黑松林的经历看，有了“里子”，再贴个“面子”容易，可是如果没有“里子”，“面子”再好又有何用？“面子”破了好补，但“里子”掉了，全体员工加上那么多员工家属就会“挨冻受饿”。所以，优秀的管理者应该是既爱“面子”又要爱“里子”，要爱“里子”胜过爱“面子”。

怎样夯实“里子”？华为的经验值得学习。1997 年，任正非开始推进华为几乎为期十年的职业化管理变革。当时的华为，内部有两条标语——“准时上班，就是准时进入工作状态”“简单的事情重复做，你就是专家；重复的事情用心做，你就是赢家”。是的，企业本无大事。所有的成就，都是由一桩桩小事一点点累积起来的。在黑松林，我们也是这样实践的。

为了规范员工的言行，当时我们订立了“员工守则”“六倡六戒”等规章制度，但如何使每个员工像每天照镜子一样对照、自觉执行，是关系到提升企业形象、提高全员素质的大问题。正像我经常说的那样，工作中的员工需要通过行为来塑造态度和信念，而不是通过态度和信念来塑造行为。也就是说，重要的是让员工真正按照规范要求达成“行为”的结果。俗话说，“看得住人，看不住人的心”。制度是人制定的，但更重要的是要靠人来执行。从某种意义上说，任何制度都不是靠人管出来的。我们在制定员工守则的过程中，打破一订了之的传统做法，运用角色效应，用心为员工服务，将守则人手一册，自上而下广泛征求意见。

待大家认可后，便大张旗鼓地举行一次全员签名仪式。会上我们集体诵读“六倡六戒”，各部门代表发言，发出了“从我做起，从每一天做起”的铿锵誓言，并将附有每人签名的复印件与“守则”等制度挂在企业多处显眼的地方，促使员工主动感触，加深了员工的投入程度，增强了参与意识，提高了整合能力；并通过每天晨训诵读“六倡六戒”，让员工每天反复体验，自我检查，体会自己签名认可的制度，提醒自己从我做起，“做行动的巨人，不做行动的矮子”。

通过巧妙运用全员签名和天天诵读的形式，我们把制度融入每个员工的思想意识中，用精神价值功能来规范员工的行为。通过全员签名和每天诵读“六倡六戒”，增强了员工的制度意识、自律意识，公司上下形成了公认的“没有不执行的制度，没有执行不了的制度”的铁规矩，杜绝了一些因情感因素而影响制度执行的现象，一旦谁一不小心违规，总会笑眯眯地自动去缴纳罚款。多年来，在黑松林已形成一种“理所当然”的风气。

那么，对新员工怎么办？

虽然黑松林是中小企业，但是我们每年都要到人才市场上去“赶集”。那年春节刚过，我照例让办公室做个计划，从招聘会上物色几个既有学历又有专业特长的实用型人才。报名结束后，我决定来个“三堂会审一天圆”：上午，知识理论考试；中午，一顿“特别”午餐；下午，进行操作比赛。面试当天，笔试完成后，每人分得一瓶矿泉水和一份考评内容安排表。考评组组长小殷让大家稍事休息，宣布12点有一顿招待午餐。

到点了。工作人员为每人送上了一份午餐：硬邦邦的糙米饭，两条不足三寸的小鲫鱼，另有一些大白菜外加两张餐巾纸。开餐前，小殷微笑着说：“请大家不要急，慢慢吃，午餐时间一个小时，一点十五分到车间集合。”

起初，大家都挺文雅。不一会儿，“叽叽喳喳”的声音、千姿百态的动作全来了。有的抱怨饭太硬、菜太咸，有的说“真小气，就给我们两条小猫鱼”，还有的拉家常、扯山海经；也有几个闷不作声，专心致志地埋头吃饭。结果是，6号第一个吃完，用了5分30秒；接下来依次是19号，6分46秒；4号，7分24秒……负责记录的老马一一记下。待所有人都吃完，考评组跟大家说：“委屈大家了！今天的午餐是一次特别的考试。请大家想想：我吃饭用了多长时间？这是效率问题；饭菜不合口味就不吃了？这是取向问题；干什么都要认真，吃饭也一样，这是态度问题；再好好看看餐盒，我注意节约了吗？两张餐巾纸做什么用了？扔哪儿了？桌面清理了吗？这是习惯问题。”

一顿平常的午餐，竟成了考试的重头戏，这是应聘者事先都没有想到的。场内鸦雀无声，惊讶的有，平静的有，摇头的有，点头的也有。“我希望这顿特别的午餐能给大家带来一些启示，也希望它能成为大家明天成功的一块基石！”小殷的话很快被一阵掌声打断。

下午的操作比赛在车间进行，许多人知道自己已经录取无望，可还是做得很认真，每个人都表现得相当好。我很高兴，因为在他们身上看到了后来人成功的希望。

用心思考、用心做事、用心管理，是这些年黑松林公司持续倡导的工作方法，也是我们运用中华优秀传统文化管理企业的重点。可喜的是，随着时间的推移，包括管理者和员工在内的所有黑松林人，已经逐渐养成了“用心”的习惯。这样的“用心”，给公司带来的是自觉、严谨、细致、周全、责任等，在整体上降低了企业的管理成本，提高了企业运营的效率，同时也对员工良好职业素质的养成起到了重要的助推作用。

第二节　老徐的“设备病历表”

冯友兰说，“仁”被孔子视为最高的道德品质，具有这个道德品质的人，才能称作“仁人”。

在黑松林，除了严格要求和持续训练之外，我也牢记任正非的那句话：“铁军是打出来的，兵是爱出来的。古往今来，凡能打仗的部队，无一例外，都是长官爱惜士兵，不然就不会有士为知己者死。”所以，关爱员工，关心关爱他们的能力成长、工作协调，适当地关怀员工的生活，都是企业领导人的“应有之义”。就像任先生说的：“你都对别人不好，别人凭什么为你卖力？”

机修工老徐68岁，可身板硬朗，用我们当地的话说，“铁棒打不倒”。本该退休的老徐，对公司很有感情，话也说得实诚：“只要公司不嫌弃我，我一辈子都不会离开！”

老徐在机修上干了一辈子，“神医”的绰号是对他手艺的最好褒奖。他的功夫，方圆百里，没有不知晓的，设备有什么毛病，你不要开口，他只要听一听、摸一摸，保准“手到病除”！

那年，与老徐“天上一对，地上一双”的徐师娘，突然感到胃有点不舒服，到医院一查，是胃癌晚期。前后不足三个月，老伴走了。老徐顿觉塌了半边天，成天恍恍惚惚、闷闷不乐。年底，他找到我说：“老总，我的精力不济了，来年我就不去公司了。”说完转过身去抹眼泪。当了几十年的“神医”，老徐却治不好自己的心病！我为不幸降临在这样一个好人身上难过，双手抱住老徐的双臂说：“黑松林就是你的家，盼你老人家常回家看看。”老徐淡淡一笑道：“谢谢老总，脱了的鞋，还不知能不能再穿上呢！”风趣中有一股离别的伤感。

来年6月，台历提示我：2日是老徐的70岁生日。我特意交代后勤做几个老徐喜欢的菜，并联系了老徐的几个知心老友来为他祝寿。

华灯初上，公司小餐厅的墙上，一个大大的金色的“寿”字熠熠生辉。在阵阵“祝你生日快乐”的歌声中，老徐吹灭了生日蜡烛，眼睛笑成了一条线，高兴得像个“大阿福”。我为老徐斟上满满一杯酒，双手托杯递到老徐手中，大家纷纷举杯，“生日快乐，健康长寿”的祝福声飘荡在灿烂的星空下，幸福洋溢在老徐的心头。

酒过三巡，老徐从怀里掏出一个纸包，小心翼翼地交到我手上，一脸庄重地说：“老总，这是我做的一本设备病历表，是我几十年工作的见证，记载了公司每台设备的故障分析和解决办法。我把它交给你，就当是我对公司的回报吧！”看着略微泛黄的带着体温的设备病历表，我的眼睛模糊了。

为一位退休老工人祝寿，出乎大家意料。老工人感动之余，献上了自己多年积累保存的设备档案，为意外又添了一个意外。也许，这份设备档案会随着设备更新而失去效用，但这份凝结着老工人几十年心血的情意永远留在黑松林，它是那样弥足珍贵，值得我们永远珍藏。

在《方太文化》一书中看到方太颁奖的故事，令人颇为感慨。方太集团所有奖项的设计都体现了以获奖者为中心的理念，在颁奖仪式上，无论现场环境还是流程安排，都展现了一种既庄严神圣又温馨和谐的氛围。尤其让人不可思议的是，每一次颁奖，公司领导人茅忠群及所有颁奖领导都会走到获奖者面前深鞠一躬，然后获奖者鞠躬回礼，最后才是颁发奖章、奖状、奖品和鲜花。颁奖结束后，领导都会先让获奖者退场，并自觉地走在队伍最后。据了解，所有隆重的颁奖仪式，领导们都需要提前去现场彩排，以保证质量，这充分体现了方太人对荣誉获得者的尊重。

黑松林是小公司，没有那么多的“颁奖时刻”，但关键时刻要和员工在一起，是我给自己定的一条“铁律”。

那年春节前，我照例拜访客户。路上接到外贸公司王总的电话，原定春节后交付的货物，必须在腊月二十八发货装船。于是，我一通电话打回公司。电话那头，副总的声音有点激动：“明天就停工保养设备了，这可怎么办？不是讲好春节后出货的吗？”“救场如救火，来不及解释了，你必须重新调整计划。”我一阵“连珠炮”。话虽说得绝对，但心里也感到没有把握。已是腊月二十六了啊，这个时候谁不想着回家过年呢？我立刻推掉手头的事务，一夜星辰，一路颠簸，赶回公司已是东方泛白。

“咔呲咔呲”，灌装机喘出的粗气在冬天的清晨格外清晰，车间里灯火通明，员工们劳碌的身影映在布满霜花的窗户玻璃上。我想起了永远“没有借口”的“西点军人”，泪花闪闪，三步并作两步，到食堂拎了两瓶开水，直奔车间。“来，大家歇会儿，喝杯热水，暖暖手！”

“老总，你不是昨天上午刚出远门吗？怎么这会儿回来了？”带班班长有些诧异。“这个时候，我更应该和你们在一起。”我边说边挨个给员工们倒水。望着一张张微笑的脸，我想起了索尼公司创始人盛田昭夫说过的话：所有成功之道，确切地说就是两个字——爱人！是啊，企业即人，企业为人，企业靠人，企业是人做出来的！

弗雷德里克·莱卢的重要著作《重塑组织：进化型组织的创建之道》，为了描述心灵在人成长中的作用，莱卢引用美国教育家、作家和活动家帕克·帕尔默的观点。

> 人的灵魂就像一只野兽一样，它强壮坚韧、聪慧多谋并自给自足：它知道如何在困境中生存。许多人在人生最黑暗的时候才能体会到这些品质。当我们平常赖以为生的能力遭到彻底的重击——我们的智商变得无用，我们的情感僵死，我们的斗志荡然无存，小我被粉碎之时，我们的内心深处却感觉到有某种东西的存在，这东西知道如何活下去，它能帮助我们继续前进——我觉得那就是我们坚韧而顽强的灵魂。
>
> 然而，灵魂尽管坚韧，但也害羞。就像野兽一样，当其他人在附近出没时，它会寻求安全茂密的灌木丛。如果我们想看到野兽，我们知道最不能做的事就是冲进树林对它们大喊大叫

并试图驱赶它们出来。反之，如果我们静静地走进树林，耐心地坐在树底下，与大自然共同呼吸，成为森林里的一部分，我们所寻找的野兽很可能露面。

不幸的是，我们的社会往往像是一群人闯入树林，把灵魂吓跑。在这种情况下，智商、情感、意志都很可能出现，但不是灵魂。我们吓跑了所有有灵性的东西，比如相互尊重的关系、善意和希望……

第三节　机修点长小江的两个密封圈

熟悉稻盛和夫哲学的人，大概都知道这个故事。一个盛和塾的塾生，讲稻盛和夫哲学很来劲，一度不想自己做企业了，想专门宣讲稻盛和夫哲学，认为这样既可以利他，又可以助力自己的修行。稻盛和夫先生知道此事后，语重心长地跟他说："我的哲学，是我在研发制造产品的过程中碰到各种各样的难题，经历无数个痛苦无助的时刻，一点点摸索出来的办法，都是活泼的东西，不是一些条文和理念。你还年轻，回去做你自己的产品，在做独一无二的产品过程中，你把克服困难的心得一点一滴融会贯通，形成你自己的哲学。那个时候，你再出来讲哲学，就跟现在不一样了。"

在黑松林，在重视理念与思想教育的同时，我们也十分注重员工在工作实践中的"修行"，有时候甚至不讲道理。

一次，上级主管部门通知要来企业进行安全生产大检查。第二天一早，我查看了当月安检工作计划，其中有一项是"更换灭火器并进行消防演习"。我先检查了灭火器，更换了新的灭火器。再要过安全工作台账，上面却没有消防演习的记录，便问一旁的安检负责人是什么原因。安检负责人指着一边的台历说："先记在日历上，后补上。"我当即抓住此事，重罚了这个负责人，并展开了一次大讨论，写下了"不知道明天干什么的人不是黑松林人"的训诫词，实现了有事不隔宿的良性循环。这样的故事在黑松林随处可见。下面我以机修节点点长小江的故事来说说他的转变。

夜幕降临，猴年的第一场雪不期而至，北风裹挟着雪花肆意咆哮，公司新建的车间里，却是一番繁忙景象，安装设备的小伙子们喘着大气，紧张有序地吊装反应釜盖。

"今天能不能安装到位？"我随车间主任来到操作平台，问一旁指挥的机修节点点长小江。

"基本上可以结束，但还少几个配件，殷总派人采购去了。老总，你放心，只要配件买回来，深更半夜也要安装到位！"脸冻得像红富士苹果的小江拍着胸口，说得斩钉截铁。

第二天一早，例行的晨会一结束，我特意又去了操作平台，只见买回来的零部件静静地躺在冰冷的铁板上。"只要配件买回来，深更半夜也要安装到位！"小江的话语犹在耳边，不由得让我气冲斗牛。请郎中不如遇郎中，"小伙子，嘴上没毛，办事不牢。昨天怎么没装好啊？""老总，不好意思，零部件买回来得太晚了。我今天上午保证把它装好，不会影响试产！"小江满不在乎地说。

当日中午下班前，我又特意去了新车间，看到的仍然是铁板上散放着的零部件，我暗暗想开了对策。

晚上，我参加了收工日评会，给大家讲了一则"关注细节"的故事。在一家企业，总装车间的地面上有一颗废弃的地脚螺钉，因为碍事，被弯倒在一边，时间一长竟被人踢得锃亮。后来，这家企业与美方合资了。有一天，美方经理指着地上弯着的铁螺钉对车间主任说："请你今天派人把它铲掉。"晚上下班时，美方经理看到螺钉还在，车间主任解释说："今天太忙了，明天一定派人把它铲掉。"美方经理说："不用你费心了，你被免职了。"大家以为这是我临时编撰的故事，我一本正经地掏出载有这篇文章的《中国工业报》，在座的员工一个个瞪大了眼睛。

美方经理对一个无用的地脚螺钉的"挑剔"，反映了中外企业管理理念的差距。此时小江脸上飘起一片红晕，带着愧意躲避着我的目光。

班后一次针尖对麦芒的碰撞，不是处罚人，而是将我们的思维置换为另一种思维，让细节发出响声，就像让一个人去摸一块烧红了的铁板，灼痛的不仅是手指，他的心也会感到疼痛。可喜的是，经过这般"千锤百炼"，如今的小江已经脱胎换骨！

一次真空泵突然卡壳，液体原料只吸了一半，急煞人了！现在都是以销定产，明天一早客户就来提货，偏偏在这节骨眼上，机器出了故障！

机修节点的三个小伙子本已脱掉工作服准备下班，抢修通知单一到，大家就像"敢死队"一样立即动手干起来。一番折腾，原来是弹簧片碎了。三个人一合计，拆的拆，洗的洗，买配件的买配件，前后不足两小时，弹簧片就换好了。

一波未平，一波又起。就在准备上盖头时，一前一后两个密封圈由于长时间浸在油中，腐蚀严重，再装上去的时候就像个棉花团，不密封了。六只眼睛盯着小小的密封圈，急得像热锅上的蚂蚁。仓库中倒是有备用的，但型号不对。哎，这么个小小的物件，缺了它还真不行！

晚上 7 点，我到食堂吃饭。司务长告诉我，机修班还在抢修，我连忙搁下饭碗往车间跑："瞧你们三个'拖拉机'，饭都凉了，还不快去吃？走走走，吃完再来装！”“老总，要不是因为这两个密封圈，早就好了！”一旁的小张接过话，把情况告诉了我。

“有了！”一声不吭的机修节点点长小江突然站起来说：“我家拖拉机上的密封圈也是这个规格。上个星期天刚刚换过，还有两个备用的。太好了！”边说边掏出手机向他老爸求援。不一会儿，密封圈送来了，不大不小，正好！真空泵又“突突突突”地响起来了。

“老总，人有时候就是这样，一急脑子一片空白，有谁点拨一下就想起来了。要不是你说我们‘拖拉机’，我还真没办法！”小江大彻大悟。

两个密封圈，价值不足挂齿，可少了它，真空泵就别想转起来。它的存在告诉我们，小卒过河赛大车，小小密封圈，关键时刻派上了大用场！

一台机器是这样，一个企业又何尝不是这样？老板主宰着企业，员工有员工的用场，一个人浑身是铁能打几颗钉？只有“人”上加“人”，才能“众”志成城。所以，千万别小看了小江从家里拿来的那两个密封圈！

第四节　雷打不散的队伍

古代典籍《周易》提出了“天人和谐”的思想，认为“损益盈虚，与时偕行”“时止则止，时行则行”“与天地合其德，与日月合其明，与四时合其序”，指出人和自然要保持和谐关系。在人世间尊崇天人合一，在企业组织中，重点则是企业与员工目标与利益的一致，就像帕斯卡尔和阿索斯在《日本企业管理艺术》中所说的，企业的最高目标是一个企业及其成员的奋斗目标，这并不是指企业的长期经营成果，而是能把

“感动人心”的、将员工个人和企业目的真正结合在一起的价值观或目标。我们平常说的“不快乐无业绩”，也是这个道理：快乐来源于受到激励，激励源自责任心，而责任心源于理解为什么工作、为谁工作以及自主决定如何工作等。做到了这一点，企业方能“百炼成钢”。

在燃煤锅炉改为燃气锅炉前，世界500强企业之一的美国某公司来黑松林考察，一行人看到锅炉房四壁的瓷砖洁白如雪，干净的锅炉本色依旧，定位线内的工具整整齐齐，连连点头赞许。公司副总裁指着墙上的一张看上去很旧的箩筛，问司炉工小孙：“What’s this（这是什么）？”小孙告诉他：“这是专门用来拣煤渣用的特制钢筛。”“OK! OK…”副总裁一脸的敬佩，竖着大拇指说：“Very good!”小孙笑了，笑得那么甜！

酒不醉人人自醉，我也打心眼里高兴。有管理学家认为，好的管理者必须致力于从被管理者身上获得最大的利益，而好的领导者则必须保证这种最大利益只能在和睦谅解的气氛中取得。现代管理中，你想让员工乐于工作，并不是靠金钱去买人干，靠封官许愿去哄人干，而在于设计一个能体现价值又充满趣味性的工作环境去吸引人干。这样，在成就感、认同感等激励因子的推动下，员工就会积极热情地工作，劳动动机就会得到升华，从“要我干”变成“我要干”，从“为老板干”变成“为自己干”，从“吃一顿饭”变成“吃一辈子饭”，就会对工作燃起希望，充满信心。

燃煤的锅炉房是工厂的脏地方，成天粉尘扑扑，白烟滚滚；加之司炉工专业性窄、重复性强、责任大，工作极易变得枯燥无聊，是管理的难点。动机激发行为，我们针对司炉工作的重点，围绕员工个人的特点，在不影响工作完整性的前提下，设置了清理、清洁、工具定位、捡煤渣等不同的工作内容，改变司炉工的价值观、工作态度，将员工未被认识、未被开发的潜能开发出来，给乏味的重复劳动加点“增味素”，使司炉工的工作尽可能多样化、满负荷，激发个体活力。同时用考核、表扬、现场会、奖励等方式，肯定他们的工作，使他们从平凡的工作中感受到信任、重视，从而认识到自己工作的意义和价值。

时过境迁，虽然时代发生了变化，事情也发生了变化，黑松林的锅炉房也早就进行了“煤改气”，但管理方法是相通的，“将锅炉房像厨房一样打理”的理念一直延续至今。

前几年，中国人民大学邓荣霖教授到黑松林参加心力管理研讨会。当看到黑松林锅炉房变成了“一动（正常使用的燃气锅炉）一静（停用的燃煤锅炉）”的微型博物馆时，邓教授赞不绝口。他问司炉工小孙：“你对现在的工作有何感想？”

“快乐工作，快乐干好每一天！”小孙指着墙上的那句格言笑着回答。

“很好！很好！黑松林人不简单，心力管理，管到心里！”

“来来来，小孙和邓教授合个影！”旁边的办公室主任小胡将小孙推到邓教授身边。“咔嚓”一声，邓教授和小孙的合影定格在了相机里，定格在了两个人的心中。

后来，我们将这张合影挂在锅炉房，给小孙看，给全体黑松林人看，也给所有来黑松林参观交流的客人看。这样对比强烈的视觉效果，更加激发了小孙尽职尽责、爱岗敬业的那份心。

无论是外方副总裁的夸奖，还是邓荣霖教授的表扬，都是对司炉工工作的肯定。知人者智，自知者明。有了这些，员工自然而然就会自我管理、自我约束、自我提高，这恰恰是实现人性化管理的关键。

清华大学经济管理学院副教授王雪莉认为，社会快速发展，企业快速变革，需要有些东西引领组织，让大家心理上有安全感，成员知道组织鼓励什么、主张什么、反对什么。心力管理的内激效应，使组织和员工形成了非常稳定的心理契约，员工认同组织的发展方向，认同塑造的工作环境，认可领导者们的领导力，认可自己工作的价值，这些都是当下企业管理者应该塑造的。

晨训是“黑松林”的一道风景线。每天早晨，全体员工统一着装，提前十分钟到广场集中，高声齐诵“企业精神”“六倡六戒”“质量方针”“安环理念”等内容。整齐的队伍、高昂的士气，总能引来公司客户和路边行人的驻足观望。

俗话说，“晚上烧霞，热得直哈；早上烧霞，等水烧茶”。一个初夏的早晨，朝霞满天，可眼睛一眨的工夫就变起天来，闪电霍霍，雷声阵阵，豆大的雨点劈头盖脸地向参加晨训的员工袭来。员工们虽然并未因为突如其来的暴雨乱了方寸，嘴上还在诵读着“一戒缺少开拓心……”眼珠儿却走了神，时不时还有人转过头看看站在后排的我。主持人也朝我看了看，见我像平时一样若无其事，没有解散的意思，又提起精神，继续领读。

晨训结束，大家的衣服早就湿透了，却深有感触地说：“这是一次特殊的考试，衣服湿了，但心田却滋润了，雷打不散，让我们看到了这支队伍的希望，也看到了黑松林的未来！”

其实，晨训不是特殊的做法，也不是一件新鲜事，更不是作秀，它是一个企业理念的外化，是一种深厚文化的体现和群体素质的张扬，同时又是一种升华企业形象和提高员工对企业忠诚度的一种手段。长期坚持，能使全体员工在生产实践中逐步形成群体意识和共同的价值观，为明天的成功奠定扎实的根基。

钢是在烈火煅烧和急剧冷却后锻炼出来的，所以才能坚硬。这些年来，黑松林人每天坚持晨训，是为了弘扬企业精神，传递价值观念，激励员工工作的热情，增强员工的集体观念。这种持之以恒的行为，强化了纪律，凝聚了人心，为企业持续健康发展起到了积极的推动作用。然而有些人并不明白这种文化激励法的作用，认为是橱窗里的塑料花，摆设而已；也有人认为是做给人看的花架子。而我始终认为，不管如何，只要坚信、坚持，总有一天会看到自己所期盼的结果，那时，别人疑惑的眼神会变为赞赏和感叹的目光！

任正非先生说，“全心全意”与“努力”是两个概念，“尽心做事”与“尽力做事”也是两个根本不同的概念。思想上保持艰苦奋斗的精神，就是尽心；而仅仅尽力，不是好干部，而只是一个中低层干部，在工作中尽心，才是真正的好干部。在黑松林，我们所有的工作成效，可以用“尽心”与“用心”总结为“用心管理，管到心里；心之所及，力之所达”。

最后，我想用哲学家陈嘉映先生在《何为良好生活：行之于途而应于心》中的一段话作为书稿的结语。

> 一个充满活力的传统，不在于从它那里可以搜求多少美点，而在于它不断赋予承传者以力量，使他们能够以某种独特的方式来应对现实问题。